高等学校交通运输与工程类专业规划教材

Traffic Engineering Project Economy and Cost Management

交通工程项目经济与造价管理

臧晓冬 主编

人民交通出版社股份有限公司
China Communications Press Co.,Ltd.

内 容 提 要

本书是高等学校交通运输与工程类专业规划教材,沿着交通工程设施建设的流程,介绍了交通经济和工程造价管理的基本知识。全书共分9章,包括:资金的时间价值、交通工程项目经济评价方法、公路工程造价编制准备知识、公路工程造价文件编制、道路工程施工组织设计、交通运输工程项目不确定性与风险分析、公路工程可行性研究、道路工程招投标与造价编制、交通建设项目后评价。

本书可作为高等院校交通工程专业、交通运输工程专业教材,也可供交通工程领域的专业人士参考。

图书在版编目(CIP)数据

交通工程项目经济与造价管理 / 臧晓冬主编. — 北京:人民交通出版社股份有限公司, 2018.3
ISBN 978-7-114-13873-7

Ⅰ. ①交… Ⅱ. ①臧… Ⅲ. ①交通工程—工程项目管理—教材 ②交通工程—造价管理—教材 Ⅳ. ①U491

中国版本图书馆 CIP 数据核字(2018)第 048225 号

高等学校交通运输与工程类专业规划教材

书　　名:	交通工程项目经济与造价管理
著 作 者:	臧晓冬
责任编辑:	李　晴
责任校对:	宿秀英
责任印制:	张　凯
出版发行:	人民交通出版社股份有限公司
地　　址:	(100011)北京市朝阳区安定门外外馆斜街3号
网　　址:	http://www.ccpress.com.cn
销售电话:	(010)59757973
总 经 销:	人民交通出版社股份有限公司发行部
经　　销:	各地新华书店
印　　刷:	北京鑫正大印刷有限公司
开　　本:	787×1092　1/16
印　　张:	14.75
字　　数:	345千
版　　次:	2018年3月　第1版
印　　次:	2018年3月　第1次印刷
书　　号:	ISBN 978-7-114-13873-7
定　　价:	40.00元

(有印刷、装订质量问题的图书由本公司负责调换)

高等学校交通运输与工程(道路、桥梁、隧道与交通工程)教材建设委员会

主 任 委 员: 沙爱民　(长安大学)

副主任委员: 梁乃兴　(重庆交通大学)
　　　　　　　陈艾荣　(同济大学)
　　　　　　　徐　岳　(长安大学)
　　　　　　　黄晓明　(东南大学)
　　　　　　　韩　敏　(人民交通出版社股份有限公司)

委　　　员: (按姓氏笔画排序)

马松林	(哈尔滨工业大学)	王云鹏	(北京航空航天大学)
石　京	(清华大学)	申爱琴	(长安大学)
朱合华	(同济大学)	任伟新	(合肥工业大学)
向中富	(重庆交通大学)	刘　扬	(长沙理工大学)
刘朝晖	(长沙理工大学)	刘寒冰	(吉林大学)
关宏志	(北京工业大学)	李亚东	(西南交通大学)
杨晓光	(同济大学)	吴瑞麟	(华中科技大学)
何　民	(昆明理工大学)	何东坡	(东北林业大学)
张顶立	(北京交通大学)	张金喜	(北京工业大学)
陈　红	(长安大学)	陈　峻	(东南大学)
陈宝春	(福州大学)	陈静云	(大连理工大学)
邵旭东	(湖南大学)	项贻强	(浙江大学)
胡志坚	(武汉理工大学)	郭忠印	(同济大学)
黄　侨	(东南大学)	黄立葵	(湖南大学)
黄亚新	(解放军理工大学)	符锌砂	(华南理工大学)
葛耀君	(同济大学)	裴玉龙	(东北林业大学)
戴公连	(中南大学)		

秘 书 长: 孙　玺　(人民交通出版社股份有限公司)

前言

　　交通工程设施从工程可行性研究到项目竣工,需要经历一系列程序,其中的经济学问题贯穿始终。在以往的课程设置中,这些知识被划分为诸如工程经济、施工组织与管理、公路工程造价、交通建设项目后评价等几门课程,这些课程在不同学期开设,割裂了知识体系的内在关系,不利于学生深入学习。此外,随着教学改革的深入,教学学时的减少,对知识体系的把握应比内容学习更加重要,这也有利于学生自主学习。所以,需要对知识脉络进行梳理,对教学内容进行整合。

　　本教材沿着交通工程设施建设的流程,首先介绍资金的时间价值和项目经济评价的方法,通过工程造价的编制讲述投资额的计算方法,再讲述施工组织设计对工程造价的影响,以此为基础进一步介绍不确定性和风险分析,从而使学生具备编制可行性研究报告、进行招投标和交通建设后评价的知识和能力。

　　本教材共分9章,包括资金的时间价值、交通工程项目经济评价方法、公路工程造价编制准备知识、公路工程造价文件编制、道路工程施工组织设计、交通运输工程项目不确定性和风险分析、公路工程可行性研究、道路工程招投标与造价编制、交通建设项目后评价,教材的难度适合本科生教学,也可供初步涉及交通工程经济的专业人士参考。

　　本教材由广州大学臧晓冬教授任主编,并编写第一章、第二章、第四章和第五章。其他章节的参编人员如下:秦钟编写第三章,郭香妍编写第六章,龚华伟编写

第七章,罗强编写第八章,杨俊恒编写第九章。

本教材是广东省质量工程项目"交通工程专业综合试点"的研究成果,是在提高人才培养质量、提高人才创新能力、提高实际应用能力培养目标指导下的实践成果。

教材的编写参考了大量前人研究的成果和相关教材,在这里一并表示感谢!

臧晓冬

2017 年 12 月

目录

第一章 资金的时间价值 ································· 1
  第一节 现金流量 ····································· 1
  第二节 资金时间价值的计算 ····························· 2
  第三节 资金等值计算 ·································· 4
  第四节 名义利率与实际利率 ····························· 8
  习题 ·· 9

第二章 交通工程项目经济评价方法 ························· 10
  第一节 交通项目经济评价指标体系 ······················· 10
  第二节 建设项目静态评价指标与方法 ····················· 12
  第三节 建设项目动态评价指标与方法 ····················· 16
  第四节 不同类型方案的经济评价与选择 ··················· 20
  习题 ·· 29

第三章 公路工程造价编制准备知识 ························· 31
  第一节 公路工程建设各阶段与工程造价编制的关系 ··········· 31
  第二节 公路工程造价文件组成 ··························· 34
  第三节 公路工程造价文件项目和费用组成 ················· 36
  第四节 公路工程定额和指标 ····························· 38
  习题 ·· 44

第四章 公路工程造价文件编制 ... 45
- 第一节 造价编制概述 ... 45
- 第二节 建筑安装工程费 ... 54
- 第三节 设备、工具、器具及家具购置费 ... 71
- 第四节 工程建设其他费用 ... 75
- 第五节 预备费 ... 81
- 第六节 回收金额 ... 82
- 第七节 施工组织与造价的关系 ... 82
- 习题 ... 84

第五章 道路工程施工组织设计 ... 85
- 第一节 施工组织设计分类与组成 ... 85
- 第二节 施工组织调查 ... 88
- 第三节 施工方案 ... 89
- 第四节 施工进度计划编制 ... 91
- 第五节 施工平面图设计 ... 96
- 第六节 网络计划技术 ... 102
- 第七节 网络图的优化 ... 117
- 习题 ... 123

第六章 交通运输工程项目不确定性与风险分析 ... 124
- 第一节 交通运输工程项目的不确定性与风险分析概述 ... 124
- 第二节 交通运输工程项目盈亏平衡分析 ... 125
- 第三节 交通运输工程项目敏感性分析 ... 128
- 第四节 交通运输工程项目风险分析 ... 131
- 习题 ... 135

第七章 公路工程可行性研究 ... 136
- 第一节 社会经济调查与分析 ... 136
- 第二节 交通调查与交通量预测 ... 139
- 第三节 技术经济评价 ... 144
- 习题 ... 152

第八章 道路工程招投标与造价编制 ... 153
- 第一节 道路工程的招标与投标概述 ... 153

第二节	寻找工程与选择工程	159
第三节	投标决策分析	162
第四节	招标控制价的编制	164
第五节	报价的编制	172
习题		178

第九章　交通建设项目后评价 … 179

第一节	交通项目后评价概述	179
第二节	交通项目后评价的内容和程序	181
第三节	交通项目后评价的方法	184
第四节	交通项目后评价报告的编制	188
习题		189

参考文献 … 190

附录 … 191

第一章
资金的时间价值

工程项目建设能通过投入资金和其他资源,为社会提供有用的产品或服务。用货币量化工程建设的投入和产出,是工程经济分析的重要工作。而资金和其他资源的货币价值都与时间密切相关,因此,资金的时间价值计算是进行工程经济分析的基础手段之一。

第一节 现金流量

一、现金流量的概念

在经济分析中,为了计算方案的经济效益,往往把该方案在寿命期内流入与流出的资本金称为现金流量,现金流量包括现金流入量(CI,如销售收入、回收固定资产余额、回收流动资金等)、现金流出量(CO,如固定资产投资、经营成本、销售税金及附加等)和净现金流量(NCF,即方案在同一时点的现金流入量与现金流出量的代数和)。

二、现金流量图

为了简单明了地反映投资经营活动的投资成本、收益情况及资金发生流动的时间,可用现金流量图进行描述,如图 1-1 所示。

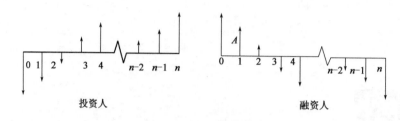

图 1-1 现金流量图

图 1-1 中横轴表示时间序列。每个时刻表示一个计息周期,起点 0 表示现时点(投资活动的初始起点)。发生在该时点的资金价值,以及未来某时点的资金按一定利率折算到该点的价值,称为资金的"现值"。$1 \sim n$ 分别表示各计息周期的终点。第一个计息期的终点也就是第二个计息期的起点。在各点发生的资金相对于 0 点来说,都称为将来值。横轴的终点是投资过程时间序列的终点。发生在该时刻的资金价值,以及发生在该时点以前某时点的资金按一定的利率折算到该点的价值,称为时间的"终值"。资金的流入(收入)用向上的箭头表示,流出(支出)以向下的箭头表示。箭线的长短与收支大小成比例。由图 1-1 可以看出,由于考虑问题的出发点不同,融资人和投资人各自的现金流量图中,现金流量的箭线的长短相同,但方向相反。

第二节 资金时间价值的计算

一、资金时间价值的概念

一笔资金存入银行,一定时间后便可获得利息,把资金用于有效的投资活动,便可获得利润,这表明资金的价值随时间的推移发生了增值,这便引出了资金的时间价值的概念。

资金的时间价值是商品经济中的普遍现象,具体体现为:

(1)货币增值。从社会再生产的过程来讲,投资者将其拥有的资金投入生产活动中形成生产要素,这些生产要素进入有效的生产和流通领域后,通过经济活动使其原有的资金货币形态产生增值,即为资金具有的时间价值。

(2)承担风险。从资金流通的角度讲,当资金拥有者将资金存入银行或用于其他投资,即在一定时间内个人失去了对货币的使用权。同时,投资具有风险,投资人也就面临着投资风险。利息、红利等相当于资金使用者向投资人对失去资金使用权并承担风险所进行的补偿。

(3)货币贬值。正常的经济社会中存在一定的通货膨胀率。通货膨胀会导致资金贬值,因此,资金随时间的推移而产生新的价值(增值),前提是必须进入流通领域或再生产过程,否则,资金只会因为通货膨胀而贬值,所以资金只有运动才具有时间价值。

二、利息与计息周期

衡量资金的时间价值可以用绝对数表示,如收益、利息、红利等,也可以用相对数来表示,如收益率和利息率。由于资金的时间价值计算方法与常见的银行利息计算方法相似,所以常以利息来说明资金的时间价值。

利息是资金使用者对其占有资金(本金)所付出的代价,代价的高低可用利息表示。

利息率也称为利率,是单位时间内利息量和本金的比率。记为:

$$i = \frac{I}{P} \times 100\% \tag{1-1}$$

式中:i ——利率;

I ——单位时间内的利息;

P ——本金。

公式中的"单位时间内的利息"通常以1年作为计息周期,但也可以根据投资人和融资人的约定,以半年、季度、月等为计息周期。

利息计算分为单利计算和复利计算两种。

(1)单利计算

单利计算的主要特点是仅用本金计算利息,而不计算利息所生成的利息,例如在私人多年存款中,银行不将第一年所获得的利息转入后一年的本金中。

利息发生在计息周期末,如果有 n 个计息周期,则利息的计算式为:

$$I = P \cdot i \cdot n \tag{1-2}$$

到投资末期,本金与利息之和(本利和)为:

$$F = P(1 + i \cdot n) \tag{1-3}$$

式中:n ——计息周期数;

F ——本利和;

I,P,i 含义同式(1-1)。

【例 1-1】 某人存入银行 100 万元,定期 3 年,年利率 3.4%,问三年后本金与利息之和是多少?

解:$F = P(1 + i \cdot n) = 100 \times (1 + 0.034 \times 3) = 110.2$(万元)

(2)复利计算

复利法是国内外工程建设投资中广泛应用的方法。在现代经济管理中,投资决策、投资金回收计算、通货膨胀分析等都离不开复利计算。

复利计算法的特点是除了计算本金的利息外还要计算利息所生的利息,如借方不能按期付款就等于增加了债务本金。采用这种方法,能使企业在使用贷款时更加小心谨慎。因此,复利制对合理利用资金、加快资金周转及工程建设都起到了积极作用。

复利计算法就是对利息也计息的方法,即将本期的利息转为下期的本金,下期将按本利和的总额计息,这种计息方式称为复利,也就是利上加利。其计算式为:

$$F = P(1 + i)^n \tag{1-4}$$

式中,F、P、i、n 同单利计算式。

【例 1-2】 在第一年年初,以年利率 6% 投资 1000 元,按复利计算,则到第四年年末可得本利和是多少?

解:$F = P(1 + i)^n = 1000(1 + 6\%)^4 = 1262.50$(元)

单利计息贷款与资金占用时间呈线性变化关系,利息额与时间按等差级数增值;而复利计息贷款与资金占用时间则呈指数变化关系,利息额与时间按等比级数增值,当利率较高、资金占用时间较长时,所需支付的利息额很大。所以,复利计息方法对资金占用的数量和时间有较好的约束力。目前,在工程经济分析中一般都采用复利法,单利法仅在我国银行储蓄存款中采用。

第三节 资金等值计算

一、资金等值计算的概念

工程经济分析中,需要对项目寿命期内不同时间点发生的收益和费用进行分析比较计算。由于资金时间价值的作用,不同时间点上发生的现金流量不能直接进行比较,资金等值是指考虑时间因素的作用,通过特定的方法,使不同时间点发生的现金流量具有可比性。

二、资金等值计算基本公式

1. 一次支付终值公式

也称为一次整付本利和公式,现金流量如图1-2所示。

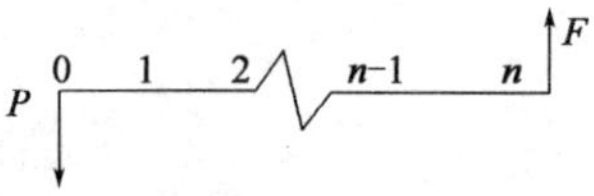

图1-2 一次支付终值现金流量图

设第一年年初投入资金 P,以年利率 i 进行计息,则第 n 年末的本利和 F 可以根据公式(1-5)计算:

$$F = P(1+i)^n \tag{1-5}$$

式中,$(1+i)^n$ 称为一次支付终值系数,以符号 $(F/P,i,n)$ 表示,则:

$$F = P(F/P,i,n) \tag{1-6}$$

常用的终值系数已制成表供直接查用(附录一),也可以应用 Excel 等软件计算。

【例1-3】 某企业向银行借款100万元,年利率6%,5年后偿还本利和多少?

解:画出现金流量图,如图1-3所示。

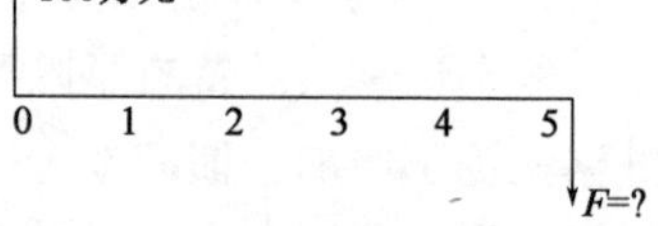

依据公式(1-5)得:$F = 100 \times (1+0.06)^5 = 133.82$(万元)。

此题也可依据公式(1-6)并在附录一中查出 $(F/P,6\%,5) = 1.3382$。

图1-3 现金流量图

则:$F = 100 \times 1.3382 = 133.82$。

2. 一次支付现值公式

由例1-3可以看出,当利率为6%,5年后的133.82万元与现在的100万元相等值,这种把将来的收入或支出换算成现时价值的方法,称为折现。由公式(1-5)可知:

$$P = F(1+i)^{-n} \tag{1-7}$$

$(1+i)^{-n}$ 称为现值系数,用符号 $(P/F,i,n)$ 表示,则 P 记为:

$$P = F(P/F,i,n) \tag{1-8}$$

常用的现值系数已制成表供直接查用(附录一),也可以应用 Excel 等软件计算。

由公式(1-7)可以看出,当 F、i 一定时,n 越大,P 越小,说明未来的一笔资金离现在越远,价值越低,这说明,企业应收的钱,越早回收越有利,应付出的钱,在允许条件下,越晚付出越好,这就是经营中的早收晚付原则。当 F、n 一定时,i 越大,P 越小,这说明如果投资活动的贷款利率越高,就越尽早地收回投资。若在某项目投资活动中,n、i 都很大,早收晚付的作用就显得越大。

【例 1-4】 某企业两年后拟从银行取出 50 万元,假定复利率为 3%,现在应存多少?

解:画出现金流量图如图 1-4 所示。

根据公式(1-7)得:$P = F(1+i)^{-n} = 50(1+0.03)^{-2} = 47.13$(万元)。

当然也可以直接查表计算,或者应用 Excel 等软件计算。

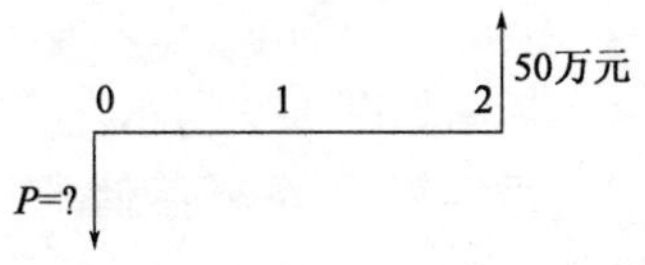

图 1-4 现金流量图

3. 等额年金终值公式

等额年金是指在经济活动期内,每单位时间间隔里具有相同的收入与支出(年等值)。设在 n 个时间周期内,每个时间周期末支出(或收入)相同的金额 A,并在投资期末将资金全部收入(或支出)。设年利率为 i,求 n 年末的本利和 F,现金流量图如图 1-5 所示。

由图可推得:

$$F = A + A(1+i) + A(1+i)^2 + \cdots + A(1+i)^{n-2} + A(1+i)^{n-1} \quad (1-9)$$

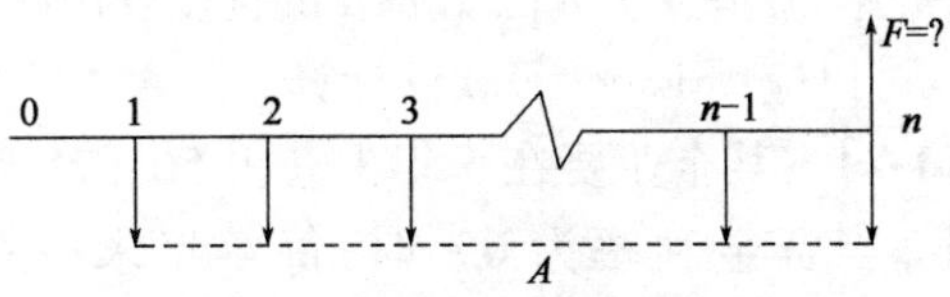

根据等比数列前 n 项和公式可得:

$$F = A\left[\frac{(1+i)^n - 1}{i}\right] \quad (1-10)$$

图 1-5 年末等额年金法现金流量图

系数 $\dfrac{(1+i)^n - 1}{i}$ 称为等额年金终值公式系数,记为 $(F/A, i, n)$,故 $F = A(F/A, i, n)$。

常用的等额年金终值系数已制成表供直接查用(附录一),也可以应用 Excel 等软件计算。

【例 1-5】 某企业连续每年年末投资 100 万元,年利率为 6%,到第五年末可得本利和多少?

解:画出现金流量图如图 1-6 所示。

根据式(1-10)得:

$$F = A\left[\frac{(1+i)^n - 1}{i}\right] = 100\left[\frac{(1+0.06)^5 - 1}{0.06}\right] = 563.71(万元)$$

若 A 在每个周期初发生,如图 1-7 所示,则:

$$F' = A(1+i)\left(\frac{F}{A, i, n}\right) = F(1+i) \quad (1-11)$$

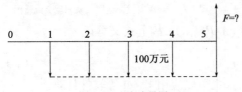

图 1-6 现金流量图

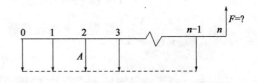

图 1-7 年初等额年金法现金流量图

【例1-6】 在例题1-5中,若投资发生在年初,则第五年末可得本利和为多少?

解:画出现金流量图,如图1-8所示。

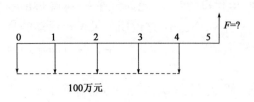

图1-8 现金流量图

依据式(1-11)得:
$$F' = F(1 + i) = 563.71(1 + 0.06)$$
$$= 597.53(万元)$$

4. 等额存储偿债基金公式

已知一笔 n 年末的借款 F,拟在 $1 \sim n$ 年末等额存储一笔资金 A,以便到 n 期末偿还借款 F。现金流量图如图1-9所示。

每年年末等额存储的资金 A 由公式(1-10)可推得:

$$A = F\left[\frac{i}{(1 + i)^n - 1}\right] \quad (1-12)$$

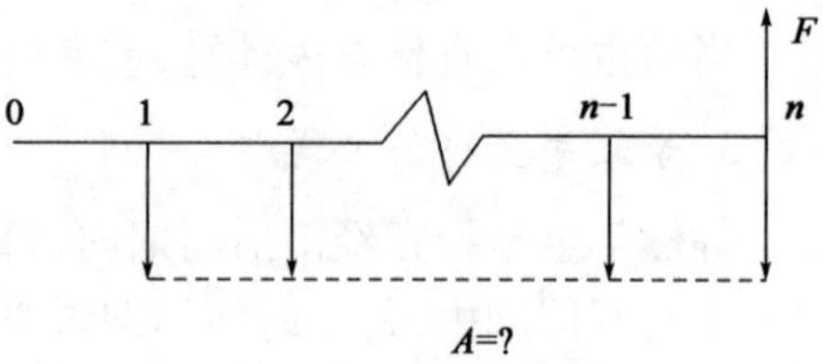

$\left[\dfrac{i}{(1 + i)^n - 1}\right]$ 称为偿债基金系数,记为 $(A/F, i, n)$,则:

图1-9 等额存储偿债基金现金流量图

$$A = F(A/F, i, n) \quad (1-13)$$

常用的偿债基金系数已制成表供直接查用(附录一),也可以应用 Excel 等软件计算。

【例1-7】 某企业要在5年末获得563.71万元的资金,当资金利率为6%时,每年年末应存多少?

解:画出现金流量图,如图1-10所示。

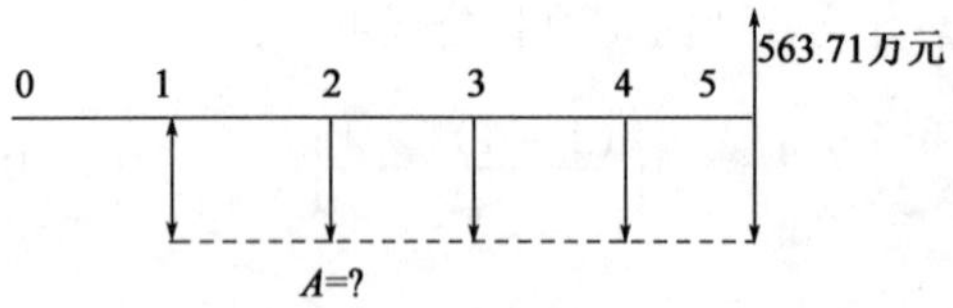

图1-10 现金流量图

根据式(1-13)得:

$$A = 563.71(A/F, 6\%, 5)$$
$$= 563.71 \times 0.1774 = 100(万元)$$

此题中,若将存款时间改在年初,每年应存存款多少,也是可以计算的。

5. 等额支付资金回收公式

现投入一笔资金 P,希望今后 n 年内将本利和在每年末以等额 A 的方式回收,问 A 值为多少。等额支付资金回收系列资金流量图如图1-11所示。

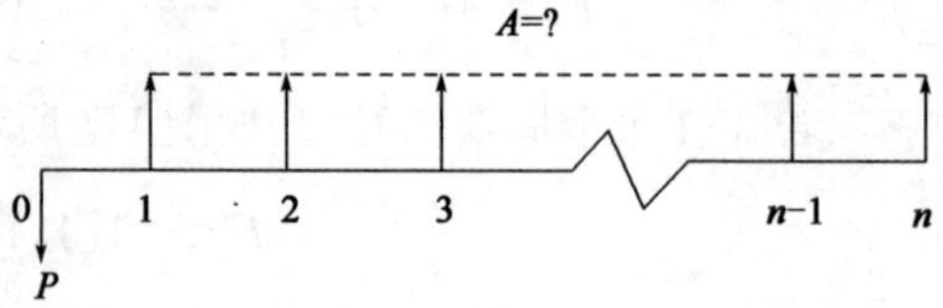

将式(1-5)带入式(1-12)中可得:

$$A = P\left[\frac{i(1 + i)^n}{(1 + i)^n - 1}\right] \quad (1-14)$$

图1-11 等额支付资金回收系列现金流量图

式中 $\left[\dfrac{i(1 + i)^n}{(1 + i)^n - 1}\right]$ 称为资金回收系数,记为 $(A/P, i, n)$,故上式又可记为:

$$A = P(A/P, i, n) \quad (1-15)$$

常用的资金回收系数已制成表供直接查用(附录一),也可以应用 Excel 等软件计算。

【例1-8】 现投资100万元,预期利率为10%,分5年等额回收,每年可回收多少金额?

解： 画出现金流量图，如图 1-12 所示。

依据式(1-14)，得：

$$A = 100\left[\frac{0.1(1+0.1)^5}{(1+0.1)^5 - 1}\right] = 26.38(万元)$$

6. 等额年金现值公式

已知 n 年内每年末有一笔等额的收入(或支出)A，求现值 P，其现金流量图如图 1-13 所示。

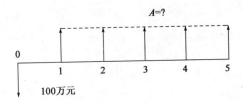

图 1-12 现金流量图

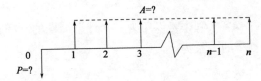

图 1-13 等额年金现值现金流量图(此图修改)

由式(1-14)可推出：

$$P = A\left[\frac{(1+i)^n - 1}{i(1+i)^n}\right] \tag{1-16}$$

式中 $\left[\frac{(1+i)^n - 1}{i(1+i)^n}\right]$ 称为等额年金现值系数，记为 $(P/A, i, n)$，故上公式又可以记为：$P = A(P/A, i, n)$。

式(1-16)中，当 n 很大时，可近似为：

$$P = \frac{A}{i}\left[\frac{(1+i)^n - 1}{(1+i)^n}\right] = \frac{A}{i} \tag{1-17}$$

常用的等额年金现值系数已制成表供直接查用(附录一)，也可以应用 Excel 等软件计算。

【例 1-9】 某公司拟投资一个项目，预计建成后每年获利 10 万元，3 年后收回全部投资的本利和，设贷款利率为 10%，问该项目总投资为多少？

解： 画出现金流量图，如图 1-14 所示。

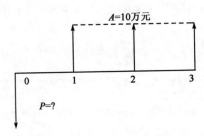

图 1-14 现金流量图

依据式(1-17)，查得 $(P/A, 10\%, 3)$ 为 2.4869，故：

$$P = 10 \times 2.4869 = 24.87(万元)$$

第四节　名义利率与实际利率

一、周期利率（r'）

周期利率也称为计息周期有效利率，是指计息周期的利率。

二、名义利率（r）

名义利率是以年为一个计息周期的利率，若1年内的计息周期数为m，则周期利率与名义利率的关系为：

$$r' = \frac{r}{m} \tag{1-18}$$

三、实际利率（i）

实际利率也称为年有效利率，是在一年中，按计息周期利率，复利m次所形成的总利率。若年计息周期次数为m次，实际利率与名义利率的关系为：

$$i = \left(1 + \frac{r}{m}\right)^m - 1 \tag{1-19}$$

由式(1-18)、式(1-19)可知，当$m=1$时，实际利率＝名义利率＝周期利率；当$m>1$时，实际利率＞名义利率。

需要说明的是，在前面介绍的复利公式中，i均指周期利率r'，n为寿命期的总计息周期数。

【例1-10】 1000万元3年期存款，名义利率为8%，问下列情况下第三年末的本利和为多少：(1)单利；(2)年复利；(3)季复利。

解：(1)单利。

$$F = 1000(1 + 3 \times 0.08) = 1240(万元)$$

(2)复利。

$$F' = 1000(1 + 0.08)^3 = 1259.71(万元)$$

(3)季复利。

季度利率＝8%÷4＝2%　共3×4＝12周期，故：

$$F'' = 1000(1 + 0.02)^{12} = 1268.24(万元)$$

【例1-11】 一笔1000万元的贷款，要求在4年半后一次性还本付息。每半年计息一次，总偿还金额为1250万元。求此笔贷款的名义利率和实际利率。

解： 计息周期为半年，周期数$n = 4.5 \times 2 = 9$，周期利率为r'，有：

$$F = 1000(1 + r')^9 = 1250$$

$$(1 + r')^9 = 1.25$$

$$r' = 1.25^{\frac{1}{9}} - 1 = 2.51\%$$

名义利率:

$$r = 2.51\% \times 2 = 5.02\%$$

实际利率:

$$i = \left(1 + \frac{5.02\%}{2}\right)^2 - 1 = 5.08\%$$

习题

1. 某企业贷款60万元,年利率为5%,期限4年,规定企业在4年内每年末等额偿还贷款,问企业每年应偿还多少?

2. 某建设项目建设期为3年,在建设期第一年贷款100万元,第二年贷款400万元,第三年贷款额为0,贷款利率为10%,用复利计息时,建设中第三年末的贷款利息应为多少?建设期建设利息共为多少?

3. 现在存入银行100万元,银行存款利率为4%,按复利计算,6年后一次性取出,则获得的利息总数为多少?

4. 某项目建设期为3年,建设期内每年年初贷款分别为100万元、200万元、400万元,年利率为8%,若在运营期第四年末一次性偿还贷款,则应偿还的本利和多少?

第二章
交通工程项目经济评价方法

投资的主要目的是为了获得经济效益。投资项目经济评价的核心内容就是经济效益评价。为确保项目投资决策的正确性和科学性，研究经济效益评价指标和方法就显得十分必要。

第一节 交通项目经济评价指标体系

建设项目经济评价是指在对影响项目的各项技术经济因素预测、分析和计算的基础上，评价投资项目的直接经济效益和间接经济效益，为投资决策提供依据的活动。

由于经济活动是一个综合性指标，任何一种具体的评价指标都只是反映项目的某一侧面或某些侧面，因此，单凭一个指标难以达到全面评价项目的目的。由于项目所要达到的目标不尽相同，因此需要采用不同的指标予以反映，从多个方面进行分析考察。

在项目经济评价中，常将经济评价指标体系分为三大类。

（1）根据是否考虑资金时间价值分类。根据是否考虑资金的时间价值，财务评价指标可分为静态评价指标和动态评价指标，如图2-1所示。

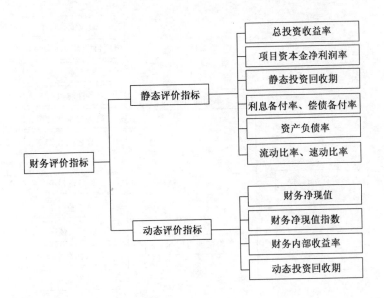

图 2-1　财务评价指标体系(1)

(2)根据指标量纲分类。根据指标量纲的不同,财务评价指标可分为比率性指标、价值性指标和时间性指标,如图 2-2 所示。

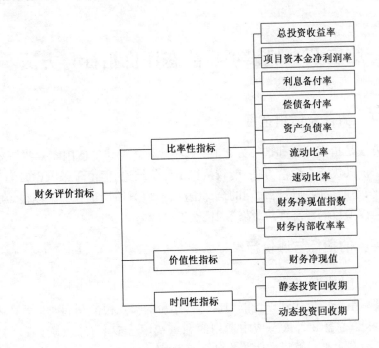

图 2-2　财务评价指标体系(2)

(3)根据财务能力分类。根据项目的财务能力,财务评价指标可分为盈利能力指标、偿债能力指标和财务生存能力指标,如图 2-3 所示。

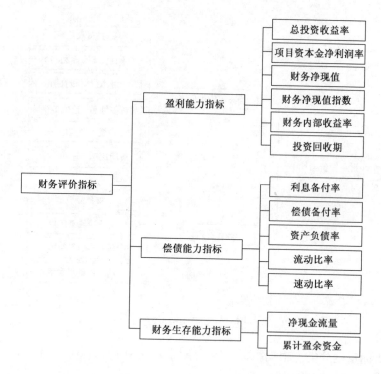

图 2-3　财务评价指标体系(3)

第二节　建设项目静态评价指标与方法

一、静态评价方法及适用范围

静态评价方法是指在评价和选择方案时,不考虑资金时间价值因素对投资效果产生影响的一种分析方法。其优点是简洁方便,能较快得出评价结论,但由于未考虑时间价值因素带来的资金价值变化,不能反映项目寿命期的全部情况,所以只适用于一些工期很短或属于政府专项预算拨款的建设项目的经济评价,结论的精确度也较差。

二、静态评价的指标与评价标准

1. 总投资收益率(ROI)

总投资收益率是指项目达到设计能力后正常年份的年息税前利润或运营期内年平均息税前利润(EBIT)(利润总额+计入总成本费用的利息费用)与项目总投资(TI)的比率,它反映了项目总投资的盈利水平。总投资收益率的计算公式:

$$ROI = \frac{EBIT}{TI} \times 100\% \tag{2-1}$$

式中:EBIT——项目正常年份的息税前利润或运营期内年平均息税前利润;

TI——项目总投资(建设投资+流动资金)。

总投资收益率可根据利润与利润分配表中有关数据计算求得。在财务评价中,总投资收益率高于同行业收益率参考值,表明用总投资收益率表示的盈利能力满足要求。

2. 项目资本金净利润率(ROE)

项目资本金净利润率是指项目达到设计能力后正常年份的年净利润或运营期内年平均利润(NP)与项目资本金(EC)的比率。其计算公式为:

$$\text{ROE} = \frac{\text{NP}}{\text{EC}} \times 100\% \tag{2-2}$$

式中:NP——项目正常年份的年净利润或运营期内年平均净利润;

EC——项目资本金。

项目资本金净利润率表示项目资本金的盈利水平,项目资本金净利润率高于同行业的净利润率参考值,表明用项目资本金净利润率表示的盈利能力满足要求。

【例 2-1】 某公司注册资本金为 1650 万元,投资 2800 万元兴建一工厂,该项目达到设计生产能力后的一个正常年份年末利润与利润分配表见表 2-1。已知同类企业总投资收益率和项目资本金净利润率的平均水平分别为 25% 和 30%,试评价该项目的盈利能力水平。

利润与利润分配表(单位:万元)　　表 2-1

序号	项 目	本年累计数	序号	项 目	本年累计数
①	销售收入	4200	⑥	净利润(④-⑤)	582.6
②	总成本费用	3070.5	⑦	盈余公积金(⑥×10%)	58.3
③	销售税金及附加	260	⑧	可供分配利润(⑥-⑦)	524.3
④	利润总额(①-②-③)	869.5	⑨	息税前利润	909.2
⑤	所得税	286.9			

解:

$$\text{ROI} = \frac{909.2}{2800} \times 100\% = 32.47\% > 25\%$$

$$\text{ROE} = \frac{582.6}{1650} \times 100\% = 35.31\% > 30\%$$

由于该项目的总投资收益率和项目资本金净利润率均高于行业平均水平,可认为该项目具有较强的盈利能力。

3. 静态投资回收期(P_t)

静态投资回收期(P_t)是指以项目净收益回收项目投资所需要的时间,一般以年为单位。静态投资回收期的计算公式为:

$$\sum_{t=0}^{P_t} (\text{CI} - \text{CO})_t = 0 \tag{2-3}$$

式中: CI——现金流入量;

CO——现金流出量;

$(\text{CI} - \text{CO})_t$——第 t 年净现金流量。

静态投资回收期可借助项目投资现金流量表计算。项目投资现金流量表中累计净现金流量由负值变为 0 的时点,即为项目的投资回收期。项目投资回收期更为实用的计算公式为:

$$\text{静态投资回收期}(P_t) = \text{累计净现金流量开始出现正值的年份} - 1 + \frac{\text{上年累计净现金流量的绝对值}}{\text{当年净现金流量}} \quad (2\text{-}4)$$

当求出项目的静态投资回收期以后,应与行业的标准静态投资回收期(P_c)比较,若$P_t \leqslant P_c$,则认为项目投资可在规定时间内收回,项目方案在财务经济上可以接受,在项目的多个方案择优中,应选择回收期较短的方案。

【例2-2】 某建设项目的净现金流量如表2-2所示,该项目的行业的标准静态投资回收期P_c为5年,试根据该项目的静态投资回收期,判断该项目是否可行。

现金流量表(单位:万元)　　　　　　　　　　　　　　表2-2

年份	1	2	3	4	5
净现金流量	-200	80	40	60	80

解:表2-3为表2-2的续表。

现金流量表续表(单位:万元)　　　　　　　　　　　　表2-3

年份	1	2	3	4	5
净现金流量	-200	80	40	60	80
累计净现金流量	-200	-120	-80	-20	60

根据式(2-4)有:

$$P_t = 5 - 1 + \frac{|-20|}{80} = 4.25 \text{ 年} < 5 \text{ 年}$$

方案可行。

静态投资回收期宜从项目建设开始年算起,若从项目投产开始年算,应予以注明。

静态投资回收期反映了项目方案在财务上的投资回收速度,但没有考虑投资回收期之后项目的财务经济效益,难以对不同方案的比较做出正确判断,所以使用该指标时应与其他指标相配合。

4. 利息备付率(ICR)

利息备付率是指项目在借款偿还期内,各年可用于支付利息的税息前利润(EBIT)与当期应付利息(PI)费用的比值,其计算公式为:

$$\text{ICR} = \frac{\text{EBIT}}{\text{PI}} \quad (2\text{-}5)$$

式中:EBIT——年息税前利润(利润总额 + 计入总成本费用的利息费用);

PI——当期应付利息(计入总成本费用的全部利息)。

利息备付率应分年计算。利息备付率表示用项目的利润偿付债务利息的保障程度。利息备付率应当大于1,并满足债权人的要求确定。根据我国企业历史数据统计,一般情况下,利息备付率不宜低于2。

5. 偿债备付率(DSCR)

偿债备付率是指项目在借款偿还期内,各年可用于还本付息的资金($\text{BEITDA} - T_{\text{AX}}$)与当期应还本付息金额(FD)的比值,其计算公式为:

$$DSCR = \frac{EBITDA - T_{AX}}{FD} \tag{2-6}$$

式中:EBITDA——年息税前利润加折旧和摊销;

T_{AX}——企业所得税;

FD——当期应还本付息金额,包括还本金额和计入总成本费用的全部利息。

偿债备付率应分年计算。偿债备付率表示可用于还本付息的资金偿还借款本息的保障程度,在正常情况下应大于1(一般不低于1.3,并满足债权人的要求)。当指标小于1时,表示当年资金来源不足以偿还当期债务,需要通过短期借款偿付已到期债务。

在计算利息备付率和偿债备付率时,如果能够得知或根据经验设定所要求的借款偿还期,可以直接计算利息备付率和偿债备付率指标,如果难以设定借款偿还期,也可以先大致估算出借款偿还期,再采用适宜的方法计算出每年需要还本付息的金额,代入公式计算利息备付率和偿债备付率指标。借款偿还期的估算公式为:

$$借款偿还期 = (偿清债务年份数 - 1) + \frac{偿清债务当年应付本息}{当年可用于还款收益额} \tag{2-7}$$

需要注意的是借款偿还期只是为了估算利息备付率和偿债备付率指标所用,不应与利息备付率和偿债备付率指标并用。

6. 资产负债率(LOAR)

资产负债率是指各期末负债总额(TL)同资产总额(TA)的比率,计算公式为:

$$LOAR = \frac{TL}{TA} \times 100\% \tag{2-8}$$

式中:TL——期末负债总额;

TA——期末资产总额。

资产负债率用于反应债权人所提供的资金占企业总资产的百分比,从债务比重上说明债权人所得到的保障程度。

适度的资产负债率,表明企业经营安全、稳健,有较强的筹资能力,也表明企业和债权人的风险较小。对该指标的分析,应结合国家宏观经济状况、行业发展趋势、企业所处的竞争环境等具体条件判定。项目财务分析中,在长期债务还清后,可不再计算资产负债率。

7. 流动比率

流动比率是衡量项目清偿短期负债能力的指标。其计算公式为:

$$流动比率 = \frac{流动资产}{流动负债} \tag{2-9}$$

流动比率可用来分析企业资产流动性的大小,判断偿债企业用现金或预期在该期中能变为现金的资产偿还债务的限度。

8. 速动比率

流动比率是一个很粗略的指标,以其判断短期偿债能力的可靠性差,因为流动资产中的存货很难按期顺利变现。为此引入速动比率来衡量企业偿付短期债务的能力,它是反映项目快速清偿流动负债能力的指标,其计算公式为:

$$速动比率 = \frac{速动资产}{流动负债} \tag{2-10}$$

式中,速动资产 = 流动资产 − 存货。

流动比率及速动比率过高或过低都不理想,比率过高表明项目持有闲置的(不能盈利的)现金余额,比率过低则表明项目可能面临清偿到期债务的某些困难。

对财务比率指标,一般无统一的判断标准,在财务评价中应根据企业的资金需求量和行业特点综合分析,确定合理的率值。

【例2-3】 某企业建设期第三年末的资产负债表见表2-4。试计算该年末企业的资产负债率,流动比率和速动比率,并分析该企业的偿债能力。

资产负债表(单位:万元)　　　　　　　　　　　表2-4

序号	项目	合计	计算期					
			1	2	3	4	…	n
1	资产	…	…	…	481000			
1.1	流动资产总额	…	…	…	111000			
1.1.1	货币资金	…	…	…	14000			
1.1.2	应收账款	…	…	…	32500			
1.1.3	存货	…	…	…	64500			
1.2	固定资产净值	…	…	…	370000			
2	负债及所有者权益(2.3+2.4)	…	…	…	481000			
2.1	流动负债总额	…	…	…	71276			
2.1.1	短期借款	…	…	…	33359			
2.1.2	应付账款	…	…	…	37917			
2.2	建设投资借款	…	…	…	138000			
2.3	负债小计(2.1+2.2)	…	…	…	209276			
2.4	所有者权益	…	…	…	271724			
2.4.1	资本金	…	…	…	240000			
2.4.2	累计未分配利润	…	…	…	31724			

解: 资产负债率 $= \dfrac{209276}{481000} \times 100\% = 43.51\%$

流动比率 $= \dfrac{111000}{71276} = 1.56$

速动比率 $= \dfrac{111000 - 64500}{71276} = 0.65$

从三个指标看,均有较强的偿债能力。

第三节　建设项目动态评价指标与方法

一、动态评价方法及适用范围

在工程实施过程中,由于资金时间价值的影响,同样的货币面值在不同的时间会有不同的价值。在建设项目经济评价中,应考虑每笔现金流量的时间价值。这种对建设项目的一切资金流都考虑它所发生的时间点及其时间价值,用以进行经济评价的方法称为动态分析法,动态分析法能够比较全面地反映项目整个寿命期的经济效果,使用范围较广。

二、动态评价的指标与评价标准

1. 财务净现值(FNPV)

财务净现值是指按行业的基准收益率或投资主体设定的折现率,将方案计算期内各年发生的净现金流量折现到建设初的现值之和。它是考察项目盈利能力的绝对指标。其计算公式为:

$$FNPV = \sum_{t=1}^{n}(CI-CO)_t(1+i_c)^{-t} \tag{2-11}$$

式中:FNPV——财务净现值;

$(CI-CO)_t$——技术方案第 t 年的净现金流量;

i_c——基准收益率;

n——技术方案计算期。

当 FNPV≥0 时,方案可行;当 FNPV≤0 时,方案不可行。

【例2-4】 已知某项目的现金流量如图2-4所示,设行业的基准收益率为12%,试计算该项目的净现值,并判断方案是否可行。

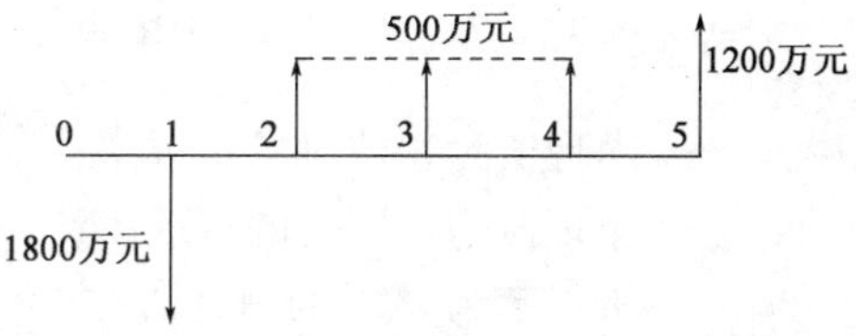

图2-4 方案的现金流量图

解:据式(2-9)有:

$FNPV = -1800(P/F,12\%,1) + 500(P/F,12\%,2) +$
$\qquad 500(P/F,12\%,3) + 500(P/F,12\%,4) +$
$\qquad 1200(P/F,12\%,5)$
$\qquad = -1800 \times 0.8929 + 500 \times 0.7972 + 500 \times 0.7118 + 500 \times 0.6355 + 1200 \times 0.5674$
$\qquad = -1607.22 + 398.60 + 355.90 + 317.75 + 680.88 = 145.91(万元) > 0,方案可行$

本题还可以用以下方法求解:

$FNPV = -1800(P/F,12\%,1) + 500(P/A,12\%,3)(P/F,12\%,1) + 1200(P/F,12\%,5)$
$\qquad = -1800 \times 0.8929 + 500 \times 2.4018 \times 0.8929 + 1200 \times 0.5674 = 145.94(万元)$
> 0,方案可行

两种算法的结果不同是由于四舍五入造成的。

2. 财务净现值指数(FNPVR)

财务净现值指数也称为财务净现值率,在多方案比较时,如果几个方案的 FNPV 值都大于零但投资规模相差较大,可以进一步用财务净现值指数作为财务净现值的辅助指标,财务净现值指数是财务净现值与总投资现值之比,即单位投资现值所带来的净现值。计算公式为:

$$FNPVR = \frac{FNPVR}{I_P} \times 100\% \tag{2-12}$$

式中:I_P——方案总投资现值。

若为单一方案经济评价时,FNPVR≥0,则方案可行。

【例2-5】 试计算图2-4中现金流量的净现值指数。

解：$\text{FNPVR} = \dfrac{145.91}{1800 \times 0.8929} = 0.091$

3. 财务内部收益率（FIRR）

财务内部收益率是指项目在整个计算期内各年净现金流量现值累计等于零时的折现率，是评价项目盈利能力的相对指标。根据资金的来源渠道不同，财务内部收益率可分为项目投资财务内部收益率、项目资本金财务内部收益率和投资各方财务内部收益率。

财务内部收益率的计算公式为：

$$\text{FNPV}(\text{FIRR}) = \sum_{t=1}^{n}(\text{CI} - \text{CO})_t(1 + \text{FIRR})^{-t} = 0 \quad (2\text{-}13)$$

财务内部收益率计算方程是一元 n 次方程，不容易直接求解，一般采用"插值试算法"，其步骤为：

(1) 初略估计 FIRR 的值。为减少试算的次数，可先令 $\text{FIRR} = i_c$。
(2) 找到该方案净现值为正值和负值的两个最为接近的折现率 i_1 和 i_2。
(3) 用线性插入法计算 FIRR，其公式如下：

$$\text{FIRR} = i_1 + \dfrac{\text{FNPV}_1(i_2 - i_1)}{\text{FNPV}_1 + |\text{FNPV}_2|} \quad (2\text{-}14)$$

式中：i_1——净现值为正数时的折现率；

i_2——净现值为负数时的折现率；

FNPV_1——折现率为 i_1 时的净现值；

FNPV_2——折现率为 i_2 时的净现值。

由于上式 FIRR 的计算误差与 $i_2 - i_1$ 的大小有关，且 i_2 与 i_1 相差越大，误差也越大，为控制误差，通常要求 $i_2 - i_1 \leq 2\%$ 左右，一般不应超过 5%。

项目的判别准则为：设基准收益率为 i_c，若 $\text{FIRR} \geq i_c$，则 $\text{FNPV} \geq 0$，方案可行；若 $\text{FIRR} < i_c$，则 $\text{FNPV} < 0$，方案不可行。

【例 2-6】 某项目利用银行贷款投资生产。若银行贷款利率为 10%，该项目的净现值为 33.82 万元，银行贷款利率为 12% 时，净现值为 -16.64 万元，求在此情况下，企业收益率定位多少能保证企业不亏不盈？

解：企业的内部收益率确定的高低与银行利率高低密切相关。当企业的内部收益率与银行的贷款利率相同时，企业不亏不盈。设企业的内部收益率为 FIRR，银行的贷款利率为 i，则当 $\text{FIRR} > i$ 时，项目可行，反之项目不可行。

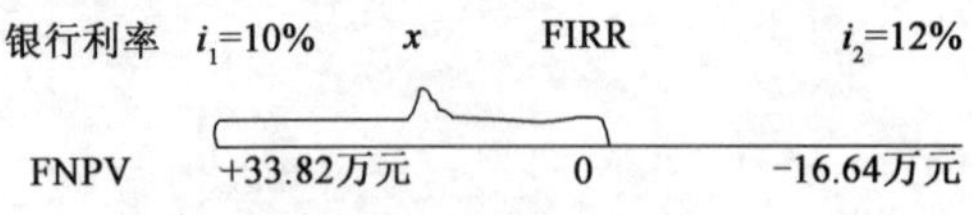

图 2-5 中 x 为 FIRR 与 i_1 间的利率差，利用差值法可确定出保证企业不亏不盈时的内部收益率。

图 2-5 银行贷款利率与企业盈亏值关系图

$$x = \left(\dfrac{2 \times 33.82}{16.64 + 33.82}\right)\% = 1.34\%，\text{FIRR} = i_1 + x = (10 + 1.34)\% = 11.34\%$$

由图 2-5 可以看出，当银行的贷款利率小于 11.34% 时，净现值为正，企业盈利；当银行的贷款利率大于 11.34% 时，净现值为负，企业亏损；当银行利率等于 11.34% 时，净现值为 0，企业不亏不盈，因此，企业能够接受的银行贷款利率最高为 11.34%。

【例 2-7】 某一工程项目计划投资 470 万元，年收入 160 万元，年成本 50 万元，有效期 6

年,残值18万元,求企业的内部收益率。

解:将整个经济活动期间的投资与收入折现,令投资和收入现值之和为0,有:
$$-470 + (160 - 50)(P/A,i,6) + 18(P/F,i,6) = 0$$

上式中有两个未知项,因此首先进行估算,设每年残值为3万元(18/6=3)代入上式,则:
$$-470 + (160 - 50)(P/A,i,6) + 3(P/A,i,6) = 0$$

计算得:$(P/A,i,6) = 4.159$。

查附录一可知,$(P/A,12\%,6)$ 和 $(P/A,10\%,6)$ 的值与4.159较接近,计算该投资过后的净现值:

$FVPV_1(i_1 = 10\%) = -470 + 110(P/A,10\%,6) + 18(P/F,10\%,6) = 19.24(万元)$

$FNPV_2(i_1 = 12\%) = -470 + 110(P/A,12\%,6) + 18(P/F,12\%,6) = -8.63(万元)$

满足原等式的财务内部收益率可用公式(2-13)求出:
$$FIRR = 10\% + \frac{19.24 \times (12-10)\%}{19.24 + 8.63} = 11.38\%$$

4. 动态投资回收期 (P'_t)

为了克服静态投资回收期不考虑资金时间价值的缺点,可采用按固定折现率的动态投资回收期。动态投资回收期是在考虑资金时间价值的条件下,以项目净收益抵偿项目全部投资所需的时间。其理论表达式为:

$$\sum_{t=1}^{P'_t} (CI - CO)_t \times (1 + i_c)^{-t} = 0 \quad (2-15)$$

式中:i_c——行业基准折现率。

动态投资回收期可通过项目财务现金流量表求得,计算公式如下:

$$P'_t = 累计现金流量折现值开始出现正值的年分数 - 1 + \frac{上年累计净现金流量折现值的绝对值}{当年净现金流量折现值}$$

(2-16)

用动态投资回收期指标评价方案的标准是 $P'_t \leq P_c$。

【例2-8】 某项目有关数据如表2-5所示。基准收益率 $i_c = 8\%$,试计算动态投资回收期 P'_t。

动态投资回收期计算表($i_c = 8\%$)(单位:万元)　　　　表2-5

年份	1	2	3	4	5	6	7	8	9	10
投资支出	520	100								
其他支出			300	450	450	450	450	450	450	450
收入			450	700	700	700	700	700	700	700
净现金流量	-520	-100	150	250	250	250	250	250	250	250
折现值	-481.47	-85.73	119.07	183.75	170.15	157.55	145.88	135.08	125.05	115.80
累计折现值	-481.47	-567.20	-448.13	-264.3	-94.23	63.32	209.20	344.28	469.33	282.13

解:计算各年的现金流量的累计折现值,计算结果如表2-5所示,将表2-5的有关数据代入公式(2-16),得:
$$P'_t = 6 - 1 \pm \frac{|-94.23|}{157.55} = 5.60(年)$$

与静态投资回收期相比,动态投资回收期的优点是考虑了资金时间价值,但计算却比较复杂。在投资回收期不长和基准收益率不大的情况下,两种投资回收期的差别不大,不至于影响方案的选择,因此,动态投资回收期指标不常用,只有在静态投资回收期较长和基准收益率较大的情况下,才需计算动态投资回收期。

第四节 不同类型方案的经济评价与选择

一、投资方案的分类

要正确评价建设项目方案的经济性,仅对项目进行经济评价指标的计算和判断往往是不全面的。在方案选择时,分清方案的类型是非常重要的,因为类型不同,选择和判断的尺度也不同。在实际工作中,首先应了解方案的类型,再根据方案的类型确定适合的经济指标,才能为投资决策提供科学合理的依据。

1. 独立方案

独立方案是指方案间彼此互不干扰,一个方案的执行不影响另一个方案的执行,在选择方案时可以任意组合,或者说,如果方案间的加法法则成立,则这些方案彼此独立。

例如,有 A、B 两个方案,A 方案将 2 万元存入银行 1 年,年利润 4%,到年底时本利和为 2.08 万元,B 方案用 3 万元购买 1 年期债券,年利润 5%,年底本利和为 3.15 万元。

可以看出,如果 A 方案不是将钱存入银行,而是购买债券,会获得高一些的利润。独立方案的特点是各方案之间不互相比较,都只对"什么也不做"方案进行比较。即 2 万元存入银行利润虽不及购买债券,但总比不存银行放家里好,在独立方案的被比方案中,可以接受其中一个或几个或全部的方案,也可以全部不接受,并且各方案的有效期不同。

2. 互斥方案

互斥方案是指方案间彼此排斥,接受其中一个方案就必然排斥其他方案。例如某建筑物的地基,可以采用桩基础、带型基础方案,这两个方案就是互斥的,因为取其中任何一个必然抛弃另一个方案。

3. 混合方案

实际工作中常常有互相独立、互相排斥的方案混合在一起的情况,即混合方案。例如某施工企业接受了三项功能不同的施工任务(独立方案),各个任务又有不同的施工方法可供选择(互斥方案),这就是混合方案的问题。

4. 相关方案

相关方案是指各投资方案间现金流量存在影响的一组方案,根据影响结果,相关方案分为正相关和负相关方案。当一个方案的执行使另一个方案净现金流量减少时,此时方案间具有负相关关系;当一个方案执行使得另一个方案净现金流量增加时,方案间具有正相关关系。例如商业区建一个中式餐厅和一个西式餐厅,任一个餐厅的建设都会影响到另一个餐厅的现金流,两餐厅的建设方案即为负相关方案。

5. 互补方案

如果不同方案之间,某一个方案的实施要以另一个或另几个方案的实施为条件,那么这些方案之间就是互补的关系。如要在某地开发一个旅游项目,就需要有交通、旅店等项目与之配套。在进行方案评价时,通常将互补方案作为一个项目群整体评价。

二、独立方案的选择方法

独立方案可采用净现值法、等年值法、将来值法、内部收益率法和净现值率法等进行选择,这些方法得出的结论都是一致的。

在实际中,独立方案的选择可分为两种情况:

1. 无资源约束

企业资源(如资金、人力、物力、时间、生产能力、空间等)充足,可以满足全部项目的要求,独立方案的取舍只决定于本方案的经济价值,而不必考虑其他方面各因素的影响,此时只要方案的经济指标满足评价要求,就认为方案可行。

2. 有资源约束

但在大多数情况下,企业的资源是有限的,在众多的互相独立的方案中选择几个方案时,通常采用"效率选择法""收益率法"和"内部收益率法"来确定方案的优先顺序,前两者为静态分析方法,后者为动态分析方法。

(1) 效率选择法

效率选择法是按单位关键资源的贡献大小来进行方案择优。

【例2-9】 某施工企业的构件厂使用大型成型机制作多种产品,可将产品分为 ABCD 四类,产品之间相互独立,各类产品生产销售状况如表2-6 所示,该成型机每月有效加工时间最多为500h,固定费用为 8 万元,应该如何制定月生产计划?

解:若四种产品都按销售上限生产且全部售出,该厂可获得最好的效益,但全部产品都以上限生产时,则需生产时间为:

$$t = 10000 \times 0.02 + 4000 \times 0.06 + 20000 \times 0.01 + 5000 \times 0.05 = 890(h)$$

构件厂产品生产销售状况表　　　　　　　　　　　　　　　表2-6

项目	A	B	C	D
销售价格(元/件)	8.60	11.40	12.00	18.00
成本费(元/件)	4.00	6.00	8.50	11.00
生产所需时间(h/件)	0.02	0.06	0.01	0.05
销售数量上限(件/月)	10000	4000	20000	5000

由题意知,用于生产的时间最多为500h,故不能都按上限生产。由于产品是独立的,问题便在于如何有效地利用每月的生产时间(资源限额),使其利润最大,用单位产品生产时间除贡献利润率,即可求出单位时间贡献利润率,见表2-7。

单位时间贡献利润率(单位:元/h)　　　　　　　　　　　　表2-7

项目	A	B	C	D
单位时间贡献利润率	230	90	350	140

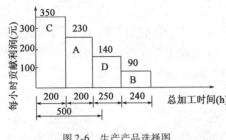

图2-6 生产产品选择图

以横轴为加工时间(限制资源),纵轴为单位时间贡献率,按单位时间贡献率大小排列如图2-6所示,由图可知,在有限的500h加工时间中,应该尽量生产单位时间贡献利润率高的产品,即用200h生产C产品,200h生产A产品,100h生产D产品,此时每月纯利润为:

$200 \times 350 + 200 \times 230 + 100 \times 140 - 80000 = 50000(元)$

本例题中不以单位产品贡献率作为选择标准,是因为有些产品的单位产品利润率虽然高,但加工时间长,不能有效地发挥有限资源的效率。

(2)收益率法

收益率法是将比选方案的收益率按大小排序,根据收益率的大小,在最大限度地利用资金的前提下,进行方案的选择。

【例2-10】 有7个相互独立的投资方案ABCDEFG,投资额及年内的收益见表2-8,资金的条件为以下几种情况时,资金存款利率为5%,试确定最适宜的组合。

①投资的贷款利率为10%时,可利用的资金总额为1600万元(设贷款总额不能变动)。

②贷款数量没有限制,但贷款利率有以下三种可能:$i = 12\%,14\%,16\%$。

③贷款金额为1000万元时,利率为10%,以后每增1000万元,利率增加2%。最多可筹措4000万元资金。

7个方案的投资额与年收益值 表2-8

指标	方案						
	A	B	C	D	E	F	G
投资额(万元)	200	300	400	450	500	600	700
年净收益值(万元)	30	90	140	90	50	270	200
年收益率(%)	15	30	35	20	10	45	29

解:①项目内部是否可行首先取决于项目的收益率是否高于贷款利率10%,因此,首先计算各方案的年收益率,见表2-8中的年收益率一行。

相对贷款利率10%而言,计算出7个项目的收益率都不小于10%,即为可行项目,按年收益率大小依次排列画出独立方案的选择图,如图2-7所示。

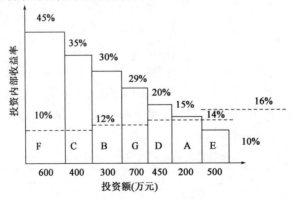

图2-7 7个方案收益率大小选择图

由于可利用金额为 1600 万元,各方案的投资额必须足量投入,因此按年收益率大小排序,应选择的方案为 FCBA 4 个方案,总投资额为 1500 万元,余下的 100 万元只能以 5% 的利率存入银行,此决策方案的总净收益见表 2-9。

选择方法(一)总收益表(单位:万元)　　　　　　　　表 2-9

指标	方案				合计	备注
	F	C	B	A		
投资额	600	400	300	200	1500	
年净收益值	270	140	90	30	530	
应付资本利息	60	40	30	20	155	剩余的 100 万元实际支付利息 5 万元
扣减贷款利息纯收入	210	100	60	10	375	

这种组合不一定是最好的组合,因为有 100 万元没有得到充分利用,再选择 FBG 方案组合,总投资为 1600 万元,同样算出其收益值见表 2-10。

由表 2-10 可知第二种选择方案能充分利用资金,扣减贷款利息后的总净收益也比较第一种方案的高。

由此可知,当贷款总额不能变动时,应在满足收益率大于贷款利率时,最大限度地利用贷款资金。

选择方法(二)总收益表(单位:万元)　　　　　　　　表 2-10

指标	方案			合计
	F	B	G	
投资额	600	300	700	1600
年净收益值	270	90	200	560
应付资本利息	60	30	70	160
扣减贷款利息纯收入	210	60	130	400

②当资金没有限制时,只要项目的收益高于贷款利率,都为可行方案,按图 2-7 所示。

当 $i=12\%$ 时,择优顺序为 FCBGDA。

当 $i=14\%$ 时,择优顺序同上。

当 $i=16\%$ 时,择优顺序为:FCBGD。

③当筹措资金为 1000 万元时,$i=10\%$,以后每增加 1000 万元,利率增加 2%,利率变化线见图 2-7 中的虚线,可知应选方案为 FCBGDA,共筹资 2650 万元,虽不足 4000 万元。但从图中看出,E 方案的年收益率 10% < 贷款利率 14%,故为不可取方案,不应借款投资。

(3)内部收益率法

上述两种方法中都没考虑资金的时间价值,如果投资项目持续时间较长,就应该考虑使用资金时间价值计算方法来计算项目的内部收益率。

【例 2-11】 表 2-11 所列为某企业 6 个方案的投资额和年净收入,项目寿命期为 4 年,资金成本为 8%,如果 6 个方案全部实施,需要资金 3850 万元,但企业可使用资金只有 3000 万元,问采用哪种方案的投资收益额最大?

独立型方案数据表(单位:万元)   表2-11

方案	A	B	C	D	E	F
投资额	600	550	450	800	750	700
年净收入	290	160	240	350	500	260

解：先计算个方案的内部收益率：

$$-600 + 290(P/A, FIRR_A, 4) = 0$$

用插值法求得：

$$FIRR_A = 32.8\%$$

同理可求得：

$$FIRR_B = 6.4\%, FIRR_C = 39.1\%, FIRR_D = 26.9\%$$
$$FIRR_E = 55.2\%, FIRR_F = 18.0\%$$

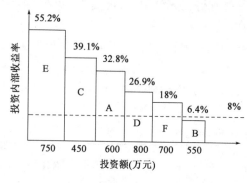

图2-8 投资方案内部收益率选择图

将内部收益率由大到小依次画在独立方案选择图上(图2-8)。

如按内部收益率的大小选择，若选 ECAD 四个方案共用资金 2600 万元，此时年净收入为 1380 万元，若选 EADF 共用去资金 2850 万元，年利润 1400 万元，故选后者方案组合较有利。

可以看出，对有资源约束的独立方案，选择时应在满足指标评判要求的前提下，进行不同方案组合，并进行收益对比，选择最高的收益为最佳组合方案。

三、互斥方案的选择方法

1. 寿命期相同的互斥方案选择

进行互斥方案的比选，必须遵循可比原则，以保证分析、论证能全面、正确地反映实际情况，因此，可以直接按照经济评价指标值进行比选，需要注意的是，对互斥方案采用内部收益率进行评价往往会得出错误的结论。常用的比选方法有财务净现值比较法、最小费用法和差额投资分析法等。

1)财务净现值比较法

财务净现值大的为最优方案。

2)最小费用法

最小费用法实质上是财务净现值比较法不考虑收益时的一种特例。在互斥方案比选中，假设各方案收益相同，仅对备选方案的费用进行比较，以备选方案中费用最小者为最优方案。最小费用法通常是计算备选方案的费用现值(PV)或费用年值(AC)，以其最低的方案作为最优的方案。

3)差额投资分析法

差额投资分析法是用投资大的方案减去投资小的方案，得到差额投资现金流量，然后通过计算差额投资现金流量的经济评价指标，如差额投资财务净现金值、差额投资财务内部收益率、差额投资收益率、差额投资回收期等来进行方案比选。

(1)差额投资财务净现值(ΔFNPV)

差额投资财务净现值法的评价步骤为：

①将备选方案按投资额大小,从小到大顺序排列。

②增设0方案,0方案又称为不投资方案。在互斥方案比选中,增设0方案可避免选择一个经济上并不可行的方案作为最优方案。

③将顺序为第一的方案与0方案进行比较,当 ΔFNPV > 0 时,投资大的方案为优;当 ΔFNPV < 0 时,投资小的方案为优,两者中优者方案作为当前最优方案。

④将排列第二的方案再与当前最优方案以 ΔFNPV 指标进行比较,方法同上。

⑤依次对下一方案与前一比选中的最优方案进行比选,直至比选完所有备选方案,最后确定的最优方案作为入选方案。

(2)差额投资财务内部收益率 ΔFIRR

差额投资财务内部收益率法的评价思路基本上同上,当 ΔFIRR > i_c 时,投资大的方案为优;当 ΔFIRR < i_c 时,投资小的方案为优。

(3)差额投资收益率

差额投资收益率是两方案投资的差额与两方案利润的额差额之比。若差额投资收益率大于 i_c,则投资大的为优。

(4)差额投资回收期

若采用差额投资回收期进行方案比选,则差额投资回收期大于基准回收期,投资小的方案为优。

【例2-12】 某项目有三个互斥方案,寿命期均为年, $i_c = 10\%$,各方案的初始投资和年净收益见表2-12,试用财务净现值比较法、差额投资财务净现值法和差额投资内部收益率法进行方案比选。

互斥方案数据表(单位:万元)　　　　表2-12

方案	A	B	C
投资额	490	600	700
年净收入	100	120	130

解:(1)财务净现值比较法

$$FNPV_A = -490 + 100(P/A, 10\%, 10) = 124.4(万元)$$

$$FNPV_B = -600 + 120(P/A, 10\%, 10) = 137.3(万元)$$

$$FNPV_C = -700 + 130(P/A, 10\%, 10) = 98.8(万元)$$

$FNPV_B$ 最大,故 B 方案最优。

(2)差额投资财务净现值法

①将 A 方案与 0 方案进行比较,有:

$$\Delta FNPV_{A-0} = FNPV_A = 122.4(万元)$$

A 方案为优。

②将 B 方案与 A 方案进行比较,有:

$$\Delta FNPV_{B-A} = -(600-490) + (120-100)(P/A, 10\%, 10) = 12.9(万元) > 0$$

25

B 方案为优。

③将 C 方案与 B 方案进行比较,有:

$$\Delta FNPV_{C-B} = -(700-600)+(130-120)(P/A,10\%,10) = 38.6(万元) < 0$$

B 方案最优。

(3)差额投资内部收益率法

①将 A 方案与 0 方案进行比较,有:

$$-490+100(P/A,\Delta FIRR_{A-0},10) = 0$$

则:

$$(P/A,\Delta FIRR_{A-0},10) = 4.90$$

通过查表,由插值法可得 $\Delta FIRR_{A-0} = 15.63 > i_c$

A 方案为最优方案。

②将 B 方案与 A 方案进行比较,有:

$$-(600-490)+(120-100)(P/A,\Delta FIRR_{B-A},10) = 0$$ 通过查表,由插值法可得:

$$\Delta FIRR_{B-A} = 12.6\% > i_c$$

B 方案为最优。

③将 C 方案与 B 方案进行比较,有:

$$-(700-600)+(130-120)(P/A,\Delta FIRR_{C-B},10) = 0$$ 通过查表,由插值法可得:

$$\Delta FIRR_{C-B} = 0.1\% < i_c$$

故 B 方案为最优方案。

2.寿命期不同的互斥方案选择

当备选方案具有不同的寿命期时,不能直接采用净现值法、差额投资分析法进行方案比选,这时需要使备选方案具有时间上可比的基础,常用的比选方法有净年值法、最小公倍数法。

(1)净年值法(NAV 法)

净年值法已在前面介绍过,在寿命期不同的互斥方案中,这种方法是最为简便的方法,当备选方案较多时,此方法的优点显得更为突出,NAV 大的方案为优方案。

(2)最小公倍数法

最小公倍数法是以各备选方案计算期的最小公倍数为比较期,假定在比较期内各方案可重复实施,现金流量重复发生,直至比较期结束,这种方法使各备选方案具备了时间上的可比性,然后在可比的计算期内,通过方案的净现值,进行方案比选。

但是对于某些不可再生开发项目,方案的可重复实施假定本身就不成立,另外,当各方案形成的最小公倍数很大时,比较期会变得很长,此时假定比较期内各方案现金流量重复发生就严重脱离实际了。因此,最小公倍数法往往只用于可重复实施的、技术更新不快的方案进行比选。

【例 2-13】 某项目有 A、B 两个备选方案,互斥方案数据表见表 2-13。试用净年值法和最小公倍数法进行方案比选。

互斥方案数据表 表 2-13

方案	投资(万元)	年收益值(万元)	年支出值(万元)	寿命期	i_c(%)
A	3500	1900	645	4	10
B	5000	2500	1383	8	10

解:绘出两方案的现金流量图,如图2-9所示。

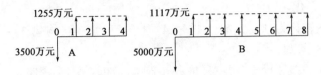

图2-9 例2.13 现金流量图

(1)净年值法的方案比选:
$$NVA_A = -3500(A/P,10\%,4) + 1255 = 150.85(万元)$$
$$NVA_B = -5000(A/P,10\%,8) + 1117 = 179.78(万元)$$

由此可得,B方案为优。

(2)最小公倍数法的方案比选:

A方案和B方案的最小公倍数为8,A方案的最小公倍数流量图如图2-10所示。

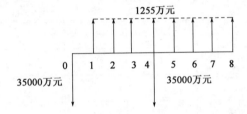

图2-10 A方案的最小公倍数流量图

$$FNPV_A = -3500[1+(P/F,10\%,4)] + 1255(P/A,10\%,8) = 804.80(万元)$$
$$FNPV_B = -5000 + 1117(P/A,10\%,8) = 959.08(万元)$$

由此可得,B方案为优。

3. 混合方案的选择方法

混合方案决策问题实际上是一个多方案投资决策问题。其投资特点是:它可以在并不互斥的方面投资,然而在每一个投资方面都存在着几个相互排斥的方案,即在每一个投资方面只能选一个方案,例如某施工企业承担了商店、住宅、工厂三项施工任务(独立方案),各任务又分别有不同的施工方法可供选择(互斥方案)。当企业的资金有限时,它必须将资金用于那些投资收益率高的方案。

因此,混合方案既包括了独立方案的选择,又包括了互斥方案的选择,而最后的方案又可能是好几个方案的组合。当企业资源足够时,则只要按互斥方案择优的方法,并结合方案的经济指标是否满足评价要求做出方案的选择即可。当企业资源有约束时,如果方案较少,可以采用简单组合进行择优,如果方案较多,可采用差额投资收益率(或差额投资内部收益率)排序法进行方案的选择。其具体步骤为:

(1)在各组互斥方案中,淘汰无资格方案

所谓无资格方案是指在投资递增的 N 个方案中,如第 $t+1$ 个方案对第 t 个方案的差额投资收益率(或投资差额内部收益率)高于第 t 个方案对第 $t-1$ 个方案的差额投资收益率(或差额投资内部收益率),则第 t 个方案为无资格方案。因此,需要计算各组互斥方案中的差额投资收益率(或差额投资内部收益率),淘汰无资格方案,确保各组互斥方案差额投资收益率(或差额投资内部收益率)数值顺序递减。

(2)混合方案独立化

将各组互斥方案转化为独立方案。如 A_1、A_2、A_3 为互斥方案,构建 A_1-A_0、A_2-A_1、A_3-A_2 三个独立的增量方案予以替代。

按独立方案选择的差额投资收益率(或差额投资内部收益率)排序法进行方案选择,这样选出的符合条件的方案组合,即为混合方案选择的最优方案组合。

【例 2-14】 某企业对 A、B 两车间实施更新改造以增加利润(表 2-14)更新资金的贷款利率为 7%,A、B 两车间投资的效果互不影响,A_i、B_i 为 A、B 车间的互斥方案,A_0、B_0 为不更新改造的方案。问该企业更新改造金额分别为 3 万元和 4 万元时,应如何进行投资决策?

两车间更新改造方案收支表　　　　表 2-14

向 A 车间投资				向 B 车间投资			
方案	投资额(万元)	利润额(万元)	内部收益率(%)	方案	投资额(万元)	利润额(万元)	内部收益率(%)
A_0	0	0	0	B_0	0	0	0
A_1	1	0.40	40	B_1	1	0.20	20
A_2	2	0.52	26	B_2	2	0.38	19
A_3	3	0.60	20	B_3	3	0.54	18

解:(1)在各组互斥方案中,淘汰无资格方案

分别计算各方案的差额投资收益率,结果见表 2-15。表中 A_{1-0},A_{2-1}…分别表示向 A_0 方案追加投资而得的 A_1 方案、向 A_1 方案追加投资而得的 A_2 方案…

两车间的差额投资收益率值(%)　　　　表 2-15

A 车间		B 车间	
增量方案	差额投资收益率(%)	增量方案	差额投资收益率(%)
A_{1-0}	40	B_{1-0}	20
A_{2-1}	12	B_{2-1}	18
A_{3-2}	8	B_{3-2}	16

从计算结果可以看出,A、B 车间的各互斥方案的投资差额收益率数值顺序递减,故此例题没有无资格方案。

(2)混合方案独立化

将各增量投资部分看成是独立方案的问题,并按差额投资收益率的大小,将各方案(不含无资格方案)排列成图 2-11,该图称为混合方案选择图。画出此图之后即可由左及右加以选择,直至达到资金的限额为止。

当资金限额为 4 万元时,方案应选择:

$$A_{1-0} + B_{1-0} + B_{2-1} + B_{3-2} = (A_1 - A_0) + (B_1 - B_0) + (B_2 - B_1) + (B_3 - B_2) = A_1 + B_3$$

即应选择 A_1 和 B_3 方案投资更新改造。

当资金限额为 3 万元时,方案应选:

$$A_{1-0} + B_{1-0} + B_{2-1} = (A_1 - A_0) + (B_1 - B_0) + (B_2 - B_1) = A_1 + B_2$$

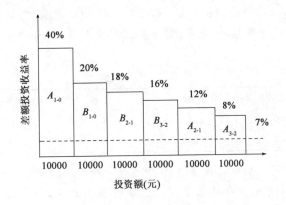

图 2-11 混合方案选择图

即应选择 A_1 和 B_2 方案进行更新改造。

与独立方案遇到的问题类似,当资金的限额不是恰巧在两增量方案的界限处,只要适当将方案前后位置调整一下,最大限度地利用资金就行了。

对寿命期较长的混合方案择优时,还应考虑时间价值因素,计算差额投资内部收益率。

四、其他方案的选择方法

其他方案是指除互斥方案、独立方案和混合方案以外的方案,包括互补方案、相关方案等。其他方案的选择可以采用单独处理的方法。对于完全互补方案,两个方案 A 与 B 互为前提条件,此时应将两个方案作为一个综合体(A+B)参加方案选择。对于不完全互补方案,可以转化为两个互斥方案进行比选,如办公楼与空调,空调 C 以办公楼 D 存在为前提条件,可以转化为配空调办公楼(C+D)与无空调办公楼(C)两个互斥方案的比较问题,对于现金流量相关方案,如 E 与 F 两方案现金流量相关,可以通过构建 E、F 和 E+F 三个互斥方案组来进行方案选择,此时应注意现金流量间的正影响和负影响,详细内容可参考其他教材,此处不再赘述。

习题

1. 某项目前 5 年的财务净现值为 50 万元,第 6、7、8 年年末净现金流量分别为 40 万元、40 万元、30 万元,若基准收益率为 8%,试求该项目在 8 年中形成的财务净现值。

2. 已知某拟建项目财务净现金流量如表 2-16 所示,该行业的基准投资回收期为 8 年,求该项目的静态投资回收期,并分析该项目是否可行?

某项目的财务净现金流量　　　　　表 2-16

时间	1	2	3	4	5	6	7	8	9
净现金流量(万)	-1200	-1000	200	300	500	500	500	500	500

3. 某建设项目,当银行利率 $i=10\%$ 时,FNPV = 200 万元,当银行利率 $i=12\%$ 时,FNPV = -100 万元,用插值法求内部收益率。

4. 某建设单位欲购一台设备,现有 A_1、A_2、A_3、A_4 四个方案,初期投资额、每年净收益如表2-17所示(单位:万元),寿命期为10年,资金贷款利率12%,假如资金足够,则哪个方案较为有利?

设备购置方案数据　　　　　表2-17

方案	初期投资额	年销售收入	方案	初期投资额	年销售收入
A_1	200	58	A_3	400	92
A_2	300	78	A_4	500	100

5. 某企业拟从具有同一功能的设备 A、B 中选择一个予以投资,使用期皆为7年。初期投资 A 为10万元,B 为14万元。年作业费 A 为2万元,B 为0.9万元(假定发生于年末)。贷款利率为12%。

试用净现值法,年等值法判定哪个方案有利。

设备使用年限为多少年以上 B 方案较 A 有利?

当使用期为7年时,贷款利率为多少? A 方案较 B 方案有利?

6. 现有两个方案,购买 A 一次投资6000元,每年运行费5000元,可使用15年,15年后处理可得残值1000元,购买机械 B 一次投资10000元,年运行费用3000元,可使用10年,无残值。设两种机械每年创造的收入相等,要求的投资收益率为6%,问采用哪个方案经济上较合理?

7. A、B 为两个互斥方案,各年的现金流量如表2-18所示,基准收益率为10%,试用最小公倍数法比选方案。

投资方案数据表　　　　　表2-18

方案	投资(万元)	年净收入(万元)	残值(万元)	寿命期(年)
A	10	3	1.5	6
B	15	4	2	9

第三章
公路工程造价编制准备知识

第一节 公路工程建设各阶段与工程造价编制的关系

公路工程造价,一般是指进行某公路工程项目建设所花费(预期花费或实际花费)的全部费用,即该工程项目有计划地进行固定资产再生产和形成相应的无形资产、递延资产和铺底流动资金的一次性费用总和。

公路工程造价的编制则是泛指估算、概算、预算、标底、报价、工程结算和竣工决算等造价文件的编审工作。公路建设工程投资估算是立项和决策的重要依据,是控制概算或预算的一个尺度;概算或修正概算是初步设计或技术设计的重要组成部分,是建设项目投资的最高限额;施工图预算是组织建设项目实施的指导性文件;竣工决算是确定新增固定资产价值,全面反映建设成果的文件,是竣工验收和移交固定资产的依据。工程建设不论其投资来源和隶属关系如何,都必须按基本建设程序执行,进行工程建设各阶段的工程造价文件的编制工作。

根据实践经验,公路工程造价编制是一项政策性、技术性、经济性和实践性都很强的技术经济工作。当今,在大规模进行高等级公路建设和发展商品化公路的经济活动中,应按照科学的原则,从实际出发,实事求是地做好这项工作。

一、项目建设前期

公路工程建设前期主要进行两项工作,即编制项目建议书和可行性研究报告,相应的造价文件即项目建议书投资估算和可行性研究报告投资估算。

1. 项目建议书与投资估算

项目建议书,是国家选择建设项目和进行可行性研究报告编制的依据,是公路基本建设程序中前期准备工作阶段的第一个工作环节,有着极其重要的作用。编制公路项目建议书,是以国民经济与社会发展长远规划、路网规划和地区规划的要求为依据,对拟建项目的规模、技术标准、投资额度等提出建议,并重点分析项目建设的必要性和可能性,其中投资估算则是审批立项的一个重要条件。

公路项目建议书投资估算是根据《公路工程估算指标》(JTG/T M21—2011)和投资估算项目表,依据《公路工程基本建设项目投资估算编制办法》(JTG M20—2011)编制而成的。它又是公路工程造价多次性计价过程中的第一阶段,认真做好项目建议书的投资估算工作具有十分重要的意义。

2. 可行性研究报告与投资估算

可行性研究报告是以批准的项目建议书为依据,运用多种学科的成果和现代化的手段,对影响项目及其投资效果的各种有关因素进行全面的调查研究,就项目建设的必要性、技术可行性、经济合理性及实施的可能性进行论证,通过多方案比选提出推荐方案,以优化投资行为,提高项目的投资效果。而可行性研究报告投资估算是可行性研究报告的重要组成部分,在项目建设中具有多方面的作用。

(1)可行性研究报告投资估算是项目投资决策的依据

公路建设项目的国民经济评价,是通过效益费用比、净现值、内部收益率、投资回收期等评价指标作为评价的定量标准,其支出费用就是在可行性研究报告投资估算的基础上,按照国民经济评价的有关规定和方法进行调整后取定的。若没有投资估算资料,就无法取得费用的资料,也就无法进行评价,建设项目的投资决策就没有了依据。

(2)可行性研究报告投资估算是编制初步设计概算的重要依据

按国家的有关规定,初步设计概算与可行性研究报告投资估算的误差不能超过±10%。若误差超过上述范围,对初步设计方案要进行优化,以控制在误差范围内;若优化后的概算仍超过误差范围,则应返回到可行性研究阶段重新研究。

(3)可行性研究报告投资估算是资金筹措的依据

世界银行等许多国际金融组织,都把可行性研究报告作为能否给予建设项目贷款的先决条件,国内银行贷款也是通过对可行性研究报告的审查评估,确认该项目的经济效益、有无偿还贷款的能力后,进而确定是否给予贷款;同时,他们在确定贷款的额度时,也是按投资估算额的一定比例作为贷款的主要依据。

(4)当采用一阶段设计时,可行性研究报告投资估算是编制年度建设投资计划的依据

年度建设投资计划,是国家控制投资规模,综合平衡投资计划,实行宏观调控的重要手段。故凡没有列入年度建设投资计划的建设项目,按公路基本建设程序的规定,就不得组织招标或施工。为了加强国民经济计划工作,加大资金管理的力度,历来作为国家预算外资金的养路费、车购费等公路建设与养护专项资金,今后亦要纳入国家预算,即作为国家的第二预算来进行管理。因此做好投资估算的编制工作尤为重要。

综上所述,可行性研究报告投资估算在公路建设前期工作中具有极其重要的作用,因此,

严格按照国家有关规定编制投资估算,对建设项目的前期准备工作和建设项目的实施都有着重要的影响。

二、勘察设计阶段

勘察设计,是以批准的可行性研究报告为依据来进行的。根据《公路工程基本建设项目设计文件编制办法》(交公路发[2007]358号)的要求,勘测分为初测和定测两种,并进行相应的地质勘探工作;设计则分为初步设计、技术设计和施工图设计3步,所以有一阶段、二阶段和三阶段设计之分。所谓一阶段设计,就是根据批准的可行性研究报告进行定测编制施工图设计文件;二阶段设计则是根据批准的可行性研究报告进行定测后,据以编制初步设计文件,然后再根据批准的初步设计进行定测编制施工图设计文件;至于三阶段设计,则是在二阶段的初步设计和施工图设计之间,增加一个技术设计,其目的是为了解决技术复杂而又缺乏经验的建设项目的设计方案问题。

1. 初步设计与概算

公路建设工程一般都采用二阶段设计,故在勘测设计工作中,初步设计是一个很重要的工作环节。它是以批准的可行性研究报告为依据的,关键是要解决诸如路线、大型构造物、路面结构形式、软土处理以及生态环境保护等技术方案问题。所以,凡构成上述方案而有比较价值的,都要进行技术经济论证,比选出最优设计方案。

初步设计阶段编制的概算是以《公路工程概算定额》(上、下)(JTG/T B06-01—2007)为依据的。概算一经批准,即为公路建设项目投资的最高限额,具有约束力。所以,造价工程师除认真做好有关概算编制的各项工作外,还应积极配合设计人员在设计过程中,做好各项技术方案的造价分析比较工作,这将对降低工程造价产生极其重要的影响。

初步设计文件是以初测资料来进行编制的,各种图表资料所规定的各项主要工程数量,若以概算定额的计量单位和工程内容的要求为标准,则需要进行必要的统计汇总和分析工作,方能符合编制概算的要求。如路基土石方施工方法的划分,机具的选型配套,挖方、填方及远运的分别汇总,路面各种结构形式厚度的汇总,桥梁工程中的技术措施项目和数量的确定等,有些是难以在图表上表达的。所以,造价工程师在编制概算之前,在熟悉设计图表资料的基础上和参与设计的过程中,应充分做好有关概算编制的准备工作。

2. 技术设计与修正概算

技术设计,是根据批准的初步设计文件和补充初测或定测资料来进行编制的,可以说是对初步设计中的设计方案的进一步优化和落实,并应据以编制修正概算。所以,要求提供的设计工程数量与初步设计内容、深度基本上是一致的。

3. 施工图设计与施工图预算

施工图设计,由于有3个不同的设计阶段,故进行施工图设计时相应有3种不同的设计依据:一阶段设计,是以批准的可行性研究报告为依据;二阶段设计,是以批准的初步设计文件为依据;三阶段设计,是以批准的技术设计文件为依据。在通过定测后所提出的设计工程数量,是组织施工和编制预算的基本依据。

此外,工程竣工后,还应编制竣工决算。它是工程实际造价和工程建设投资经济效果好坏的真实反映。

第二节　公路工程造价文件组成

公路工程造价文件,是由封面及目录、编制说明和各种计算表格所组成。造价文件中所表现的最终成果全面反映了一个公路工程建设项目各种资源的需要量,它是指导工程建设的重要文件。

公路工程造价文件的标准格式,是建设工程主管部门颁布的,为维护其严肃性和统一性,一般情况下,不得随意修改。

一、封面及目录

封面应有建设项目和工程造价(如投资估算、初步设计概算、修正概算、施工图预算)的名称、编制单位、日期等内容;目录则应按计算表格的顺序填列。

二、编制说明

工程造价编制完成后,应写出编制说明,文字应力求简明扼要。一般应叙述以下内容:
(1)工程概况及其建设规模和范围。
(2)编制工程造价资料的依据及有关文号、比选方案、建设实施总体部署与工期等。
(3)采用的计价依据以及人工、材料单价的来源和补充定额编制依据的说明等。
(4)与工程造价有关的委托书、协议书、会议纪要等的主要内容,或将软件、复印件附上。
(5)工程造价总金额,人工和钢材、水泥、木材、沥青等主要材料的总需要量,各设计方案的技术经济比较以及在编制中存在的问题与注意事项。
(6)其他与工程造价有关,但不能在表格中反映的事项。
(7)对前期工程造价文件批复意见的执行情况(如有)的说明。

三、公路工程造价计算表格

由于各个设计阶段的工作深度和要求不同,故投资估算和概算、预算的计算表格的形式和内容有所差别。按现行的公路工程造价管理制度,分为两个系列,即投资估算和概算、预算两种编制办法,其具体内容和要求如下。

1. 投资估算的计算表格

投资估算文件按不同的需要分为两组,甲组文件为各项费用计算表,乙组文件为建筑安装工程费各项基础数据计算表(只供审批使用)。甲、乙两组文件应按《公路建设项目可行性研究报告编制办法》(交规划发〔2010〕178号)关于文件报送份数的规定报送。报送乙组文件时,还应提供"建筑安装工程费计算数据表"(08-1表)的电子文档和编制补充定额的详细资料。

乙组文件中的"建筑安装工程费计算数据表"(08-1表)和"分项工程估算表"(08-2表)应根据审批部门或建设项目业主单位的要求全部提供或仅提供其中的一种。

投资估算应按一个建设项目[如一条路线或一座独立大(中)桥、隧道]进行编制。当一个建设项目需要分段或分部编制时,应根据需要分别编制,但必须汇总编制"总估算汇总表"。

甲、乙两组文件应分别包括以下内容:

(1)甲组文件包含以下9种表格:
①总估算汇总表(01-1表)。
②总估算人工、主要材料、机械台班数量汇总表(02-1表)。
③××段总估算(01表)。
④××段人工、主要材料、机械台班数量汇总表(02表)。
⑤建筑安装工程费计算表(03表)。
⑥其他工程费及间接综合费率计算表(04表)。
⑦设备、工具、器具购置费计算表(05表)。
⑧工程建设其他费用及回收金额计算表(06表)。
⑨人工、材料、机械台班单价汇总表(07表)。
(2)乙组文件包含以下5种表格:
①建筑安装工程费计算数据表(08-1表)。
②分项工程估算表(08-2表)。
③材料预算单价计算表(09表)。
④自采材料料场价格计算表(10表)。
⑤机械台班单价计算表(11表)。
⑥辅助生产工、料、机械台班单位数量表(12表)。

2. 概算、预算文件计算表格

概算、预算采用统一的一套计算表格,仅在表头冠以"概算"或"预算"以示区别;因使用要求不同,将其分为甲、乙两组文件。甲组文件为各项费用计算表;乙组文件为建筑安装工程费等各项基础数据资料计算表,只供审批使用。

(1)甲组文件,共有9种计算表格:
①总概(预)算汇总表(01-1表),分段编制造价方案时编制此表。
②总概(预)算人工、主要材料、机械台班数量汇总表(02-1表),分段编制造价时编制此表。
③总概(预)算表(01表)。
④人工、主要材料、机械台班数量汇总表(02表)。
⑤建筑安装工程费计算表(03表)。
⑥其他直接费、现场经费、间接费综合费率计算表(04表)。
⑦设备、工具、器具购置费计算表(05表)。
⑧工程建设其他费用及回收金额计算表(06表)。
⑨人工、材料、机械台班单价汇总表(07表)。
(2)乙组文件,共有5种计算表格:
①建筑安装工程费计算数据表(08-1表)。
②分项工程概(预)算表(08-2表)。
③材料预算单价计算表(09表)。
④自采材料料场价格计算表(10表)。
⑤机械台班单价计算表(11表)。
⑥辅助生产人工、材料、机械台班单位数量表(12表)。

我国现行的工程造价文件,是采用工料分析的方法进行工程造价计算的,是一种规范性的标准格式,也是人们从事工程造价经济活动的准则,对于正确编制工程造价,提高工程造价质量,都有着十分重要的影响。

第三节 公路工程造价文件项目和费用组成

一、公路工程造价项目组成

为使公路工程造价编制的标准化,《公路工程基本建设项目投资估算编制办法》(JTG M20—2011)和《公路工程基本建设项目概算预算编制办法》(JTG B06—2007)对公路工程项目的名称和层次做了统一规定,从而可以防止列项时出现混乱、漏列和错列的现象。编制造价文件时,原则上应按项目表规定的项目序列及内容编制,如实际出现的工程和费用项目与项目表的内容不完全相符时,第一至第三部分和"项"的序号应保留不变,"目""节""细目"可根据需要增减,并按项目表的顺序以实际出现的"目""节""细目"依次排列,不保留缺少的"目""节""细目"序号。

如当第二部分"设备及工具、器具购置费"在该项工程中不发生时,第三部分"工程建设其他费用"仍为第三部分。同样,路线工程第一部分第六项为隧道工程,第七项为公路设施及预埋管线工程,若路线中无隧道工程项目,但其序号仍保留,公路设施及预埋管线工程仍为第七项。但如"目"或"节"或"细目"发生这种情况时,可依次递补改变序号。

公路建设项目中的互通式立体交叉、辅道、支线,当工程规模较大时,也可按投资估算项目表单独编制建筑安装工程费,然后将其投资估算建筑安装工程总金额列入路线的总估算表中相应的项目内。投资估算和概预算主要项目组成包括以下内容:

第一部分　建筑安装工程费
　第1项　临时工程
　第2项　路基工程
　第3项　路面工程
　第4项　桥梁涵洞工程
　第5项　交叉工程
　第6项　隧道工程
　第7项　公路设施及预埋管线工程
　第8项　绿化及环境保护工程
　第9项　管理、养护及服务房屋
第二部分　设备及工具、器具购置费
第三部分　工程建设其他费用

详细的投资估算项目表和概预算项目表见相应的编制办法,本书不再赘述。

二、公路工程造价费用组成

公路工程投资估算和公路工程概预算的编制深度虽然不同,但是在费用组成上却是相同的。都包含建筑安装工程费、设备工具器具及家具购置费、工程建设其他费、预备费。其详细的费用组成如图3-1所示。

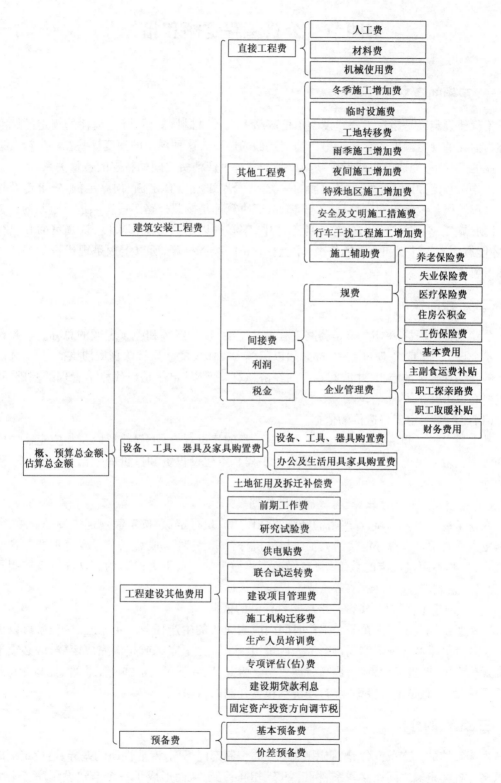

图 3-1 概、预算及投资估算费用组成

第四节　公路工程定额和指标

一、定额的意义

工程建设定额是指在工程建设中单位产品上人工、材料、机械、资金消耗的规定的标准或者称为消耗的规定额度。它属于生产消费定额的性质。这种规定的额度反映在一定社会生产力发展的条件下，完成工程建设中某项产品与各种生产消费之间的特定的数量关系。

公路工程定额属于工程建设定额的一类，是公路工程概算定额、预算定额、施工定额等的总称。设计概算及施工图预算、施工预算、竣工决算都是按照公路工程定额进行编制的。在设计、计划、施工、劳动工资、财务等各项工作中，都必须以定额为工作尺度，认真贯彻和执行定额，才能有周密的计划和合理的施工，才能有真正的经济核算，所以定额是现代科学管理的基础和重要内容。

二、定额的作用

公路工程定额（简称定额）是公路工程概算定额、预算定额和施工定额的总称。在建设项目的整个设计、施工、管理过程中，都必须以定额为工作尺度。只有认真贯彻执行定额，才能有周密的计划和合理的施工，才能有真正的经济核算。所以，定额是现代科学管理的基础，其作用主要有以下几个方面：

(1)定额是确定工程造价的依据

基本建设投资和工程造价的确定是根据工程的建设规模、工程数量以及相应定额中的各种资源消耗量来决定的。因此，定额是确定工程基本建设投资和造价的依据，是编制概、预算的依据。

(2)定额是企业经营核算、考核成本的依据

在施工过程中，定额起着严密的经济监督作用。执行定额，按定额规定签发任务单，就要求施工人员必须自觉遵守定额的人工、材料、机械台班、各种半成品以及行政管理费等各方面的规定，使其不超过规定的额度，并在保证工程质量的前提下力求节约。这样不仅控制了成本，而且为企业内部经济核算、考核成本提供了依据。

(3)定额是工资核算、实行经济承包责任制的依据

定额明确规定了工人在一定工作时间内应当完成的生产任务。企业通过定额，可以把具体而又合理的生产任务落实到每个工人或班组。工人为了完成或超额完成定额，就必须不断提高操作水平，改进劳动组织，提高劳动效率。因此，定额不仅是加强施工管理、提高劳动效率的重要手段，而且是工资核算、实行经济承包责任制的依据。

三、定额的分类

由于具体的生产条件各异、应用范围不同、编制部门不同、专业性质的差异，造成定额的种类繁多。各类定额之间相互联系、相互交叉、相互补充，从而形成了一个与建设程序各个阶段相适应、层次分明、分工有序的工程造价体系。其分类与相互关系如图3-2所示。

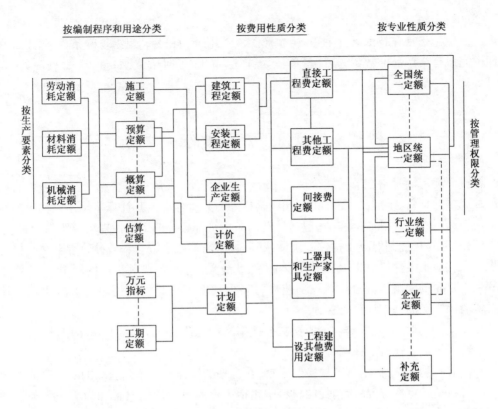

图 3-2 公路工程定额分类

(一)按其生产因素和使用要求分类

按生产因素可分为劳动消耗定额(亦称工时定额或人工定额)、材料消耗定额、机械台班使用定额(亦称设备利用定额);按使用要求可分为施工定额、预算定额、概算定额、估算指标等。

上述定额中劳动消耗定额、材料消耗定额和机械台班定额是最基本的,是制定各种使用定额的基础。

1. 按生产因素分类

(1)劳动消耗定额(简称劳动定额)

它是在正常的生产技术和生产组织条件下,为完成单位合格产品所规定的劳动消耗量标准。劳动定额有两种表现形式:时间定额和产量定额。

① 时间定额

时间定额是指在技术条件正常、生产工具使用合格和劳动组织正确的条件下,工人为生产单位合格产品所消耗的劳动时间。其计量单位为:工时单位/产品单位,如工日/m^3、工日/km^2、工日/座等。每工日除潜水工作按6h、隧道工作按7h外,其余均按8h计算。时间定额的计算方法如下:

$$时间定额 = \frac{1}{每单位工时完成的产量} = \frac{1}{产量定额} \tag{3-1}$$

②产量定额

产量定额是指在技术条件下正常、生产工具使用合理和劳动组织正确条件下,工人在单位时间内完成合格产品的数量,其计量单位为:产品单位/工时单位,如 m^3/工日、km^2/工日、座/工日等。

$$产量定额 = \frac{1}{完成单位产品所消耗的时间} = \frac{1}{时间定额} \quad (3\text{-}2)$$

(2)材料消耗定额

材料消耗定额是指在节约和合理使用材料的条件下,生产单位合格产品所必须消耗的一定品种规格的材料、半成品、配件和水、电、燃料等的数量标准。其计算单位是以材料的实物计量单位表示,如 m、m^3、kg、t 等。它包括材料的净用量和必要的工艺性损耗及废料数量。

例如,因为在浇制混凝土构件或砌体浆砌时,所需混凝土混合料或砂浆混合料在搅拌运输过程中不可避免的损耗,以及振捣后体积变得密实,则每立方米实体的混凝土产品要耗用 $1.01 \sim 1.02 m^3$ 的混凝土混合材料。工艺性材料损耗率等于材料损耗与材料净用量之比。一般材料消耗定额的基本计算公式为:

$$材料消耗定额 = (1 + 材料损耗率) \times 完成单位产品的材料净用量 \quad (3\text{-}3)$$

材料消耗定额还有下述两种表现形式:

a. 材料产品定额:指用一定规格的原料,在合理的操作条件下而获得的标准产品的数量。

b. 材料周转定额:产品所消耗的材料中包括工程本身使用的材料和为工程服务的辅助材料(如模板、支撑等所需的木材等),辅助材料应按规定进行周转使用。这种周转性材料在施工中合理周转使用的次数和用量称为材料周转定额。现行预算定额中,周转性材料均按正常周转次数摊入定额之中,具体规定详见《公路工程预算定额》(JTG/T B06-02—2007)总说明。

(3)机械台班消耗定额(简称机械定额)

机械台班消耗定额规定了在正常施工条件、合理的生产组织与合理利用某种机械完成单位合格产品所必需的机械台班消耗标准,或在单位时间内机械完成的产品数量。机械台班定额按其表现形式分为机械时间定额和机械产量定额两种。

机械时间定额是指在一定的工作内容和质量安全要求的条件下,规定某种机械完成单位产品所需要的时间,如"台时"或"台班"等。

(4)机械台班费用定额

《公路工程机械台班费用定额》(JTG/T B06-03—2007)是目前编制公路基本建设工程概、预算,进行经济核算和结算的依据。公路养护的大、中修工程,可参考使用。

机械台班费用定额,是以机械的一个台班为单位。规定其所消耗的工时、燃料及费用等数量标准并折算为货币形式表现的定额。工程概、预算中所反映的施工机械使用费、机上驾驶人员数、燃料数量等均可按照机械台班费用定额并根据工程数量计算。

2. 按使用要求分类

(1)施工定额

施工定额是规定建筑安装工人或小组在正常施工条件下,完成单位合格产品所需的劳动力、材料和机械消耗的数量标准;它是组织生产、编制施工阶段施工组织设计和施工作业计划、签发工程任务单和限额领料单、考核工效、评奖、计算劳动报酬,加强企业成本管理和经济核算、编制施工预算的依据,也是编制预算定额和补充定额的基础;它包括时间定额和产量定额,定额水平是按一般正常的施工条件编制的。采用的产品单位一般比较精细,其中时间以工时计,产品以最小单位(如 m、m^2、m^3 等)计。

因施工定额属于企业定额的性质,所以企业应该能够根据本企业的具体条件和可能挖掘的潜力,根据市场的需求和竞争环境,根据国家有关政策、法律和规范、制度,自己编制定额。一定时期内还可供作为编制预算的基础资料。

(2)预算定额

预算定额采用的产品单位比施工定额大,如时间以工日、台班计,产品单位以 100m、$10m^3$ 等计,它是按通常所说的分项工程和结构构件的要求来规定劳动力、材料和机械的消耗数量,主要是为了满足编制施工图预算的要求。它是编制施工图预算的基本依据;用于确定和控制基本建设投资额,并对设计的结构方案进行技术经济比较,对新结构、新材料进行技术经济分析;是编制施工组织计划、确定劳动力、材料和机械需要量的依据,是工程结算、施工企业开展经济核算和进行经济活动分析的依据;是编制概算定额的基础,属于计价定额。定额水平是先进合理的,它比施工定额水平略低。

(3)概算定额

概算定额是在预算定额的基础上加以综合而成,因而产品常使用更大的单位来表示,如小桥涵以座(道)、桥梁上部构造以 10m 标准跨径、$1000m^2$ 黑色碎石路面、公路千米等,定额水平比预算定额低,它是编制设计概算、修正概算的主要依据;是进行设计方案和施工方案的经济比较和选择的必要依据;是主要材料申请计划的计算基础;是编制估算指标的基础。

《公路工程预算定额》(JTG/T B06-02—2007)和《公路工程概算定额》(JTG/T B06-01—2007)是全国性专业统一定额,这两个定额的主要区别是在编制深度上与设计阶段深度相适应,概算定额用于公路工程基本建设的初步设计阶段,预算定额则用于施工图设计阶段。但是,它们在编制原则、定额内容、表现形式和使用方法上都有若干相似之处。

(4)公路工程估算指标

估算指标是以独立的建设项目、单项工程或者单位工程为对象,综合项目全过程投资和建设中各类成本和费用。它既是定额的一种表现形式,但又不同于其他的计价定额。估算指标作为项目前期服务的一种扩大的经济指标,具有较强的综合性和概括性。与《公路工程概算定额》(JTG/T B06-01—2007)和《公路工程预算定额》(JTG/T B06-02—2007)一样,《公路工程估算指标》(JTG/T M21—2011)列出了指标子目的人工消耗量、材料名称及消耗量、机械名称及消耗量。

以上是现行全国性的公路专业通用定额,各省、市、自治区交通运输厅(局)在近几年还编制有一些地区性补充定额。一般来说,颁布的定额能满足使用要求,但个别工程项目在概(预)算定额中有未包括的项目时,才可用地区补充定额或相关专业的补充定额,地区补充定额应呈报交通运输部备案。

(二)按编制单位和执行定额的范围不同分类

按主编单位和管理权限,工程建设定额可分为:全国统一定额;行业定额;地区统一定额;企业定额和补充定额。

(1)全国统一定额。是由国家建设行政主管部门,综合全国工程建设中技术和施工组织管理的情况编制,并在全国范围内执行的定额,如全国统一安装工程定额。

全国统一定额,反映一定时期社会生产力水平的一般状况,作为编制地区单位估价表,确定工程造价,编制招标工程标底的基础,亦可作为制定企业定额和投标报价的基础。

(2)行业统一定额。是考虑到各行业部门专业工程技术特点,以及施工生产和管理水平编制的,一般只在本行业和相同专业性质的范围内使用,如矿井建设工程定额、公路工程定额等。

(3)地区统一定额。包括省、自治区、直辖市定额。地区统一定额主要是考虑地区性特点和全国统一定额水平做适当调整补充编制的。由于各地区气候条件、经济技术条件、物质资源条件和交通运输条件等的差异,构成对定额项目、内容和水平的影响,是地区统一定额存在的客观条件。

(4)企业定额。是指由施工企业考虑本企业的具体情况,参照国家、部门或地区定额的水平制定的定额。企业定额只在企业内部使用,是企业素质的一个标志。企业定额水平一般应高于国家、行业定额,才能满足生产技术发展、企业管理和市场竞争的需要。

(5)补充定额。是指随着设计、施工技术的发展,现行定额不能满足需要的情况下,为了补充缺项所编制的定额。补充定额只在制定的范围内使用,可作为以后修订定额的基础。

(三)按专业不同分类

各个不同专业分别都有相应的主管部门颁布,如:土建工程定额(亦称土建定额);设备安装定额;给排水工程定额;公路工程定额;铁路工程定额;水利水电工程定额;水运工程定额;井巷工程定额等。各种专业的定额有各自不同的作用。

四、定额的运用

在公路建设生产活动中,正确地使用定额是非常重要的。为了正确使用定额,需全面了解定额,深刻理解定额,熟练应用定额。最好通过编制概、预算等的实践,来熟练地运用定额,也可以通过做练习的方法来掌握定额。

1. 运用定额的步骤

所谓运用定额,就是平时所说的"查定额",是根据编制概、预算的具体条件和目的,查得需要的、正确的定额的过程。为了正确地运用定额,首先,必须反复学习定额、熟练地掌握定额;其次,必须收集并熟悉中央及地方交通主管部门有关定额运用方面的文件和规定。以此为前提,运用定额的基本步骤如下:

(1)根据运用定额的目的,确定所用定额的种类(是概算定额、预算定额还是估算指标)。

(2)根据概、预算项目表,依次按目、节确定所用定额的项目名称,再据以在《公路工程概算定额》(JTG/T B06-01—2007)、《公路工程预算定额》(JTG/T B06-02—2007)或《公路工程估算指标》(JTG/T M21—2017)目录中找到其所在页次,并找到所得定额表。但要注意核查定额的工作内容、作业方式是否与施工组织设计相符。

(3)查到定额定后再做如下工作:

①查看表上"工作内容"与设计要求、施工组织要求是否有出入,若无出入,则可在表中找到相应的项目,并进一步确定子目(栏号)。

②检查定额表的计量单位与工程项目取定的计量单位是否一致,是否符合规定的工程量

计算规则。

③看定额的总说明、章说明、节说明以及表下的小注是否与所查子目的定额有关,若有关,则采取相应措施。

④根据设计图纸和施工组织设计检查子目中有无需要抽换的定额,是否允许抽换,若需抽换,则进行具体抽换计算。

⑤依子目各序号确定各项定额值,可直接引用的就直接抄录,需计算的则在计算后抄录。

(4)重新按上述步骤复核。

(5)该项目的定额查完后,再查定额项目的另外细目的定额,依次完成后,再查另一项目的定额。

2.定额运用的基本知识

(1)关于引用定额的编号

在编制估算及概预算时,在计算表格中均要列出所引用的定额表号。一般采用【页-表-栏】编制方法。

(2)定额的直接套用

如果设计的要求、工作内容及确定的工程项目,完全与相应定额的工程项目符合,则可直接套用定额。但要特别注意各定额的总说明、章、节说明及定额表中小注的要求,注意阅读,以免发生错误。

(3)定额的抽换

由于定额是按一般正常合理的施工组织和正常的施工条件编制的,定额中所采用的施工方法和工程质量标准,主要是根据国家现行公路工程施工技术及验收规范、质量评定标准及安全操作规程取定的,因此,使用时一般不得因具体工程的施工组织、操作方法和材料消耗与定额的规定不同而变更定额。但是,在定额中有明确规定的情况下,允许根据定额说明对定额中某些项目进行抽换或者调整,使定额的使用更符合实际情况。举例如下:

①就地浇筑钢筋混凝土梁用的支梁及拱圈用的拱盔、支架如确因施工安排达不到规定的周转次数时,可根据具体情况进行换算并按规定计算回收。

②在使用预算定额时,混凝土、砂浆配合比表的水泥用量,如因设计采用的混凝土、砂浆标号或水泥标号与定额中的水泥标号不同时,水泥用量可按预算定额基本定额中的混凝土、砂浆配合比表进行换算。

③施工中必须使用特殊机械时,可按具体情况进行换算。

(4)定额的补充

随着科学技术的发展,新结构、新工艺、新材料、新设备在公路工程上广泛使用。但是,定额的制定必须有一定的周期,在新定额未颁布以前,为了合理、正确地反映工程造价和经济效益,在现行使用的概、预算定额基础上,又编制有部颁补充定额、地区补充定额和个别工程项目的一次性补充定额等。所以查用现行定额时应注意该定额表左上方"工程内容"所包含的项目与实际工程项目是否完全一致,结构形式、施工工艺是否相同。要正确选用补充定额,做到不重不漏。

运用定额应注意的问题:

①计量单位要与项目之间一致,特别是在抽换、增量计算时更应注意。

②当项目中任何项(工、料、机)定额值变化时,其基本价也要做相应的变化。

③当查定额时,首先要鉴别工程项目是属于哪类工程,以免盲目确定而在表中找不到栏目、无法计算或错误引用定额。如"汽车运土"与"汽车运输(构件)"就是如此,前者为路基工程,而后者为桥梁工程。

④定额表中对某些物品规定按成品价格编制预算,如"其他工程"中的 Z 形柱、铝合金标志等,而对某些物品则规定按半成品价格编制预算。

习题

1. 什么是公路工程三阶段设计?
2. 公路工程造价的费用组成包含哪些费用?
3. 简述投资估算指标的作用。
4. 何谓劳动定额?其表现形式有哪些?
5. 何谓机械台班消耗定额?其表现形式有哪些?

第四章

公路工程造价文件编制

第一节 造价编制概述

一、公路工程造价的编制依据

1. 投资估算的编制依据

投资估算编制依据如下：

(1)国家发布的有关法律、法规、规章、规程等。

(2)《公路工程估算指标》(JTG/T M21—2011)、《公路工程概算定额》(JTG/T B06-01—2007)、《公路工程预算定额》(JTG/T B06-02—2007)、《公路工程机械台班费用定额》(JTG/T B06-03—2007)及《公路工程基本建设项目投资估算编制办法》(JTG M20—2011)。

(3)工程所在地省级交通主管部门发布的补充计价依据。

(4)批准的项目建议书等有关资料。

(5)项目建议书或工程可行性研究图纸等设计文件。

(6)工程所在地的人工、材料、机械及设备预算价格等。

(7)工程所在地的自然、技术、经济条件等资料。

(8)工程实施方案。

(9)有关合同、协议等。

(10)其他有关资料。

2. 概算编制依据

编制初步设计概算的依据,概括起来,主要有以下几项内容:

(1)初步设计图表资料和文字说明。根据初步设计图纸上所表示的结构形式和尺寸计算的工程数量,以及它反映的设计、施工的基本内容是编制设计概算的基础资料,是决定建设工程造价大小的主要因素。

(2)施工方案。根据《公路工程基本建设项目设计文件编制办法》规定,编制施工方案应提出兴建工程项目年和季度的概略工程进度安排,以及临时工程临时用地的需要数量,而这些都是与计价有关的主要因素,对设计概算有极其重要的影响。

(3)公路工程概算定额。概算定额是编制设计概算的基础资料,是国家统一制定颁发的具有指令性的指标。在编制设计概算时,无论是划分项目、确定计量单位,还是计算工程量,都必须以概算定额作为标准和依据,才能做到不重不漏,符合规定。

(4)补充定额。随着一些新技术、新工艺、新材料在工程建设中的使用,可能使现行的概算定额缺项。当定额缺项时,应根据概算定额的编制原则和方法编制补充概算定额,作为编制设计概算的依据。

(5)人工、材料、施工机械台班预算价格。人工、材料、施工机械台班预算价格是按建设工程所在地的实际价格确定的,是计算直接工程费的基础材料。其工资标准和材料的供应价格,应当以公路(交通)造价管理部门发布的价格信息为依据。

(6)其他工程费、间接费等各项取费标准。这些取费标准是交通运输部及各省、自治区、直辖市的交通主管部门,根据国家有关基本建设的方针政策以及公路建设的工程施工和生产管理的具体情况,制定的以费率形式表现的费用标准,是计算除直接工程费以外的各种费用的依据,也是国家加强设计概算管理的工具之一,在工程造价管理中有着重要的作用。

(7)设计概算编制办法及其计算表格。它是交通运输部统一的办法,是编制设计概算文件的重要依据,是规范人们编制设计概算行为的准则。按统一的计算表格编制设计概算,可使设计概算的编制工作更加科学化和规范化。

(8)工程量计算规则。公路工程概算定额中的章、节说明,对编制设计概算时,如何选用定额及计算计价工程量做了明确而具体的规定,是必须严格遵守的重要准则。

(9)国家颁发的建设征用土地补偿标准,工程勘察设计收费标准,以及其他应计入建设项目投资中的费用项目的标准等。

(10)可行性研究报告投资估算文件。是控制设计概算的依据,国家要求在批准的投资估算允许幅度范围之内做好限额设计,不断提高设计概算的编制质量。

(11)国家有关公路建设工程的方针、政策以及工程造价管理的有关规定。

3. 预算编制依据

编制施工图预算的依据多是由国家有关部门批准颁发的,具有法律的约束力。人们从事工程造价经济活动时,必须严格遵守,认真贯彻执行。施工图预算的编制必须遵守以下各项依据。

(1)就公路工程的不同设计阶段而言,一阶段设计中的可行性研究报告投资估算,二阶段设计中的初步设计概算,三阶段设计中的技术设计修正概算,是编制施工图预算的主要依据之一。经批准的投资额,是进行施工图限额设计的主要依据,施工图预算不得随意突破批准的投资额。

(2)施工设计图纸和说明。这些资料具体地规定了兴建工程的形式、内容、地质情况、结构尺寸、施工技术要求等,不仅是指导施工的指令性技术文件,而且也是编制施工图预算,计算工程数量的主要依据。

(3)施工组织设计资料。施工组织设计对施工期限、施工方案、机械化程度以及大型构件预制场、路面混合料拌和场、材料堆放地点、临时工程的位置和临时占用土地数量等,都做出了明确而具体的规定,而这些资料是计算辅助工程数量、临时工程数量、套用预算定额和计算有关费用的重要依据。

(4)《公路工程预算定额》(JTG/T B06-02—2007)。不仅是计算建设项目的人工、材料、机械台班消耗量的主要依据和标准,还是计算和确定工程量的主要依据。

(5)人工、材料、机械台班预算价格,以及据以计算这些价格的工资标准、材料供应价、运价、机械台班费用定额、养路费等,都是编制施工图预算的基础资料。

(6)其他工程费、间接费等各项取费标准。结合我国的国情和建设实践,构成建设工程造价的其他工程费、间接费、利润、税金以及建设项目管理费等,均是以费率作为计算施工预算费用的依据。

(7)工程计算规则和预算编制办法。工程量计算规则包括两个方面的含义,一是根据施工设计图纸资料如何计算工程量;二是按预算定额的内容要求如何正确计取工程量,两者都是编制施工图预算时必须严格遵守的规则。预算编制办法除规定了各种费率标准外,还对组成预算文件的各种计算表格的内容、填表程序的方法,都做出了十分明确的规定,并不得随意修改,所以这些也是编制施工图预算的依据。

(8)勘察设计合同、协议以及建设项目主管部门或建设单位的有关规定。

(9)当采用新结构、新材料、新工艺、新设备而使定额缺项时,按规定编制的补充预算定额,也是编制施工图预算的依据。

(10)有关的文件和规定。凡与编制预算有关的中央和地方的有关文件和规定,以及在外业调查中所签订的各种协议和合同都是编制预算的重要依据。

(11)其他资料。如工具书、标准图集等。

二、公路工程造价文件编制的程序

1. 项目建议书投资估算的编制程序

在编制项目建议书投资估算时,首先应当熟悉所需的基础资料和投资估算指标;其次对拟建项目的总体实施规划进行必要的分析研究,尽可能做到合理可靠;然后按照下列程序和方法进行项目建议书投资估算的编制工作。

编制项目建议书投资估算的一般步骤和程序,概括起来就是:熟悉设计意图,整理外业调查资料,确定人工、材料价格,进行计算汇总,写出编制说明并装订签章,其顺序如下。

(1)熟悉拟建项目的建设规模、技术标准,了解路线或桥型方案设计意图和工程全貌,掌握建设项目现场的有关实际情况。

(2)对踏勘调查所涉及的有关投资估算的基础资料进行分析整理,去伪存真,做到合理可靠。

(3)取定工资标准、材料供应价格和运输方案,计算材料的预算价格。

(4)结合建设项目的实际情况,正确取定其他工程费、间接费等费率标准,并进行汇总。

(5)根据公路工程基本建设项目投资估算项目表,按照《公路工程估算指标》(JTG/T M21—2011)的指标项目划分、子目划分、指标单位及工程量计算规则等确定工程量并套用指标,计算建筑安全工程费。

(6)编制设备、工具、器具购置费和工程建设其他费用。

(7)编制汇总估算及统计汇总人工和主要材料数量。

(8)若系分段编制投资估算的,再汇编总估算。

(9)写出编制说明,进行复核与审核。

(10)出版、盖章、上报。

2. 编制可行性研究报告投资估算的程序

一般情况下编制可行性研究报告投资估算的程序如下:

(1)熟悉设计方案和图表资料,对各项主要工程数量进行必要的核算与计算,若发现与估算指标的计算口径和要求不一致时,要提请设计人员查实,或在外业调查时予以解决。然后按估算指标的内容要求,正确摘取各种计价工程数量,为编制投资估算提供可靠的基础资料。

(2)按照编制可行性研究报告投资估算的要求,整理分析好涉及投资估算的各种外业调查资料,如进行资料综合供应价格的分析取定,计算各种材料的平均运距并确定合理的运输方案等。

(3)研究建设实施方案的内容和要求是否合理可行,核查被批准的项目建议书投资估算文件与规定是否相符。如有变动,则要分析其合理性,做到切合实际,合理可靠。

(4)取定人工费单价和材料供应价格,按照运距示意图确定的运输方案和平均运距,计算材料的预算价格。

(5)根据确定的总体实施方案要求,结合建设项目的实际情况,正确取定其他工程费、间接费等费率标准,并进行汇总。

(6)根据摘取的主要工程数量和选用的并经调整好的估算指标,计算出人工和材料的实物量。

(7)根据确定的人工、材料的预算价格和各种费率标准,计算出各种费用,并进行累计汇总。

(8)编制设备、工具、器具购置费和工程建设其他费用。

(9)编制总估算及统计汇总人工和主要材料数量。

(10)若系分段编制投资估算的,再汇编总估算。

(11)写出编制说明,进行复核与审核。

(12)出版、盖章、上报。

投资估算计算程序示意图见图4-1。投资估算各种表格计算的先后逻辑关系见图4-2。

3. 编制概、预算的程序

1)编制前的准备工作

(1)熟悉设计图纸和有关资料。应对相应阶段的初步设计、技术设计和施工图设计图纸进行检查和整理,熟悉图纸的内容,搜集相应的标准图、技术规范及工程建设文件资料,对规程全局做到融会贯通、心中有数。

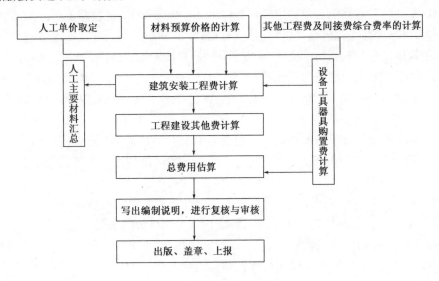

图 4-1 投资估算计算程序示意图

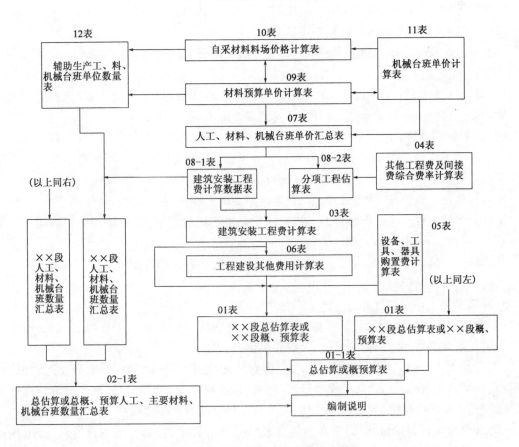

图 4-2 估算及概、预算表格计算逻辑关系图

(2)准备工具书、表格。包括准备《公路工程基本建设项目投资估算编制办法》(JTG M20—2011)、《公路工程基本建设项目概算预算编制办法》(JTG B06—2007)、《公路工程估算指标》(JTG/T M21—2011)、《公路工程概算定额》(JTG/T B06-01—2007)、《公路工程预算定额》(JTG/T B06-02—2007)、《公路工程机械台班费用定额》(JTG/T B06-03—2007),以及各省、自治区、直辖市的地方法规规定和补充编制办法,准备概、预算表格,法定的表格样式不可改变。

(3)考虑合理的施工方案或施工组织设计。工程的施工方案或施工组织设计不同,将影响到费用计算结果,必须加以考虑。如施工工艺、施工技术方法、材料运距等均会对概、预算的价值产生影响。

(4)搜集和调查材料的市场价格信息。包括各省、自治区、直辖市公路管理部门发布的材料市场价格信息和自行调查的各地的价格信息,作为编制材料与计算价格的依据。

2)分项工程量计算

公路工程概预算是以分项工程概、预算表为基础计算和汇总而得到的,所以计算公路工程的分项工程量计算是一项很基础的工作,也是概、预算费用计算的关键。

(1)分项工程列项的三个条件:

①必须按照《公路工程基本建设项目概算预算编制办法》(JTG B06—2007)规定的公路工程概、预算项目划分的规定,按照项、目、节、细目进行划分列项,必须划分到节、细目的深度。

②必须考虑《公路工程概算定额》(JTG/T B06-01—2007)、《公路工程预算定额》(JTG/T B06-02—2007)的概、预算项目,以便于定额套用。

③必须符合费率要求,其他工程费、间接费的费率区分13个不同的工程类别,工程类别不同,相应费率也不同。

(2)划分工程细目:分项工程一般又划分成几个工程细目,是工程量计算的基础,应该结合工程内容,公路概、预算项目划分和概、预算定额充分考虑。

(3)工程量的计算:工程量的计算要结合图纸内容与概、预算定额的说明和工程量计算规则进行。定额消耗量是以每个工程细目为基础分别套用的,因此应先分别计算出分项工程中每个工程细目的工程量。工程量计算应做到以下几点:

①计算口径一致。即工程细目与概、预算定额表的工作内容一致。

②计量单位一致。各工程细目的工程量计量必须与所套用概、预算定额中相应项目的单位一致。

③严格按照概、预算定额的章、节前说明或工程量的计算规则的要求计算工程量。

④防止重项或漏项。

3)建筑安装工程费的计算

(1)填写建筑安装工程费计算数据表。根据划分的项、目、节及其工程细目,对于每一个项逐一填写本项中目、节、细目的名称、个数和单位、数量。

(2)分析人工、材料、机械类型和数量,根据划分的分项工程(即节),结合公路工程概、预算定额,将编制范围、工程名称、工程项目、工程细目、定额单位和工程量等填入初编分部分项概、预算表格中;然后套用定额查取相应的人工、材料、机械的定额消耗量。

(3)计算自采材料价格,根据表发生的自采材料规格名称,结合外业调查资料,套用预算定额"材料采集及加工"项目。编制自采材料料场价格计算表,作为计算的材料原价。

(4)计算材料预算价格,根据发生的材料种类以及自采材料的料场价格,分别逐一统计填写各类材料的规格、单位,原价按照调查搜集的信息或计算数据填入,运杂费、场外运输费耗损以及采购保管费按照规定和标准填入,最后得出每种材料的预算价格。

(5)计算机械台班单价,编制相应表。表中出现的机械规格、名称,套用《公路工程机械台班费用定额》(JTG/T B06-03—2007)计算各类机械的台班费单价。

(6)汇总人工、材料、机械台班单价,计算工程所在地的人工工资,编制表。计算工程所在地区的人工工资单价,并根据计算结果,填写"人工、材料、机械台班单价汇总表",以汇总成完成各类人工、材料、机械台班单价。

(7)取定其他工程费、间接费费率。根据工程的自然条件、施工条件等具体情况,按照工程类的划分和规定的费率,填写到表中,分别计算和汇总每一工程类别的其他工程费和间接的综合费率。

(8)分项工程建筑安装工程费的计算。某一分项工程表的续编完成,标志着分项工程的建筑安装工程费计算的结束。它综合反映了该分项工程的人工、材料及机械台班的消耗数量和建筑安装工程费的各项费用,也包含了人工、材科、机械的单价。计算方法:分别填写相应的人工、材科、机械的单价,再分别乘以相应的人工、材料、机械消耗数量,得出相应的人工、材料费、机械费,计算直接工程费,套用概、预算定额得到定额基价,计算其他工程费、间接费;再根据相关编制办法的规定,计算利润和税金,汇总直接工程费、其他工程费、间接费、利润和税金,得到建筑安装工程费。如果分项工程中含有工程细目是需要安装的设备,必须首先分析计算出设备的工程数量,并统计列出,在表中列出工程细目,其费用计算过程、方法和一般建筑工程细目相同。

(9)汇总计算工程项目的建筑安装工程费。将每个分项工程的直接工程费(包括人工费、材料费、机械使用费)、其他工程费、间接费、利润和税金填入建筑安装工程费计算表,汇总得到一个单项工程或单位工程的建筑安装工程费及其各组成部分的费用,并计算出每个分项工程的单价指标。

4)设备、工具、器具及家具购置费的计算

根据具体的设备、工具、器具的购置清单(包括设备的规格、单位、数量),按照相关编制办法规定的计算标准和方法进行计算。办公和生活用家具购置费用中,按照相关编制办法规定的标准方法计算。

5)工程建设其他费用、回收金额的计算

根据施工方或施工组织设计的规定,结合外业调查资料和工程实际发生的情况,按照国家、地方有关政策文件规定以及相关编制办法计算工程建设其他费用,按照相关编制办法的标准计算回收金额,完成表格的编制。

6)计算公路工程的概、预算总价值

总概、预算表是计算公路工程的单项工程或单位工程的概、预算总价值的汇总表,需要严格按照公路工程概、预算项目划分的规定来填写。概、预算总金额减回收金额得到公路工程项目基本造价。

如果一个建设项目分若干个单项工程编制概、预算时,应该编制总概、预算汇总表。它反映一个建设项目的各项费用组成,概、预算总价值和技术经济指标。

7)实际消耗量的计算

(1)计算辅助生产实物消耗量。根据自采材料规格、名称,按照定额计算的辅助生产用人工、材料、机械台班消耗数量填写。

(2)计算其他各类用工、增工数量,可自行编制辅助表格。其他各类用工增工、数量只作为计算实物消耗量的依据,其费用已包含在概、预算费用中,不再单独计费,只计算用工数量。包括"冬雨季及夜间施工增工"和"临时设施用工"两项,按照相关编制办法规定的标准计算。

(3)计算单项工程或单位工程的实物消耗量,按照分项计算汇总得到"人工、主要材料、机械台班数量汇总表"。

(4)建设项目实物消耗量计算。当一个建设项目分若干个单项编制概预算时,需要反映建设项目总实物消耗量,总概、预算人工、主要材料、机械台班数量汇总表,应按照不同的单项工程分别列项,并在表中将一个建设项目的全部人工、材料、机械台班数量汇总计算。

8)编写编制说明、目录及封面

概、预算费用计算及各类表格全部完成后,必须编制"概、预算说明"。编制说明应结合编制概、预算文件和费用计算的过程,根据工程的实际情况编制。编制说明的主要内容按照相关编制办法的规定,主要包括设计文件依据,概、预算计价依据,有关建设文件,编制中存在的问题以及不能在概、预算表格中反映的事项等。

目录和封面编制有规定的格式,应按照格式填写。目录按照甲组文件、乙组文件逐项按照标号顺序排列,封面应该列出概、预算类型,工程项目分段路线桩号或独立大中桥名称,编制人和复核人签字盖章。

9)复核、装订、报批

概、预算文件全部完成后应进行一次全面的复核,确认无误后签字盖章。上报待批。

应当说明的是:概、预算各项费用的计算过程相互交叉,计算表格间的逻辑关系复杂。因此,上述费用计算的步骤和表格填写顺序并不是一成不变的。而且有些费用实际若不发生,则表就不必填写。为了正确地计算公路工程概、预算费用和编制高质量的概、预算文件,要求概、预算编制人员必须掌握相关编制办法的有关规定,深刻理解概、预算的理论方法和内在规律,熟悉工程内容和施工技术,精通各类表格的计算、填写方法等。

概、预算各种表格计算的先后逻辑关系见图4-2。

三、公路工程造价各项费用计算程序

公路工程估算及概、预算各项费用之间有着紧密的联系,其计算也有着一定的规律和程序。各项费用的计算程序及计算方式见表4-1。

公路工程建设各项费用的计算程序及计算方法   表4-1

代号	项 目	说明及计算式
一	直接工程费(即工、料、机费)	按编制年工程所在地的预算价格计算
二	其他工程费	(一)×其他工程费综合费率或各类工程人工费和机械费之和×其他工程费综合费率
三	直接费	(一)+(二)
四	间接费	各类工程人工费×规费综合费率+(三)×企业管理费综合费率
五	利润	[(三)+(四)−规费]×利润率
六	税金	[(三)+(四)+(五)]×综合税率

续上表

代号	项 目	说明及计算式
七	建筑安装工程费	(三)+(四)+(五)+(六)
八	设备、工具、器具购置费(包括备品、备件)	Σ(设备、工具、器具购置数量×单价+运杂费)×(1+采购保管费率)
	办公和生活用家具购置费	按有关定额计算
九	工程建设其他费用	
	土地征用及拆迁补偿费	按有关规定计算
	建设单位(业主)管理费	(七)×费率
	工程监理费	(七)×费率
	设计文件审查费	(七)×费率
	竣(交)工验收试验检测费	按有关规定计算
	研究试验费	按有关规定计算
	建设项目前期工作费	按有关规定计算
	专项评价(估)费	按有关规定计算
	施工机构迁移费	按实计算
	供电贴费(停止收取)	按有关规定计算
	联合试运转费	(七)×费率
	生产人员培训费	按有关规定计算
	固定资产投资方向调节税(暂停征收)	按有关规定计算
	建设期贷款利息	按资金筹措方案贷款数及利率计算
十	预备费	包括价差预备费和基本预备费两项
	价差预备费	按规定的公式计算
	基本预备费	[(七)+(八)+(九)−固定资产投资方向调节税−建设期贷款利息]×费率
十一	建设项目总费用	(七)+(八)+(九)+(十)

四、其他工程费及间接费取费标准的工程类别划分

表4-1中,其他工程费及间接费费率是按照一定的工程类别标准记取的,在计算其他工程费和间接费之前,需准确判断其取费的类别,《公路工程基本建设项目概算预算编制办法》(JTG B06—2007)、《公路工程基本建设项目投资估算编制办法》(JTG M20—2011)中,对工程类别的划分如下:

(1)人工土方。系指人工施工的路基、改河等土方工程,以及人工施工的砍树、挖根、除草、平整场地、挖盖山土等工程项目,并适用于无路面的便道工程。

(2)机械土方。系指机械施工的路基、改河等土方工程,以及机械施工的砍树、挖根、除草等工程项目。

(3)汽车运输。系指汽车、拖拉机、机动翻斗车等运送的路基、改河土(石)方,路面基层和面层混合料、水泥混凝土及预制构件、绿化苗、木等。

(4)人工石方。系指人工施工的路基、改河等石方工程,以及人工施工的挖盖山石

项目。

(5)机械石方。系指机械施工的路基、改河等石方工程(机械打眼即属机械施工)。

(6)高级路面。系指沥青混凝土路面、厂拌沥青碎石路面和水泥混凝土路面的面层。

(7)其他路面。系指除高级路面以外的其他路面面层,各等级路面的基层、底基层、垫层、透层、黏层、封层,采用结合料稳定的路基和软土等特殊路基处理的工程,以及有路面的便道工程。

(8)构造物Ⅰ。系指无夜间施工的桥梁、涵洞、防护(包括绿化)及其他工程,交通工程及沿线设施工程[设备安装及金属标志牌、防撞钢护栏、防眩板(网)、隔离栅、防护网除外],以及临时工程中的便桥、电力电信线路、轨道铺设等工程项目。

(9)构造物Ⅱ。系指有夜间施工的桥梁工程。

(10)构造物Ⅲ。系指商品混凝土(包括沥青混凝土和水泥混凝土)的浇筑和外购构件及设备的安装工程。商品混凝土和外购构件及设备的费用不作为其他工程费和间接费的计算基数。

(11)技术复杂大桥。系指单孔跨径在120m以上(含120m)和基础水深在10m以上(含10m)的大桥主桥部分的基础、下部和上部工程。

(12)隧道。系指隧道工程的洞门及洞内土建工程。

(13)钢材及钢结构。系指钢桥及钢吊桥的上部构造,钢沉井、钢围堰、钢套箱及钢护筒等基础工程,钢索塔,钢锚箱,钢筋及预应力钢材,模数式及橡胶板式伸缩缝,钢盆式橡胶支座,四氟板式橡胶支座,金属标志牌、防撞钢护栏、防眩板(网)、隔离栅、防护网等工程项目。

购买路基填料的费用不作为其他工程费和间接费的计算基数。

第二节 建筑安装工程费

在建筑安装工程费计算过程中,公路工程估算、概算、预算的计算方法相同,本节不加区分一并论述。

一、直接费

直接费是由直接工程费和其他工程费组成。

(一)直接工程费

直接工程费是指施工过程中耗费的构成工程实体和有助于工程形成的各项费用,包括人工费、材料费、施工机械使用费。

1. 人工费计算

(1)人工单价

人工单价即人工工日单价,由标准工资、工资性质的津贴、地区生活补贴和劳动保护费组成。有两种计算方式,一种按公式计算,另一种按地区规定计算。

①按公式计算工日单价

公路工程生产工人每工日人工单价按如下公式计算：

人工工日单价(元/工日)＝[基本工资(元/月)＋地区生活补贴(元/月)＋
工资性津贴(元/月)]×(1＋14%)×12月/240(工日)

式中,生产工人基本工资:按不低于工程所在地政府主管部门发布的最低工资标准的1.2倍计算。

地区生活补贴:指国家规定的边远地区生活补贴、特区补贴。

工资性津贴:指物价补贴,煤、燃气补贴,交通费补贴等。

以上各项标准由各省、自治区、直辖市公路(交通)工程造价(定额)管理站根据当地人民政府的有关规定核定后公布执行,并抄送交通运输部公路司备案,并应根据最低工资标准的变化情况及时调整公路工程生产工人工资标准。人工费单价仅作为编制概、预算的依据,不作为施工企业实发工资的依据。

②按地区规定计算工日单价

《公路工程基本建设项目概算预算编制办法》(JTG B06—2007)(以下简称《编制办法》)规定:人工费标准按照本地区公路建设项目的人工工资统计情况并结合工种组成、定额消最低工资标准以及公路建设劳务市场情况进行综合分析确定,由各省、自治区、直辖市作为编制概预算的依据,而不能作为施工企业实发工资的依据。

(2) 人工费

人工费系指列入估算指标及概、预算定额的直接从事建筑安装工程施工的生产工人开支的各项费用,其计算公式如下：

人工费＝∑(分项工程数量×定额人工工日消耗量×人工单价)

人工费的内容包括：

①基本工资。系指发放生产工人的基本工资,流动施工津贴和生产工人劳动保护费,以及职工缴纳的养老、失业、医疗保险费和住房公积金等。

生产工人劳动保护费系指按国家有关部门规定标准发放的劳动保护用品的购置费及修理费,职工服装补贴,防暑降温费,在有碍身体健康环境中施工的保健费用等。

②工资性补贴。系指按规定标准发放的物价补贴,煤、燃气补贴,交通补贴,地区津贴等。

③生产工人辅助工资。系指生产工人年有效施工天数以外非作业天数的工资,包括开会和执行必要的社会义务时间的工资,职工学习、培训期的工资,调动工作、探亲、休假期间的工资,因气候影响停工期的工资,女工哺乳时间的工资,病假在六个月以内的工资及产、婚、丧假期的工资。

④职工福利费。系指按国家规定标准计提的职工福利费。

2.材料费计算

材料费系指施工过程中耗用的构成工程实体的原材料、辅助材料、构(配)件、零件、半成品、成品的用量和周转材料的摊销量,按工程所在地的材料预算价格计算的费用。

材料费按下式计算：

材料费＝∑[分项工程数量×(∑定额材料用量×材料预算价格＋
其他材料费＋材料摊销费)]

材料预算价格的计算,一种是公式计算,一种是地区规定的材料预算价格,但其价格组成内容是一致的。《编制办法》采用的是第一种方法,由材料原价、运杂费、场外运输损耗、采购及仓库保管费组成。

$$材料预算价格 = (材料原价 + 运杂费) \times (1 + 场外运输损耗率) \times (1 + 采购及保管费率) - 包装品回收价值$$

(1) 材料原价

各种材料原价按以下规定计算。

外购材料:国家或地方的工业产品,按工业产品出厂价格或供销部门的供应价格计算,并根据情况加计供销部门手续费和包装费。如供应情况、交货条件不明确时,可采用当地规定的价格计算。

地方性材料:地方性材料包括外购的砂、石材料等,按实际调查价格或当地主管部门规定的预算价格计算。

自采材料:自采的砂、石、黏土等,按定额中开采单价加辅助生产间接费和矿产资源税(如有)计算。

材料原价应按实计取。各省、自治区、直辖市公路(交通)工程造价(定额)管理站应通过调查,编制本地区的材料价格信息,供编制概、预算使用。

(2) 运杂费

运杂费系指材料自供应地点至工地仓库(施工地点存放材料的地方)的运杂费用,包括装卸费、运费,如果发生囤存费及其他杂费(如过磅、标签、支撑加固、路桥通行等费用),也应计入。如果施工组织不能提供工地仓库和堆料场位置时,材料堆放位置为:路线工程取路线中心点里程桩号,大中桥或独立桥取中心桩号。

运输方式分为社会运输和自办运输两种情况。社会运输时是通过铁路、水路和公路运输部门运输的材料,按铁路、航运和当地交通部门规定的运价计算运费。自办运输是施工企业根据公路建设项目所在地交通不便、社会运力缺乏的情况,结合自身运输能力而组织材料运输的一种运输方式。

施工单位自办的运输,单程运距15km以上的长途汽车运输按当地交通部门规定的统一运价计算运费;单程运距5~15km的汽车运输按当地交通部门规定的统一运价计算运费,当工程所在地交通不便、社会运输力量缺乏时,如边远地区和某些山岭区,允许按当地交通部门规定的统一运价加50%计算运费;单程运距5km及以内的汽车运输以及人力场外运输,按概、预算定额或者公路工程估算指标计算运费,其中人力装卸和运输另按人工费加计辅助生产间接费。

一种材料如有两个以上的供应点时,应根据不同的运距、运量、运价采用加权平均的方法计算运费。

由于预算定额中汽车运输台班已考虑工地便道特点,以及定额中已计入了"工地小搬运"项目,因此平均运距中汽车运输便道里程不得乘调整系数,也不得在工地仓库或堆料场之外再加场内运距或二次倒运的运距。

有容器或包装的材料及长大轻浮材料,应按表4-2规定的毛重计算。桶装沥青、汽油、柴油按每吨摊销一个旧汽油桶计算包装费(不计回收)。

材料毛重系数及单位毛重表　　　　　　　　　　　表 4-2

材 料 名 称	单位	毛 重 系 数	单位毛重
爆破材料	t	1.35	—
水泥、块状沥青	t	1.01	—
铁钉、铁件、焊条	t	1.10	—
液体沥青、液体燃料、水	t	桶装 1.17,油罐车装 1.00	—
木料	m³	—	1.000t
草袋	个	—	0.004t

（3）场外运输损耗

场外运输损耗系指有些材料在正常的运输过程中发生的损耗,这部分损耗应摊入材料单价内。材料场外运输操作损耗率见表 4-3。

材料场外运输操作损耗率表（%）　　　　　　　　　　　表 4-3

材 料 名 称		场外运输(包括一次装卸)	每增加一次装卸
块状沥青		0.5	0.2
石屑、碎砾石、砂砾、煤渣、工业废渣、煤		1.0	0.4
砖、瓦、桶装沥青、石灰、黏土		3.0	1.0
草皮		7.0	3.0
水泥(袋装、散装)		1.0	0.4
砂	一般地区	2.5	1.0
	多风地区	5.0	2.0

注:汽车运水泥如运距超过 500km 时,则增加损耗率袋装为 0.5%。

（4）采购及保管费

材料采购及保管费系指材料供应部门（包括工地仓库以及各级材料管理部门）在组织采购、供应和保管材料过程中,所需的各项费用及工地仓库的材料储存损耗。

材料采购及保管费,以材料的原价加运杂费及场外运输损耗的合计数为基数,乘以采购保管费率计算。材料的采购及保管费费率为 2.5%。

外购的构件、成品及半成品的预算价格,其计算方法与材料相同,但构件（如外购的钢桁梁、钢筋混凝土构件及加工钢材等半成品）的采购保管费率为 1%。

商品混凝土预算价格的计算方法与材料相同,但其采购保管费率为零。

3. 施工机械使用费

施工机械使用费系指列入概、预算定额的施工机械台班数量,按相应的机械台班费用定额计算的施工机械使用费和小型机具使用费。

施工机械使用费按下式计算:

施工机械使用费 = Σ[分项工程数量×(Σ定额机械台班用量×机械台班预算价格 + 小型机具使用费)]

施工机械台班预算价格应按《公路工程机械台班费用定额》(JTG/T B06-03—2007)计算,台班单价由不变费用和可变费用组成。

机械台班单价 = 不变费用×调整系数 + 可变费用
= 不变费用×调整系数 + (定额人工消耗量×人工单价 + 定额燃料、动力消耗量×燃料、动力单价 + 运输机械的养路费、车船使用税和保险费)

其中,不变费用包括折旧费、大修理费、经常修理费、安装拆卸及辅助设施费等;可变费用包括机上人员人工费、动力燃料费、养路费及车船使用税。可变费用中的人工工日数及动力燃料消耗量,应以机械台班费用定额中的数值为准。台班人工费工日单价同生产工人人工费单价。动力燃料费用则按材料费的计算规定计算。

在计算施工机械台班单价时,要注意以下几个问题:

(1)当工程用电为自行发电时,电动机械每度(kW·h)电的单价可由下述近似公式计算:

$$A = \frac{0.24K}{N}$$

式中:A——每度(kW·h)电单价(元);
K——发电机组的台班单价(元);
N——发电机组的总功率(kW)。

采用多台发电机组联合发电时,应将其价格和功率分别汇总,作为计算依据。

(2)当工程用电采用电网供电时,则应计算电能损耗。

①如从施工主降压、变压器的高压侧按电表计量收费时,要计算变配设备和配电损耗,一般为6% ~10%。线路质量好,供电距离短,用电负荷比较均匀时,采用低限值,反之取高限值。

②若从电网供电变电站出线侧计量收费时,则还应计算主变压器高压侧的高压线路(35kV·A及以上的电压等级)的损耗,一般为4% ~6%。

③当两者都要计算时,其综合电能损耗应按17%计算。

(3)当同时使用自发电和电网供电时,可按各自供电的电动机械的总功率所占的比例,计算综合电价,也可按自供电时间的长短作为计算综合电价的依据。

(4)运输机械的养路费、车船使用税和保险费,应按当地政府规定的征收范围计算。

(二)其他工程费

其他工程费系指直接工程费以外施工过程中发生的直接用于工程的费用。内容包括冬季施工增加费、雨季施工增加费、夜间施工增加费、特殊地区施工增加费、行车干扰工程施工增加费、安全及文明施工措施费、临时设施费、施工辅助费、工地转移费九项。公路工程中的水、电费及因场地狭小等特殊情况而发生的材料二次搬运等其他工程费已包括在估算指标或者概、预算定额中,不再另计。

1.冬季施工增加费

冬季施工增加费系指按为保证工程质量和安全生产所需采取的防寒保温设施,工效降低和机械作业率降低以及技术操作过程的改变等所增加的有关费用。

冬季施工增加费的内容包括:

(1)因冬季施工所需增加的一切人工、机械与材料的支出。

(2)施工机具所需修建的暖棚(包括拆、移),增加油脂及其他保温设备费用。

(3)因施工组织设计确定,需增加的一切保温、加温及照明等有关支出。

(4)与冬季施工有关的其他各项费用,如清除工作地点的冰雪等费用。

冬季气温区的划分是根据气象部门提供的满十五年以上的气温资料确定的。每年秋冬第一次连续5天出现室外日平均温度在5℃以下,日最低温度在-3℃以下的第一天算起,至第二年春夏最后一次连续5天出现同样温度的最末一天为冬季期。冬季期内平均气温在-1℃以上者为冬一区,-4~-1℃者为冬二区,-7~-4℃者为冬三区,-10~-7℃者为冬四区,-14~-10℃者为冬五区,-14℃以下为冬六区,冬一区内平均气温低于0℃的连续天数在70天以内的为Ⅰ副区,70天以上的为Ⅱ副区,冬二区内平均气温低于0℃的连续天数在100天以内的为Ⅰ副区,100天以上的为Ⅱ副区。

气温高于冬一区,但砖、石、混凝土工程施工须采取一定措施的地区为准冬季区,准冬季区分两个副区,简称准一区、准二区。凡一年内日最低气温在0℃以下的天数多于20天的,日平均气温在0℃以下的天数少于15天的为准一区,多于15天的为准二区。

全国各地的冬季区划分见附录二。若当地气温资料与附录二中划定的冬季气温区划分有较大出入时,可按当地气温资料及上述划分标准确定工程据地的冬季气温区。

冬季施工增加费的计算方法是,根据各类工程的特点规定各气温区的取费标准。为了简化计算手续,采用全年平均摊销的方法,即不论是否在冬季施工,均按规定的取费标准计取冬季施工增加费。一条路线穿过两个以上的气温区时,可分段计算或按各区的工程量比例求得全线的平均增加率,计算冬季施工增加费。

冬季施工增加费以各类工程的直接工程费之和为基数,按工程所在地的气温区选用(表4-4)的费率计算。

冬季施工增加费费率表(%) 表4-4

气温 工程 类别	冬季期平均温度(℃)				-7~-4	-10~-7	-14~-10	-14以下	准一区	准二区
	-1以上		-4~-1		冬三区	冬四区	冬五区	冬六区		
	冬一区		冬二区							
	Ⅰ	Ⅱ	Ⅰ	Ⅱ						
人工土方	0.28	0.44	0.59	0.76	1.44	2.05	3.07	4.61	—	—
机械土方	0.43	0.67	0.93	1.17	2.21	3.14	4.71	7.07	—	—
汽车运土	0.08	0.12	0.17	0.21	0.40	0.56	0.84	1.27	—	—
人工石方	0.06	0.10	0.13	0.15	0.30	0.44	0.65	0.98	—	—
机械石方	0.08	0.13	0.18	0.21	0.42	0.61	0.91	1.37	—	—
高级路面	0.37	0.52	0.72	0.81	1.48	2.00	3.00	4.50	0.06	0.16

续上表

气温 工程 类别	冬季期平均温度(℃)								准一区	准二区
	-1以上		-4～-1		-7～-4	-10～-7	-14～-10	-14以下		
	冬一区		冬二区		冬三区	冬四区	冬五区	冬六区		
	Ⅰ	Ⅱ	Ⅰ	Ⅱ						
其他路面	0.11	0.20	0.29	0.37	0.62	0.80	1.20	1.80	—	—
构造物Ⅰ	0.34	0.49	0.66	0.75	1.36	1.84	2.76	4.14	0.06	0.15
构造物Ⅱ	0.42	0.60	0.81	0.92	1.67	2.27	3.40	5.10	0.08	0.19
构造物Ⅲ	0.83	1.18	1.60	1.81	3.29	4.46	6.69	10.03	0.15	0.37
技术复杂桥	0.48	0.68	0.93	1.05	1.91	2.58	3.87	5.81	0.08	0.21
隧道	0.10	0.19	0.27	0.35	0.58	0.75	1.12	1.69	—	—
钢材及钢结构	0.02	0.05	0.07	0.09	0.15	0.19	0.29	0.43	—	—

2. 雨季施工增加费

雨季施工增加费系指雨季期间施工为保证工程质量和安全生产,采取的防雨、排水、防潮和防护措施、工效降低和机械作业率降低以及技术作业过程的改变所需增加的有关费用。

雨季施工增加的内容包括:

(1)因雨季施工所需增加的工、料、机费用的支出,包括工作效率的降低及易被雨水冲毁的工程所增加的工作内容等(如基坑坍塌和排水沟等堵塞的清理、路基边坡冲沟的填被等)。

(2)路基土方工程的开挖和运输,因雨季施工(非土壤中水影响)而影响施工工具,降低工效所增加的费用。

(3)因防止雨水必须采取的防护措施的费用,如挖临时排水沟、防止基坑坍塌所需的支撑、挡板等。

(4)材料因受潮防护措施的费用。

(5)增加防雨、防潮设备的费用。

(6)其他有关雨季施工所需增加的费用,如因河水高涨致使工作困难而增加的费用等。

雨量区和雨季期的划分,是根据气象部门提供的满15年以上的降雨资料确定的。凡月平均降雨天数在10天以上,月平均日降雨量在3.5～5mm之间者为Ⅰ区。月平均日降雨量在5mm以上者为Ⅱ区。全国各地雨量区及雨季期的划分见附录三。若当地气象资料与附录三所划定的雨量区及雨季期出入较大时,可按当地气象资料及上述划分标准确定工程所在地的雨量区及雨季期。

雨季施工增加费的计算方法。是将全国划分为若干雨量区和雨季期,并根据各类工程的特点规定各雨量区和雨季期的取费标准,采用全年平均摊销的方法,即不论是否在雨季施工,均按规定的取费标准计取雨季施工增加费。

一条路线通过不同的雨量区和雨季期时,应分别计算雨季施工增加费或按工程量比例求得平均的增加率,计算全线雨季施工增加费。

雨季施工增加费以各类工程的直接工程费之和为基数,按工程所在地的雨量区、雨季期选用表4-5的费率计算。

表 4-5

雨季施工增加费费率表（%）

工程类别	雨季月数															
	1	1.5	2		2.5		3		3.5		4		4.5		5	
	I	I	I	II	I	II	I	II	I	II	I	II	I	II	I	II
人工土方	0.04	0.05	0.07	0.11	0.09	0.13	0.11	0.15	0.13	0.17	0.15	0.20	0.17	0.23	0.19	0.26
机械土方	0.04	0.05	0.07	0.11	0.09	0.13	0.11	0.15	0.13	0.17	0.15	0.20	0.17	0.23	0.19	0.27
汽车运土	0.04	0.05	0.07	0.11	0.09	0.13	0.11	0.16	0.13	0.19	0.15	0.22	0.17	0.25	0.19	0.27
人工石方	0.02	0.03	0.05	0.07	0.06	0.09	0.07	0.11	0.08	0.13	0.09	0.15	0.10	0.17	0.12	0.19
机械石方	0.03	0.04	0.06	0.10	0.08	0.12	0.10	0.14	0.12	0.16	0.14	0.19	0.16	0.22	0.18	0.25
高级路面	0.03	0.04	0.06	0.10	0.08	0.13	0.10	0.15	0.12	0.17	0.14	0.19	0.16	0.22	0.18	0.25
其他路面	0.03	0.04	0.06	0.09	0.08	0.12	0.09	0.14	0.10	0.16	0.12	0.18	0.14	0.21	0.16	0.24
构造物 I	0.03	0.04	0.05	0.08	0.06	0.09	0.07	0.11	0.08	0.13	0.10	0.15	0.12	0.17	0.14	0.19
构造物 II	0.03	0.04	0.05	0.08	0.07	0.10	0.08	0.12	0.09	0.14	0.11	0.16	0.13	0.18	0.15	0.21
构造物 III	0.06	0.08	0.11	0.17	0.14	0.21	0.17	0.25	0.20	0.30	0.23	0.35	0.27	0.40	0.31	0.45
技术复杂大桥	0.03	0.05	0.07	0.10	0.08	0.12	0.10	0.14	0.12	0.16	0.14	0.19	0.16	0.22	0.18	0.25
隧道	—	—	—	—	—	—	—	—	—	—	—	—	—	—	—	—
钢材及钢结构	—	—	—	—	—	—	—	—	—	—	—	—	—	—	—	—

工程类别	6		7	8
	I	II	II	II
人工土方	0.21	0.31	0.36	0.42
机械土方	0.22	0.32	0.37	0.43
汽车运土	0.22	0.32	0.37	0.43
人工石方	0.15	0.23	0.27	0.32
机械石方	0.20	0.29	0.34	0.39
高级路面	0.20	0.29	0.34	0.39
其他路面	0.19	0.28	0.32	0.37
构造物 I	0.16	0.23	0.27	0.31
构造物 II	0.17	0.25	0.30	0.34
构造物 III	0.35	0.52	0.60	0.69
技术复杂大桥	0.20	0.29	0.34	0.39
隧道	—	—	—	—
钢材及钢结构	—	—	—	—

注：室内管道及设备安装工程不计雨季施工增加费。

3. 夜间施工增加费

夜间施工增加费系指根据设计、施工的技术要求和合理的施工进度要求,必须在夜间连续施工而发生的工效降低、夜班津贴以及有关照明设施(包括所需照明设施的安拆、摊销、维修及油燃料、电)等增加的费用。

夜间施工增加费按夜间施工工程项目(如桥梁工程项目,包括上、下部构造全部工程)的直接工程费之和为基数,按表4-6的费率计算。

夜间施工增加费费率表(%)　　　　表4-6

工程类别	费率	工程类别	费率
构造物Ⅱ	0.35	技术复杂大桥	0.35
构造物Ⅲ	0.70	钢材及钢结构	0.35

注:设备安装工程及金属标志牌、防撞钢护栏、防眩板(网)、隔离栅、防护网等不计夜间施工增加费。

4. 特殊地区施工增加费

特殊地区施工增加费包括高原地区施工增加费、风沙地区施工增加费和沿海地区施工增加费三项。

(1) 高原地区施工增加费

高原地区施工增费系指在海拔高度1500m以上地区施工,由于受气候、气压的影响,致使人工、机械效率降低而增加的费用。该费用以各类工程人工费和机械使用费之和为基数,按表4-7的费率计算。

高原地区施工增加费费率表(%)　　　　表4-7

工程类别	海拔高度(m)						
	1501~2000	2001~2500	2501~3000	3001~3500	3501~4000	4001~4500	4501~5000	5000以上
人工土方	7.00	13.25	19.75	29.75	43.25	60.00	80.00	110.00
机械土方	6.56	12.60	18.66	25.60	36.05	49.08	64.72	83.80
汽车运土	6.50	12.50	18.50	25.00	35.00	47.50	62.50	80.00
人工石方	7.00	13.25	19.75	29.75	43.25	60.00	80.00	110.00
机械石方	6.71	12.82	19.03	27.01	38.50	52.80	69.92	92.72
高级路面	6.58	12.61	18.69	25.72	36.26	49.41	65.17	84.58
其他路面	6.73	12.84	19.07	27.15	38.74	53.17	70.44	93.60
构造物Ⅰ	6.87	13.06	19.44	28.56	41.18	56.86	75.61	102.47
构造物Ⅱ	6.77	12.90	19.17	27.54	39.41	54.18	71.85	96.03
构造物Ⅲ	6.73	12.85	19.08	27.19	38.81	53.27	70.57	93.84
技术复杂大桥	6.70	12.81	19.01	26.94	38.37	52.61	69.65	92.27
隧道	6.76	12.90	19.16	27.50	39.35	54.09	71.72	95.81
钢结构	6.78	12.92	19.20	27.66	39.62	54.50	72.30	96.80

一条路线通过两个以上(含两个)不同的海拔高度分区时,应分别计算高原地区施工增加费或按工程量比例求得平均的增加率,计算全线高原地区施工增加费。

(2)风沙地区施工增加费

风沙地区施工增加费系指在沙漠地区施工时,由于受风沙影响,按照施工及验收规范的要求,为保证工程质量和安全生产而增加的有关费用,内容包括防风、防沙及气候影响的措施费,材料费,人工、机械效率降低增加的费用,以及积沙、风蚀的清理修复等费用。

风沙地区的划分,根据《公路自然区划标准》(JTJ 003—1986)《沙漠地区公路建设成套技术研究报告》的公路自然区划和沙漠公路区划,结合风沙地区的气候状况将风沙地区分为三区九类;半干旱、半湿润沙地为风沙一区,干旱、极干旱寒冷沙漠地区为风沙二区,极干旱炎热沙漠地区为风沙三区;根据覆盖度(沙漠中植被、戈壁等覆盖程度)又将每区分为固定沙漠(覆盖度>50%)、半固定沙漠(覆盖度10%~50%)、流动沙漠(覆盖度<10%)三类,覆盖度由工程勘探设计人员在公路工程勘察设计时确定。

全国风沙地区公路施工区划见附录四。若当地气象资料及自然特征与附录四中的风沙地区划分有较大的出入时,由项目所在省、自治区、直辖市公路(交通)工程造价(定额)管理站按当地气象资料和自然特征及上述划分标准确定工程所在地的风沙区划,并抄送交通运输部公路司备案。

一条路线穿过两个以上不同风沙区时,按路线长度经过不同的风沙区加权计算项目全线风沙地区施工增加费。

风沙地区施工增加费以各类工程的人工费和机械使用费之和为基数,根据工程所在地的风沙区划及类别,按表4-8的费率计算。

风沙地区施工增加费费率表(%)　　　　表4-8

工程类别	风沙一区			风沙二区			风沙三区		
	沙 漠 类 型								
	固定	半固定	流动	固定	半固定	流动	固定	半固定	流动
人工土方	6.00	11.00	18.00	7.00	17.00	26.00	11.00	24.00	37.00
机械土方	4.00	7.00	12.00	5.00	11.00	17.00	7.00	15.00	24.00
汽车运输	4.00	8.00	13.00	5.00	12.00	18.00	8.00	17.00	26.00
人工石方	—	—	—	—	—	—	—	—	—
机械石方	—	—	—	—	—	—	—	—	—
高级路面	0.50	1.00	2.00	1.00	2.00	3.00	2.00	3.00	5.00
其他路面	2.00	4.00	7.00	3.00	7.00	10.00	4.00	10.00	15.00
构造物Ⅰ	4.00	7.00	12.00	5.00	11.00	17.00	7.00	16.00	24.00
构造物Ⅱ	—	—	—	—	—	—	—	—	—
构造物Ⅲ	—	—	—	—	—	—	—	—	—
技术复杂大桥	—	—	—	—	—	—	—	—	—
隧道	—	—	—	—	—	—	—	—	—
钢结构	1.00	2.00	4.00	1.00	3.00	5.00	2.00	5.00	7.00

(3)沿海地区施工增加费

沿海地区工程施工增加费系指工程项目在沿海地区施工受海风、海浪和潮汐的影响,致使人工、机械效率降低等所需增加的费用。本项费用,由沿海各省、自治区、直辖市交通运输厅

(局)制定具体的适用范围(地区),并抄送交通运输部公路司备案。

沿海地区工程施工增加费以各类工程的直接工程费之和为基数,按表4-9的费率计算。

沿海地区工程施工增加费费率表(%)　　　　表4-9

工程类别	费率	工程类别	费率
构造物Ⅱ	0.15	技术复杂大桥	0.15
构造物Ⅲ	0.15	钢材及钢结构	0.15

5. 行车干扰工程施工增加费

行车干扰工程施工增加费系指由于边施工边维护通车,受行车干扰的影响,致使人工、机械效率降低而增加的费用。该费用以受行车影响部分的工程项目的人工费和机械使用费之和为基数,按表4-10的费率计算。

行车干扰工程施工增加费费率表(%)　　　　表4-10

工程类别	施工期平均每昼夜双向行车次数(汽车畜力车合计)							
	51~100	101~500	501~1000	1001~2000	2001~3000	3001~4000	4001~5000	5000以上
人工土方	1.64	2.46	3.28	4.10	4.76	5.29	5.86	6.44
机械土方	1.39	2.19	3.00	3.89	4.51	5.02	5.56	6.11
汽车运土	1.36	2.09	2.85	3.75	4.35	4.84	5.36	5.89
人工石方	1.66	2.40	3.33	4.06	4.71	5.24	5.81	6.37
机械石方	1.16	1.71	2.38	3.19	3.70	4.12	4.56	5.01
高级路面	1.24	1.87	2.50	3.11	3.61	4.01	4.45	4.88
其他路面	1.17	1.77	2.36	2.94	3.41	3.79	4.20	4.62
构造物Ⅰ	0.94	1.41	1.89	2.36	2.74	3.04	3.37	3.71
构造物Ⅱ	0.95	1.43	1.90	2.37	2.75	3.06	3.39	3.72
构造物Ⅲ	0.95	1.42	1.90	2.37	2.75	3.05	3.38	3.72
技术复杂大桥	—	—	—	—	—	—	—	—
隧道	—	—	—	—	—	—	—	—
钢结构	—	—	—	—	—	—	—	—

6. 安全及文明施工措施费

安全及文明施工措施费系指工程施工期间为满足安全生产、文明施工、职工健康生活所发生的费用。不包括施工期间为保证交通安全而设置的临时安全设施和标志、标牌的费用,需要时,应根据设计要求计算。安全及文明施工措施费以各类工程的直接工程费之和为基数,按表4-11的费率计算。

安全及文明施工措施费费率表(%)　　　　表4-11

工程类别	费率	工程类别	费率
人工土方	0.59	人工石方	0.59
机械土方	0.59	机械石方	0.59
汽车运输	0.21	高级路面	1.00

续上表

工程类别	费率	工程类别	费率
其他路面	1.02	技术复杂大桥	0.86
构造物Ⅰ	0.72	隧道	0.73
构造物Ⅱ	0.78	钢材及钢结构	0.53
构造物Ⅲ	1.57		

注:设备安装工程按表中费率的50%计算。

7. 临时设施费

临时设施费系指施工企业为进行建筑安装工程施工所必需的生活和生产用的临时建筑物、构筑物和其他临时设施的费用等,但不包括概、预算定额中临时工程在内。

临时设施包括:临时生活及居住房屋(包括职工家属房屋及探亲房屋)、文化福利及公用房屋(如广播室、文体活动室等)和生产、办公房屋(如仓库、加工厂、加工棚、发电站、变电站、空压机站、停机棚等),工地范围内的各种临时的工作便道(包括汽车、马车、架子车道)、人行便道,工地临时用水、用电的水管支线和电线支线,临时构筑物(如水井、水塔等)以及其他小型临时设施。

临时设施费用内容包括:临时设施的搭设、维修、拆除费或摊销费。

临时设施费以各类工程的直接工程费之和为基数,按表4-12的费率计算。

临时设施费费率表(%) 表4-12

工程类别	费率	工程类别	费率
人工土方	1.57	构造物Ⅰ	2.65
机械土方	1.42	构造物Ⅱ	3.14
汽车运输	0.92	构造物Ⅲ	5.81
人工石方	1.60	技术复杂大桥	2.92
机械石方	1.97	隧道	2.57
高级路面	1.92	钢结构	2.48
其他路面	1.87		

8. 施工辅助费

施工辅助费包括生产工具用具使用费、检验试验费和工程定位复测、工程点交、场地清理等费用。

生产工具用具使用费系指施工所需不属于固定资产的生产工具、检验、试验用具及仪器、仪表等的购置、摊销和维修费,以及支付给工人自备工具的补贴费。

检验试验费系指对建筑材料、构件和建筑安装工程进行一般鉴定、检查所发生的费用,包括自设试验室进行试验所耗用的材料和化学药品的费用,以及技术革新和研究试验费。但不包括新结构、新材料的试验费和建设单位要求对具有出厂合格证明的材料进行检验、对构件破坏性试验及其他特殊要求检验的费用。

施工辅助费以各类工程的直接工程费之和为基数,按表4-13的费率计算。

施工辅助费费率表(%) 表4-13

工程类别	费率	工程类别	费率
人工土方	0.89	构造物Ⅰ	1.30
机械土方	0.49	构造物Ⅱ	1.56
汽车运输	0.16	构造物Ⅲ	3.03
人工石方	0.85	技术复杂大桥	1.68
机械石方	0.46	隧道	1.23
高级路面	0.80	钢材及钢结构	0.56
其他路面	0.74		

9. 工地转移费

工地转移费系指施工企业根据建设任务的需要,由已竣工的工地或后方基地迁至新工地的搬迁费用,其内容包括:

(1)施工单位全体职工及随职工迁移的家属向新工地转移的车费、家具行李运费、途中住宿费、行程补助费、杂费及工资与工资附加费等。

(2)公物、工具、施工设备器材、施工机械的运杂费,以及外租机械的往返费及本工程内部各工地之间施工机械、设备、公物、工具的转移费等。

(3)非固定工人进退场及一条路线中各工地转移的费用。

工地转移费以各类工程的直接工程费之和为基数,按表4-14 的费率计算。

转移距离以工程承包单位(如工程处、工程公司等)转移前后驻地距离或两路线中点的距离为准;编制概、预算时,如施工单位不明确时,高速公路、一级公路及独立大桥、隧道按省城(自治区首府)至工地的里程,二级及以下公路按地(市、盟)至工地的里程计算工地转移费,工地转移里程数在表4-14 列里程之前时,费率可内插计算。工地转移距离在 50km 以内的工程不计取本项费用。

工地转移费率表(%) 表4-14

工程类别	工地转移距离(km)					
	50	100	300	500	1000	每增加100
人工土方	0.15	0.21	0.32	0.43	0.56	0.03
机械土方	0.50	0.67	1.05	1.37	1.82	0.08
汽车运输	0.31	0.40	0.62	0.82	1.07	0.05
人工石方	0.16	0.22	0.33	0.45	0.58	0.03
机械石方	0.36	0.43	0.74	0.97	1.28	0.06
高级路面	0.61	0.83	1.30	1.70	2.27	0.12
其他路面	0.56	0.75	1.18	1.54	2.06	0.10
构造物Ⅰ	0.56	0.75	1.18	1.54	2.06	0.11
构造物Ⅱ	0.66	0.89	1.40	1.83	2.45	0.13
构造物Ⅲ	1.31	1.77	2.77	3.62	4.85	0.25
技术复杂大桥	0.75	1.01	1.58	2.06	2.76	0.14
隧道	0.52	0.71	1.11	1.45	1.94	0.10
钢材及钢结构	0.72	0.97	1.51	1.97	2.64	0.13

二、间接费

间接费由规费、企业管理费两项组成。

(一)规费

规费系指政府和有关权力部门规定施工企业必须缴纳的费用(简称规费)。包括：
(1)养老保险费。系指施工企业按规定标准为职工缴纳的基本养老保险费。
(2)失业保险费。系指施工企业按国家规定标准为职工缴纳的失业保险费。
(3)医疗保险费。系指施工企业按规定标准为职工的基本医疗保险费和生育保险费。
(4)住房公积金。系指施工企业按规定标准为职工缴纳的住房公积金。
(5)工伤保险费。系指施工企业按规定标准为职工缴纳的工伤保险费。
各项规定以各类工程的人工费之和为基数，按国家或工程所在地相关部门规定的标准计算。

(二)企业管理费

企业管理费由基本费用、主副食运费补贴、职工探亲路费、职工取暖补贴和财务费用五项组成。

1.基本费用

企业管理费基本费用系指施工企业为组织施工生产和经营管理所需的费用，内容包括：
(1)管理人员工资。系指管理人员的基本工资、工资性补贴、职工福利费、劳动保护费以及缴纳的养老、失业、医疗、生育、工伤保险费和住房公积金等。
(2)办公费。系指企业办公文具、纸张、账表、印刷、邮电、书报、会议、水、电、烧水和集体取暖(包括现场临时宿舍取暖)用煤(气)等费用。
(3)差旅交通费。系指职工因公出差和工作调动(包括随行家属的旅费)的差旅费，住勤补助费，市内交通及误餐补助费，职工探亲路费，劳动力招募费，职工离退休、退职一次性路费，工伤人员就医路费，以及管理部门使用的交通工具油料、燃料、牌照及养路费等。
(4)固定资产使用费。系指管理和试验部门及附属生产单位使用的属于固定资料的房屋、设备、仪器等的折旧、大修、维修或租赁费等。
(5)工具用具使用费。系指管理使用的不属于固定资产的生产工具、用具、家具、交通工具和检验、试验、测绘、消费用具等的购置、维修和摊销费。
(6)劳动保险费。系指企业支付离退休职工的易地安家补助费、职工退休金、六个月以上病假人员工资、职工死亡丧葬补助费、抚恤费，按规定支付给离休干部的各项经费。
(7)工会经费。系指企业按职工工资总额计提的工会经费。
(8)职工教育经费。是指企业为职工学习先进技术和提高文化水平，按职工工资总额计提的费用。
(9)保险费。系指企业财产保险、管理用车辆等保险费用。
(10)工程保修费。系指工程竣工交付使用后，在规定保修期以内的修理费用。
(11)工程排污费。系指施工现场按规定缴纳的排污费用。

（12）税金。系指企业按规定交纳的房产税、车船使用税、土地使用税、印花税。

（13）其他。指上述项目以外的其他必要的费用支出，包括技术转让费、技术开发费、业务招待费、绿化费、广告费、投标费、公证费、定额测定费、法律顾问费、审计费、咨询费等。

基本费用以各类工程的直接工程费之和为基数，按表4-15的费率计算。

基本费用费率表(%) 表4-15

工程类别	费率	工程类别	费率
人工土方	3.36	构造物Ⅰ	4.44
机械土方	3.26	构造物Ⅱ	5.53
汽车运输	1.44	构造物Ⅲ	9.79
人工石方	3.45	技术复杂大桥	4.72
机械石方	3.28	隧道	4.22
高级路面	1.91	钢材及钢结构	2.42
其他路面	3.28		

2. 主副食运费补贴

主副食运费补贴系指施工企业在远离城镇及乡村的野外施工购买生活必需品所需的费用。该费用以各类工程的直接费之和为基数，按表4-16的费率计算。

主副食运费补贴费费率表(%) 表4-16

工程类别	综合里程(km)											
	1	3	5	8	10	15	20	25	30	40	50	每增加10
人工土方	0.17	0.25	0.31	0.39	0.45	0.56	0.67	0.76	0.89	1.06	1.22	0.16
机械土方	0.13	0.19	0.24	0.30	0.35	0.43	0.52	0.59	0.69	0.81	0.95	0.13
汽车运输	0.14	0.20	0.25	0.32	0.37	0.45	0.55	0.62	0.73	0.86	1.00	0.14
人工石方	0.13	0.19	0.24	0.30	0.34	0.42	0.51	0.58	0.67	0.80	0.92	0.12
机械石方	0.12	0.18	0.22	0.28	0.33	0.41	0.49	0.55	0.65	0.76	0.89	0.12
高级路面	0.08	0.12	0.15	0.20	0.22	0.28	0.33	0.38	0.44	0.52	0.60	0.08
其他路面	0.09	0.12	0.15	0.20	0.22	0.28	0.33	0.38	0.44	0.52	0.61	0.09
构造物Ⅰ	0.13	0.18	0.23	0.32	0.32	0.40	0.49	0.55	0.65	0.76	0.89	0.12
构造物Ⅱ	0.14	0.20	0.25	0.30	0.35	0.43	0.52	0.60	0.70	0.83	0.96	0.13
构造物Ⅲ	0.25	0.36	0.45	0.55	0.64	0.79	0.96	1.09	1.28	1.51	1.76	0.24
技术复杂大桥	0.11	0.16	0.20	0.25	0.29	0.36	0.43	0.49	0.57	0.68	0.79	0.11
隧道	0.11	0.16	0.19	0.24	0.28	0.34	0.42	0.48	0.56	0.66	0.77	0.10
钢材及钢结构	0.11	0.16	0.20	0.26	0.30	0.37	0.44	0.50	0.59	0.69	0.80	0.11

综合里程 = 粮食运距×0.06 + 燃料运距×0.09 + 蔬菜运距×0.15 + 水运距×0.70；粮食、燃料、蔬菜、水的运距均为全线平均运距；综合里程数在表列里程之间时，费率可内插；综合里程在1km以内的工程不计取本项费用。

3. 职工探亲路费

职工探亲路费系指按照有关规定施工企业在探亲期间发生的往返车船费、市内交通费和途中住宿费等费用。该费用以各类工程的直接费之和为基数,按表4-17的费率计算。

职工探亲路费费率表(%)　　　　　　　　　　　　　　　表4-17

工程类别	费率	工程类别	费率
人工土方	0.10	构造物Ⅰ	0.29
机械土方	0.22	构造物Ⅱ	0.34
汽车运输	0.14	构造物Ⅲ	0.55
人工石方	0.10	技术复杂大桥	0.20
机械石方	0.22	隧道	0.27
高级路面	0.14	钢材及钢结构	0.16
其他路面	0.16		

4. 职工取暖补贴

职工取暖补贴系指按规定发放给职工的冬季取暖或在施工现场设置的临时取暖设施的费用。该费用以各类工程的直接费之和为基数,按工程所在地的气温区(附录二)选用表4-18的费率计算。

职工取暖补贴费费率表(%)　　　　　　　　　　　　　　　表4-18

工程类别	气温区						
	准二区	冬一区	冬二区	冬三区	冬四区	冬五区	冬六区
人工土方	0.03	0.06	0.10	0.15	0.17	0.26	0.31
机械土方	0.06	0.13	0.22	0.33	0.44	0.55	0.66
汽车运输	0.06	0.12	0.21	0.31	0.41	0.51	0.62
人工石方	0.03	0.06	0.10	0.15	0.17	0.25	0.31
机械石方	0.05	0.11	0.17	0.26	0.35	0.44	0.53
高级路面	0.04	0.07	0.13	0.19	0.25	0.31	0.38
其他路面	0.04	0.07	0.12	0.18	0.24	0.30	0.36
构造物Ⅰ	0.06	0.12	0.19	0.28	0.36	0.46	0.56
构造物Ⅱ	0.06	0.13	0.20	0.30	0.41	0.51	0.62
构造物Ⅲ	0.11	0.23	0.37	0.56	0.74	0.93	1.13
技术复杂大桥	0.05	0.10	0.17	0.26	0.34	0.42	0.51
隧道	0.04	0.08	0.14	0.22	0.28	0.36	0.43
钢材及钢结构	0.04	0.07	0.12	0.19	0.25	0.31	0.37

5. 财务费用

财务费用系指施工企业为筹集资金而发生的各项费用,包括企业经营期间发生的短期贷款利息净支出、汇兑净损失、调剂外汇手续费、金融机构手续费,以及企业筹集资金发生的其他财务费用。

财务费用以各类工程的直接费之和为基数,按表4-19的费率计算。

财务费用费率表(%) 表4-19

工程类别	费率	工程类别	费率
人工土方	0.23	构造物Ⅰ	0.37
机械土方	0.21	构造物Ⅱ	0.40
汽车运输	0.21	构造物Ⅲ	0.82
人工石方	0.22	技术复杂大桥	0.46
机械石方	0.20	隧道	0.39
高级路面	0.27	钢材及钢结构	0.48
其他路面	0.30		

(三)辅助生产间接费

辅助生产间接费系指由施工单位自行开采加工的砂、石等自采材料及施工单位自办的人工装卸和运输的间接费。

辅助生产间接费按人工费的5%计。该项费用并入材料预算单价内构成材料费,不直接出现在概、预算中。

高原地区施工单位的辅助生产,可按其他工程费中高原地区施工增加费费率,以直接工程费为基数计算高原地区施工增加费(其中:人工采集、加工材料、人工装卸、运输材料按人工土方费率计算;机械采集、加工材料按机械石方费率计算;机械装、运输材料按汽车运输费率计算)。辅助生产高原地区施工增加费不作为辅助生产间接费的计算基数。

三、利润

利润系指施工企业完成所承包工程应取得的盈利,利润按直接费与间接费之和扣除规费的7%计算。

四、税金

税金系指按国家税法规定应计入建筑安装工程造价内的营业税,城市维护建设税及教育费附加。

计算公式:

$$综合税金额 = (直接工程费 + 间接费 + 利润) \times 综合税率$$

综合税率计算方法:

(1)纳税地点在市区的企业,综合税率为:

$$综合税率(\%) = [1/(1 - 3\% - 3\% \times 7\% - 3\% \times 3\%) - 1] \times 100 = 3.41\%$$

(2)纳税地点在县城、乡城的企业,综合税率为:

$$综合税率(\%) = [1/(1 - 3\% - 3\% \times 5\% - 3\% \times 3\%) - 1] \times 100 = 3.35\%$$

(3)纳税地点不在市区、县城、乡镇的企业,综合税率为:

$$综合税率(\%) = [1/(1 - 3\% - 3\% \times 3\% - 3\% \times 3\%) - 1] \times 100 = 3.22\%$$

五、公路交工前养护费和绿化工程费

在《公路工程基本建设项目概算预算编制办法》(JTG B06—2007)的概、预算项目表中第

一部分第七项4目5细目和第八项,列有公路交工前养护费和绿化及环境工程两个工程项目,这两个项目虽然也属于建筑安装工程费中的工程项目,但其计算方法却比较特殊。

1. 公路交工前养护费

公路交工前养护费,是指对路线工程陆续完工的路段,在路段交工初验时止,以路面为主,包括路基、构造物在内的养护费用。

(1) 养护费用指标

公路交工前养护费用指标,按工程的全线里程及平均养护月数,以下列标准计算:

①三、四级公路养护费按60工日/(月·km)计算。

②二级及以上公路养护费按30工日/(月·km)计算。

(2) 养护费用计算

按路面工程类别,以其人工费为基数计算其他工程费和间接费。

本项费用应在08-2表立项计算,然后转入03表计算其建筑安装工程费。

(3) 养护用工计算

公路交工前养护用工,也需要在概、预算中反映,但不再计入单价。公路交工前养护用工数量,按上述指标标准,以线路里程及平均养护月数之乘积计算。公路交工前养护用工数量应在02表中单列分项计算。

2. 绿化工程费

绿化工程,是属于建筑安装费的工程项目。凡新建、改建路线工程,应计绿化工程费。绿化工程应由施工单位负责在适宜的气候条件下完成。绿化工程费是按路线总里程,以下列绿化补助费指标计算(注:本指标仅适用于无绿色设计的二级以下等级公路建设项目):

(1) 平原微丘区为5000元/km。

(2) 山岭重丘区为1000元/km。

若为改建公路,按以上指标的80%计。

由于以上指标内已包括其他工程费和间接费,故编制概、预算时,不再计列。绿化工程费,先在08-2表中计算,再转入03表计算建筑安装工程费。

第三节 设备、工具、器具及家具购置费

一、设备购置费

设备购置费系指为满足公路的营运、管理、养护需要,购置的构成固定资产标准的设备和虽低于固定资产标准但属于设计明确列入设备清单的设备的费用。包括渡口设备;隧道照明、消防、通风的动力设备;高等级公路的收费、监控、通信、供电设备,养护用的机械、设备和工具、器具等的购置费用。

设备购置费应由设计单位列出计划购置的清单(包括设备的规格、型号、数量),以设备原价加综合业务费和运杂费按以下公式计算:

设备购置费 = 设备原价 + 运杂费(运输费 + 装卸费 + 搬运费) +
运输保险费 + 采购及保管费

需要安装的设备,应在第一部分建筑安装工程费的有关项目内另计设备的安装工程费。

对于项目建议书投资估算其设备购置费按照附录五提供的费率,以第一部分建筑安装工程费总额为基数计算。

1. 国产设备原价的构成及计算

国产设备的原价一般是指设备制造厂的交货价,即出厂价或订货合同价。它一般根据生产厂或供应商的询价、报价、合同价确定,或采用一定的方法计算确定。内容包括按专业标准规定的在运输过程中不受损失的一般包装费,及按产品设计规定配戴的工具、附件和易损件的费用。即:

$$设备原价 = 出厂价(或供货地点价) + 包装费 + 手续费$$

2. 进口设备原价的构成及计算

进口设备的原价是指进口设备的抵岸价,即抵达买方边镜港口或边境车站,且交完关税为止形成的价格。即:

$$进口设备原价 = 货价 + 国际运费 + 运输保险费 + 银行财务费 + 外贸手续费 +$$
$$关税 + 增值税 + 消费税 + 商检费 + 检疫费 + 车辆购置附加费$$

(1) 货价。一般指装运港船上交货价(FOB,习惯称离岸价)。设备货价分为原币货价和人民币货价,原币货价一律折算为美元表示,人民币货价按原币货价乘以外汇市场美元兑换人民币的中间价确定。进口设备货价按有关生产厂商询价、报价、订货合同价计算。

(2) 国际运费。即从装运港(站)到达我国抵达港(站)的运费。即:

$$国际运费 = 原币货价(FOB 价) \times 运费费率$$

我国进口设备大多采用海洋运输,小部分采用铁路运输,个别采用航空运输。运费费率参照有关部门或进出口公司的规定执行,海运费费率一般为6%。

(3) 运输保险费。对外贸易货物运输保险是由保险人(保险公司)与被保险人(出口人或进口人)订立保险契约,在被保险人交付议定的保险费后,保险人根据保险契约的规定对货物在运输过程中发生的承保责任范围内的损失给予经济上的补偿。这是一种财产保险。计算公式为:

$$运输保险费 = [原币货价(FOB 价) + 国际运费] \div (1 - 保险费费率) \times 保险费费率$$

保险费费率是按保险公司规定的进口货物保险费费率计算,一般为0.35%。

(4) 银行财务费。一般指中国银行手续费,可按下式简化计算:

$$银行财务费 = 人民币货价(FOB 价) \times 银行财务费费率$$

银行财务费费率一般为0.4% ~ 0.5%。

(5) 外贸手续费。指按规定计取的外贸手续费,计算公式为:

$$外贸手续费 = [人民币货价(FOB 价) + 国际运费 + 运输保险费] \times 外贸手续费费率$$

外贸手续费费率一般为1% ~ 1.5%。

(6) 关税。指海关对进口国镜或关境的货物和物品征收的一种税。计算公式为:

$$关税 = [人民币货价(FOB 价) + 国际运费 + 运输保险费] \times 进口关税税率$$

进口关税税率按我国海关总署发布的进口关税税率计算。

(7) 增值税。是对从事进口贸易的单位和个人,在进口商品报关进口后征收的税种。按《中华人民共和国增值税条例》的规定,进口应税产品均按组成计税价格和增值税税率直接计算应纳税额。即：

增值税 = [人民币货价(FOB价) + 国际运费 + 运输保险费 + 关税 + 消费税] × 增值税税率

增值税税率根据规定的税率计算，目前进口设备适用的税率为17%。

(8) 消费税。对部分进口设备(如轿车、摩托车等)征收的税种，一般计算公式为：

应纳消费税额 = [人民币货价(FOB价) + 国际运费 + 运输保险费 + 关税] ÷ (1 - 消费税税率) × 消耗费税率

消耗税税率根据规定的税率计算。

(9) 商检费。指进口设备按规定付给商品检查部门和进口设备检验鉴定费。其计算公式为：

商检费 = [人民币货价(FOB价) + 国际运费 + 运输保险费] × 商检费费率

商检费费率一般为0.8%。

(10) 检疫费。指进口设备按规定付给商品检疫部门的进口设备检验鉴定费。其计算公式为：

检疫费 = [人民币货价(FOB价) + 国际运费 + 运输保险费] × 检疫费费率

检疫费费率一般为0.17%。

(11) 车辆购置附加费。指进口车辆需缴纳的进口车辆购置附加费，计算公式为：

进口车辆购置附加费 = [人民币货价(FOB价) + 国际运费 + 运输保险费 + 关税 + 消费税 + 增值税] × 进口车辆购置附加费费率

在计算进口设备原价时，应注意工程项目的性质，有无按国家有关规定减免进口环节税的可能。

3. 设备运杂费的构成及计算

国产设备运杂费指由设备制造厂交货地点起至工地仓库(或施工组织设计指定的需要安装设备的堆放地点)止所发生的运费和装卸费；进口设备运杂费指由我国到岸港口或边境车站起至工地仓库(或施工组织设计指定的需要安装设备的堆放地点)止所发生的运费和装卸费。其计算公式为：

运杂费 = 设备原价 × 运杂费费率

设备运杂费费率见表4-20。

设备运杂费费率表　　　　　　表4-20

运输里程(km)	100以内	101~200	201~300	301~400	401~500	501~750	751~1000	1001~1250	1251~1500	1501~1750	1751~2000	2000以上每增250
费率(%)	0.8	0.9	1.0	1.1	1.2	1.5	1.7	2.0	2.2	2.4	2.6	0.2

4. 设备运输保险费的构成及计算

设备运输保险费指国内运输保险费，其计算公式为：

运输保险费 = 设备原价 × 保险费费率

设备运输保险费费率一般为1%。

5.设备采购及保管费的构成及计算

设备采购及保管费指采购、验收、保管和收发设备所发生的各种费用,包括设备采购人员、保管人员和管理人员的工资、工资附加费、办公费、差旅交通费,设备部门办公和仓库所占固定资产使用费、工具用具使用费、劳动保护费、检验试验费等。其计算公式为:

$$采购及保管费 = 设备原价 \times 采购及保管费费率$$

需要安装的设备的采购保管费费率为2.4%,不需要安装的设备的采购保管费费率为1.2%。

二、工器具及生产家具(简称工器具)购置费

工器具购置费系指建设项目交付使用后为满足初期正常营运必须购置的第一套不构成固定资产的设备、仪器、仪表、工卡模具、器具、工作台(框、架、柜)等的费用。不包括:构成固定资产的设备、工器具和备品、备件;已列入设备购置费中的专用工具和备品、备件。

对于估算,此部分计算方法如下:

(1)项目建议书投资估算设备、工具、器具购置费可按附录五规定的费率,以第一部分建筑安装工程费总额为基数计算。

(2)工程可行性研究报告投资估算的设备及工具、器具购置费按《公路工程估算指标》(JTG/T M21—2011)的附录一计算,如表4-21所示。

设备购置费参考值 表4-21

顺序号	项目名称			单位	金额(元)	备注
1	监控系统	一般监控		公路公里	50000	
2		重点路段监控		公路公里	80000	
3	通信系统			公路公里	150000	
4	收费系统			每车道数	273917	若为计重收费,另增加16万元/收费车道
5						若为ETC收费,另增加40万元/收费车道
6	隧道	监控		km	1819369	工程量以隧道双洞长度计算;若隧道为单洞,则需将参考值乘以0.5的系数
7		通风	4000以内	km	1625384	
8			4000以上	km	3951416	
9		消防		km	281722	
10		供配电及照明		km	2219969	
11	服务房屋			m²	396	按建筑面积计算
12	除湿系统			套	500000	
13	索塔内维修电梯			台	1000000	
14	桥区VTS系统			套	2000000	

注:1.本指标适用于高速公路和一级公路。
2.工程量应按本指标中的相关规定进行计算。

三、办公和生活用家具购置费

办公和生活用家具购置费系指为保证新建、改建项目初期正常生产、使用和管理所必须购置的办公和生活用家具、用具的费用。

范围包括：行政、生产部门的办公室、会议室、资料档案室、阅览室、单身宿舍及生活福利设施等的家具、用具。

办公和生活用家具购置费按表 4-22 的规定计算。

办公和生活用家具购置费标准表　　　　表 4-22

工程所在地	路线（元/km）				有看桥房的独立大桥（元/座）	
	高速公路	一级公路	二级公路	三、四级公路	一般大桥	技术复杂大桥
内蒙古、黑龙江、青海、新疆、西藏	21500	15600	7800	4000	24000	60000
其他省、自治区、直辖市	17500	14600	5800	2900	19800	49000

注：改建工程按表列数的 80% 计。

第四节　工程建设其他费用

一、土地征用及拆迁补偿费

土地征用及拆迁补偿费系指按照《中华人民共和国土地管理法》《中华人民共和国土地管理法实施条例》《中华人民共和国基本农田保护条例》等法律、法规的规定，为进行公路建设需征用土地所支付的土地征用及拆迁补偿费等费用。

1. 费用内容

（1）土地补偿费

指被征用土地地上、地下附着物及青苗补偿费,征用城市郊区的菜地等缴纳的菜地开发建设基金,租用土地费,耕地占用税,用地图编制费及勘界费,征地管理费等。

（2）征用耕地安置补助费

指征用耕地需要安置农业人口的补助费。

（3）拆迁补偿费

指被征用或占用土地上的房屋及附属构筑物、城市公用设施等拆除、迁建补偿费及拆迁管理费等。

（4）复耕费

指临时占用的耕地、鱼塘等,待工程竣工后将其恢复到原有标准所发生的费用。

（5）耕地开垦费

指公路建设项目占用耕地的,应由建设项目法人（业主）负责补充耕地所发生的费用；没有条件开垦或者开垦的耕地不符合要求的,按规定缴纳的耕地开费。

（6）森林植被恢复费

指公路建设项目需要占用、征用或者临时占用林地的，经县级以上林业主管部门审核同意或批准，建设项目法人(业主)单位按照有关规定向县级以上林业主管部门预缴的森林植被恢复费。

2. 计算方法

(1)项目建议书投资估算阶段

土地征用费按《公路工程项目建设用地指标》(建标〔2011〕124号)中规定的数量乘以工程所在地的征地单价进行计算。

拆迁补偿费按附录五规定的费率，以第一部分建筑安装工程费总额为基数进行计算。

(2)工程可行性研究报告投资估算阶段

土地征用及拆迁补偿费按工程可行性研究报告编制的建设工程用地和临时用地面积及其附着物的情况，以及实际发生的费用项目，按国家有关规定及工程所在地的省(自治区、直辖市)人民政府颁发的有关规定和标准计算。

(3)概预算编制阶段

土地征用及拆迁补偿费应根据审批单位批准的建设工程用地和临时用地面积及其附着物的情况，以及实际发生的费用项目，按国家有关规定及工程所在地的省(自治区、直辖市)人民政府颁发的有关规定和标准计算。

森林植被恢复费应根据审批单位批准的建设工程占用林地的类型及面积，按国家有关规定及工程所在地的省(自治区、直辖市)人民政府颁发的有关规定和标准计算。

当与原有的电力电信设施、水利工程、铁路及铁路设施互相干扰时，应与有关部门联系，商定合理的解决方案和赔偿金额，也可由这些部门按规定编制费用以确定赔偿金额。

二、建设项目管理费

建设项目管理费包括建设单位(业主)管理费、工程监理费、设计文件审查费和竣(交)工验收试验检验费。

1. 建设单位(业主)管理费

建设单位(业主)管理费系指建设单位(业主)为建设项目的立项、筹建、建设、竣(交)工验收、总结等工作所发生的管理费用。不包括应计入设备、材料预算价格的建设单位采购及保管设备、材料所需的费用。

费用内容包括：工作人员的工资、工资性补贴、施工现场津贴、社会保障费用(基本养老、基本医疗、失业、工伤保险)、住房公积金、职工福利费、工会经费、劳动保护费；办公费、差旅交通费、固定资产使用费(包括办公及生活房屋折旧、维修或租赁费，车辆折旧、维修、使用或租赁费，通信设备购置、使用费，测量、试验设备仪器折旧、维修或租赁费，其他设备折旧、维修或租赁费等)、零星固定资产购置费、招募生产工人费；技术图书资料费、职工教育经费、工程招标费(不含招标文件及标底或造价控制值编制费)；合同契约公证费、法律顾问费、咨询费；建设单位的临时设施费、完工清理费、竣(交)工验收费(含其他行业或部门要求的竣工验收费用)、各种税费(包括房产税、车船使用税、印花税等)；建设项目审计费、境内外融资费用(不含建设期贷款利息)、业务招待费和其他管理费性开支。

由施工企业代建设单位(业主)办理"土地、青苗等补偿费"的工作人员所发生的费用，应在建设单位(业主)管理费项目中支付。当建设单位(业主)委托有资质的单位代理招标时,其代理费应在建设单位(业主)管理费中支出。

建设单位(业主)管理费以建筑安装工程费总额为基数,按表4-23的费率,以累进法计算。

建设单管理费费率表 表4-23

第一部分 建筑安装工程费(万元)	费率(%)	算例(万元)	
		建筑安装工程费	建设单位(业主)管理费
500 以下	3.48	500	500×3.48%=17.4
501~1000	2.73	1000	17.4+500×2.73%=31.05
1001~5000	2.18	5000	31.05+4000×2.18%=118.25
5001~10000	1.84	10000	118.25+5000×1.84%=210.25
10001~30000	1.52	30000	210.25+20000×1.52%=514.25
30001~50000	1.27	50000	514.25+20000×1.27%=768.25
50001~100000	0.94	100000	768.25+50000×0.94%=1238.25
100001~150000	0.76	150000	1238.25+50000×0.76%=1618.25
150001~200000	0.59	200000	1618.25+50000×0.59%=1913.25
200001~300000	0.43	300000	1913.25+100000×0.43%=2343.25
300000 以上	0.32	310000	2343.25+10000×0.32%=2375.25

水深>15m、跨度≥400m的斜拉桥和跨度≥800m的悬索桥等独立特大型桥梁工程的建设单位(业主)管理费按表4-23中的费率乘以1.0~1.2的系数计算;海上工程[指由于风浪影响,工程施工期(不包括封冻期)全年月平均工作日少于15天的工程]的建设单位(业主)管理费按表4-23中的费率乘以1.0~1.3的系数计算。

2. 工程监理费

工程监理费系指建设单位(业主)委托具有公路工程监理资格证书的单位,按施工监理办法进行全面的监督与管理所发生的费用。

费用内容包括:工作人员的基本工资、工资性津贴、社会保障费用(基本养老、基本医疗、失业、工伤保险)、住房公积金、职工福利费、工会经费、劳动保护费;办公费、会议费、差旅交通费、固定资产使用费(包括办公及生活房屋折旧、维修或租赁费,车辆折旧、维修、使用或租赁费,通信设备购置、使用费、测量、试验、检测设备仪器折旧、维修或租赁费,其他设备折旧、维修或租赁费等)、零星固定资产购置费、招募生产工人费;技术图书资料费、职工教育经费、投标费用;合同契约公证费、咨询费、业务招待费;财务费用、监理单位的临时设施费、各种税费和其他管理性开支。

工程监理费以建筑安装工程费总额为基数,按表4-24的费率计算。

工程监理费费率表 表4-24

工程类别	高速公路	一级及二级公路	三级及四级公路	桥梁及隧道
费率(%)	2.0	2.5	3.0	2.5

表4-23中的桥梁指水深>15m、斜拉桥和悬索桥等独立特大型桥梁工程;隧道指水下隧道工程。

建设单位(业主)管理费和工程监理费均为实施建设项目管理费用,执行时可根据建设单位(业主)和施工监理单位所实际承担的工作内容和工作量统筹使用。

3. 设计文件审查费

设计文件审查费系指国家和省级交通主管部门在项目审批前,为保证勘察设计工作的质量,组织有关专家或委托有资质的单位,对设计单位提交的建设项目可行性研究报告和勘察设计文件以及对设计变更、调整概算进行审查所需要的相关费用。

设计文件审查费以建筑安装工程费总额为基数,按0.1%计算。

4. 竣(交)工验收试验检测费

竣(交)工验收试验检测费系指在公路建设项目交工验收和竣工验收前,由建设单位(业主)或工程质量监督机构委托有资质的公路工程质量检测单位按照有关规定对建设项目的工程质量进行检测,并出具检测意见所需要的相关费用。

竣(交)工验收试验检测费按表4-25的规定计算。

竣(交)工验收试验检测费标准表　　　　　　　　　　　　　表4-25

项目	路线(元/公路公里)				独立大桥(元/座)	
	高速公路	一级公路	二级公路	三、四公路	一般大桥	技术复杂大桥
试验检测费	15000	12000	10000	5000	30000	100000

竣(交)工验收试验检测费,高速公路、一级公路按四车道计算,二级及以下等级公路按二车道计算,每增加一条车道,按表4-25的费用增加10%。

三、研究试验费

研究试验费系指为本建设项目提供或验证设计数据、资料进行必要的研究试验和按照设计规定在施工过程中必须进行试验所需的费用,以及支付科技果、先进技术的一次性技术转让费。不包括:

(1)应由科技三项费用(即新产品试制费、中间试验费和重要科学研究补助费)开支的项目。

(2)应由施工辅助费开支的施工企业对建筑材料、构件和建筑物进行一般鉴定、检查所发生的费用及技术革新研究试验费。

(3)应由勘察设计费或建筑安装工程费用中开支的项目。

计算方法:

(1)项目建议书投资估算的研究试验费可按附录五规定的费率,以第一部分建筑安装工程费总额为基数计算。

(2)工程可行性研究报告投资估算阶段和概、预算编制阶段的研究试验费按照设计提出的研究试验内容和要求进行编制,不需验证设计基础资料的不计本项费用。

四、建设项目前期工作费

建设项目前期工作费系指委托勘察设计、咨询单位对建设项目进行可行性研究、工程勘察设计,以及设计、监理、施工招标文件及招标标底或造价控制文件编制时,按规定应支付的费用。包括:

(1)编制项目建议书(或预可行性研究报告)、可行性研究报告、投资估算,以及相应的勘察、设计、专题研究等所需的费用。

(2)初步设计和施工图设计的勘察费(包括测量、水文调查、地质勘探等),设计费、概、预算及调整概算编制费等。

(3)设计、监理、施工招标文件及招标标底(或造价控制值或清单预算)文件编制费等。

计算方法:

(1)项目建议书投资估算前期工作费可按附录五规定的费率,以第一部分建筑安装工程费总额为基数计算。

(2)工程可行性研究报告投资估算和概、预算前期工作费依据委托合同计列,或按国家颁发的收费标准和有关规定进行编制。

五、专项评价(估)费

专项评价(估)费系指依据国家法律、法规规定须进行评价(评估)、咨询,按规定应支付的费用。包括环境影响评价费、水土保持评估费、地震安全性评价费、地质灾害危险性评价费、压覆重要矿床评估费、文物勘察费、通航认证费、行洪认证(评估)费、使用林地可行性研究报告编制费、用地预审报告编制费等费用。

计算方法:

(1)项目建议书投资估算的专项评价(估)费可按附录五规定的费率,以第一部分建筑安装工程费总额为基数计算。

(2)工程可行性研究报告投资估算和概、预算的专项评价(估)费依据委托合同计列,或按国家颁发的收费标准和有关规定进行编制。

六、施工机构迁移费

施工机构迁移费系指施工机构根据建设任务的需要,经有关部门决定成建制地(指工程处等)由原驻地迁移到另一地区所发生的一次性搬迁费用。不包括:

(1)应由施工企业自行负担的,在规定距离范围内调动施工力量以及内部平衡施工力量所发生的迁移费用。

(2)由于违反基建程序,盲目调迁队伍所发生的迁移费。

(3)因中标而引起施工机构迁移所发生的迁移费。

费用内容包括:职工及随同家属的差旅费,调迁期间的工资,施工机械、设备、工具、用具和周转性材料的搬运费。

计算方法:施工机构迁移费应经建设项目的主管部门同意按实计算。但计算施工机构迁移费后,如迁移地点即新工地地点(如独立大桥),则其他工程费内的工地转移费应不再计算;如施工机构迁移地点至新工地地点尚有部分距离,则工地转移费的距离,应以施工机构新地点为计算起点。

七、供电贴费(停止征收)

供电贴费系指按照国家规定,建设项目应交付的供电工程贴费、施工临时用电贴费。

计算方法:按国家有关规定计列。

八、联合试运转费

联合试运转费指新建、改(扩)建工程项目,在竣工验收前按照设计规定的工程质量标准,进行动(静)载荷载实验所需的费用,或进行整套设备带负荷联合试运转期间所需的全部费用抵扣试车期间收入的差额。不包括应由设备安装工程项下开支的调试费的费用。

费用内容包括:联合试动转期间所需的材料、油燃料和动力的消耗,机械和检测设备使用费,工具用具和低值易耗品费,参加联合试运转人员的工资及其他费用等。

联合试运转费以建筑安装工程费总额为基数,独立特大型桥梁按 0.075%、其他工程按 0.05% 计算。

九、生产人员培训费

生产人员培训费指新建、改(扩)建公路工程项目,为保证生产的正常运行,在工程竣工验收交付使用前对运营部门生产人员和管理人员进行培训所必需的费用。

费用内容包括:培训人员的工资、工资性补贴、职工福利费、差旅交通费、劳动保护费、培训及教学实习费等。

生产人员培训费按设计定员和 2000 元/人的标准计算。

十、固定资产投资方向调节税(暂停征收)

固定资产投资方向调节税系指为了贯彻国家产业政策,控制投资规模,引导投资方向,调整投资结构,加强重点建设,促进国民经济持续稳定协调发展,依照《中华人民共和国固定资产投资方向调节税暂行条例》规定,公路建设项目应缴纳的固定资产投资方向调节税。

十一、建设期贷款利息

建设期贷款利息系指建设项目中分年度使用国内贷款或国外贷款部分,在建设期间内应归还的贷款利息。费用内容包括各种金融机构贷款、企业集资、建设债券和外汇贷款等利息。

计算方法:根据不同的资金来源按需付息的分年度投资计算。

计算公式如下:

建设期贷款利息 = Σ(上年末付息贷款本息累计 + 本年度付息贷款额 ÷ 2) × 年利率

即:

$$S = \sum_{n=1}^{N} \left(F_{n-1} + \frac{b_n}{2} \right) \times i$$

式中:S——建设期贷款利息;

N——项目建设期(年);

n——施工年度;

F_{n-1}——建设期第 $n-1$ 年末需付息贷款本息累计;

b_n——建设期第 n 年度付息贷款额;

i——建设期贷款年利率。

第五节 预 备 费

预备费由价差预备费及基本预备费两部分组成。在公路工程建设期限内,凡需动用预备费时,属于公路交通部门投资的项目,需经建设单位提出,按建设项目隶属关系,报交通运输部或交通运输厅(局)基建主管部门核定批准。属于其他部门投资的建设项目,按其隶属关系报有关部门核定批准。

一、价差预备费

价差预备费系指设计文件编制年至工程竣工年期间,第一部分费用的人工费、材料费、机械使用费、其他工程费、间接费等以及第二、三部分费用由于政策、价格变化可能发生上浮而预留的费用及外资贷款汇率变动部分的费用。

(1)计算方法:价差预备费以概、预算或修正概算第一部分建筑安装工程费总额为基数,按设计文件编制年始至建设项目工程竣工年终的年数和年工程造价增长率计算。计算公式如下:

$$价差预备费 = P \times [(1+i)^{n-1} - 1]$$

式中:P——建筑安装工程费总额;
 i——年工程造价增长率(%);
 n——设计文件编制年至建设项目开工年 + 建设项目建设期限。

(2)年工程造价增长率按有关部门公布的工程投资价格指数计算,或由设计单位会同建设单位根据该工程人工费、材料费、施工机械使用费、其他工程费、间接费以及第二、三部分费用可能发生的上浮因素,以第一部分建筑安装工程费为基数进行综合分析预测。

(3)项目建议书和可行性研究报告编制至工程完工或者设计文件编制至工程完工在一年以内的工程,不列此项费用。

二、基本预备费

基本预备费系指经初步设计和概算中难以预料的工程和费用,其用途如下:

(1)进行技术设计、施工图设计和施工过程中,在批准的初步设计和概算范围内所增加的工程费用。

(2)在设备订货时,由于规格、型号改变的价差,材料货源变更、运输距离或方式的改变以及因规格不同而代换使用等原因发生的价差。

(3)由于一般自然灾害所造成的损失和预防自然灾害所采取的措施费用。

(4)在项目主管部门组织竣(交)工验收时,验收委员会(或小组)为鉴定工程质量必须开挖和修复隐蔽工程的费用。

(5)投保的工程根据工程特点和保险合同发生的工程保险费用。

计算方法:以第一、二、三部分费用之和(扣除固定资产投资方向调节税和建设期贷款利息两项费用)为基数按下列费率计算:项目建议书投资估算按费率11%计列;可行性研究报告投资估算按费率9%计列;设计概算按5%计列;修正概算按4%计列;施工图预算按3%计列。

采用施工图预算加系数包干承包的工程,包干系数为施工图预算中直接费与间接费之和的3%。施工图预算包干费用由施工单位包干使用。

该包干费用的内容为:

(1)在施工过程中,设计单位对分部分项工程修改设计而增加的费用。但不包括因水文地质条件变化造成的基础变更、结构变更、标准提高、工程规模改变而增加的费用。

(2)预算审定后,施工单位负责采购的材料由于货源变更、运输距离或方式的改变以及规格不同而代换使用等原因发生的价差。

(3)由于一般自然灾害所造成的损失和预防自然灾害所采取的措施费用(例如一般防台风、防洪的费用)等。

第六节 回 收 金 额

概、预算定额所列材料一般不计回收,只对按全部材料计价的一些临时工程项目和由于工程规模或工期限制达不到规定周转次数的拱盔、支架及施工金属设备的材料计算回收金额。回收率如表4-26所示。

回 收 率 表　　　　　　　　　　　　表4-26

回收项目	使用年限成周转次数				计算基数
	一年或一次	二年或二次	三年或三次	四年或四次	
临时电力、电信线路	50%	30%	10%	—	材料原价
拱盔、支架	60%	45%	30%	15%	
施工金属设备	65%	65%	50%	30%	

注:施工金属设备指钢壳沉井、钢护筒等。

第七节 施工组织与造价的关系

一、施工组织设计与造价的编制

施工组织设计和造价是相互依存、相互影响的。也就是说,造价文件的编制过程也是施工组织和安排的过程。施工组织方案、施工组织计划、施工组织设计影响着工程造价文件的编制,反过来,工程造价又制约着施工组织和安排,两者相辅相成。

工程造价费用中与施工组织设计关系最大的是建筑安装工程费,而建筑安装工程费又是由直接费、间接费、利润和税金组成。就费用的计算过程来看,直接费的高低基本决定了建筑安装工程费的高低,只要降低了建筑安装工程的直接费,就能降低整个工程费用。

施工组织设计对工程造价的影响是多方面的,但主要是对直接工程费的影响。现就影响最大的主要因素进行分析。

1. 施工现场平面布置对预算的影响

施工现场平面布置是施工组织设计在空间上的综合描述,是施工组织设计的重要组成部分之一。它是在基础资料调查的基础上,结合建设工程的实际情况,按照一定的布置原则和方法,对建筑工程在施工过程中的材料供应和运输路线、供电、供水、临时工程、工地仓库、生活设施、管理机械设施、服务区、加油站、道班房、预制厂、拌和场以及大型机械设备工作面的布置和安排。平面布置的确定,也就决定了造价中相应的直接工程费,如场内运输的价格、临时工程的费用以及租用土地费、平整场地费用等。在施工组织设计中应考虑技术上的可行性和经济上的合理性,规划平面布置一般应遵循以下原则:

(1)凡是永久性占用土地或临时性租用土地的工程,应结合地形、地貌,在满足施工的前提下,尽可能选择利用荒山、荒地及场地平整工程量小的地点,并尽量少占农田。

(2)合理确定工地仓库和自采材料堆放点。预制厂、拌和站的选择,应避免材料的二次倒运和减短材料的场内运距。

(3)施工平面布置应与施工进度、施工方法等相适应,同时应注重保护生态环境和安全生产。

(4)材料在公路工程建设中占的比重很大,因此,合理选择材料、确定经济运距和运输方案是控制预算造价的重要手段。

2. 施工工期对造价的影响

在质量一定的条件下,费用与工期的关系可用图4-3表示,可见任何一个建筑产品,都有一定的合理生产周期。合理地确定施工工期,对工程质量和预算造价都会产生极大的影响。在施工组织设计中应按合理的工期进行劳动力安排、材料的供应和机械设备的配置。

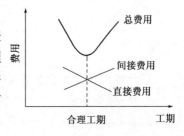

图4-3 费用与工期的关系

3. 施工方法的选择对造价的影响

在公路工程设计和施工中,施工方法的选择是至关重要的,必须依据工程条件和经济合理的原则进行多方面的比较。随着施工工艺、施工技术的不断发展和更新,完成一个项目其施工方法是多种多样的,而每种方法又有其自身的特点和不足,这就要求设计人员根据工程的条件,选择既经济又适用的施工方案。

(1)路基施工方法的选择

路基工程中,土石方施工的工程量是施工组织设计中控制预算造价的主要因素,施工方法的选择,对土石方施工中的工日消耗、机械台班消耗有很大的影响。目前,公路路基工程施工中,为了满足施工质量,高等级公路一般都采用机械化施工,低等级公路一般采用人工、机械组合进行施工。如采用机械化施工,其施工方法的选择其实就是施工机械的选择,应根据施工的作业种类及运输距离合理选择机械。

(2)路面施工方法的选择

路面基层施工方法主要分路拌和厂拌,面层施工主要有热拌、冷拌、贯入、厂拌等方法。各种施工方法的工程成本消耗各不相同,应结合公路等级要求、路面工程规模和工期要求进行综合分析确定施工方法。

(3)构造物施工方法的选择

在公路建设工程中,通常将除路基土石方和路面工程以外的桥梁、涵洞、防护等各项工程,统称为构造物。由于其种类多,结构各异,又各有不同的技术经济特征和施工工艺要求,所以其施工方法也各不相同。进行施工组织设计时,则应尽可能按流水作业的原则安排施工进度计划,另外,在混凝土构件的预制与安装工作中,也存在类似情况。因此在编制施工组织设计时,充分重视这些因素是有效控制工程造价的一个关键环节。

4. 运输组织计划对预算的影响

运输组织计划是施工组织设计中的一个重要内容,它不仅直接影响施工进度,而且在很大程度上也影响了工程造价,为了确保施工进度计划的执行,并力求最大限度地降低工程造价,一般要求运输组织计划应达到下列要求:

(1)运距最短,运输量最小。
(2)减少运转次数,力求直达工地。
(3)装卸迅速和运转方便。
(4)尽量利用原有交通条件,减少临时运输设施的投资。
(5)充分发挥运输工具的载运条件。

习题

1. 简述概预算的费用计算程序。
2. 概、预算编制中的十三项工程类别有哪些?
3. 其他工程费包含哪些费用?
4. 概、预算中为何设置预备费?
5. 建设期贷款利息如何计算?

第五章
道路工程施工组织设计

第一节 施工组织设计分类与组成

施工组织设计是施工方案、施工组织计划及施工组织设计等施工组织文件的统称。施工组织设计,简单地说,就是根据国家对拟建工程的要求,施工图纸及编制施工组织设计的基本原则,对工程施工全过程进行规划和部署,提出科学合理的施工方案和组织措施,并对施工顺序、进度计划、资源供应、现场布置等做出科学合理和切合实际的计划和安排,以指导现场施工。

一、施工组织设计的任务

道路施工要优质高效地达到设计目标,必须有科学的施工组织,以期合理地解决好一系列施工中可能出现的问题。其任务是:

(1)确定开工前必须完成的各项准备工作。

(2)计算工程数量、合理部署施工力量、确定劳动力、机械台班、计算各种材料、构件等物资的需要量和供应方案。

(3)确定施工方案,选择施工机具。

(4)安排施工顺序,编制施工进度计划。

(5)确定工地上的设备、材料、仓库、办公室、预制场地等平面布置。

(6)制定确保工程质量及安全生产的有效措施。

通常,道路施工的总方案是多种多样的,施工组织设计应从中选出适合本工程特点和工期要求、劳力数量、机械装备能力、施工技术水平、材料供应及构件生产和运输能力、地质、气候、自然条件等与当地条件相适应的最理想的合理方案。

把上述各项问题加以综合考虑,并做出合理的决定,形成指导施工生产的技术经济文件——施工组织设计。它既是施工准备工作的重要组成部分,又是指导施工准备工作、全面部署施工生产活动、控制施工进度、进行劳力和机械调配以及编制工程概预算的基本依据。

二、施工组织文件的分类

施工组织文件按其在生产中所起的作用不同分为两大类:一类是属于设计文件的组成部分,其中按设计阶段的不同,可分为一阶段设计或两阶段设计中初步设计阶段的"施工方案"和施工图设计阶段的"施工组织计划";另一类是属于指导施工的技术经济文件,即施工组织设计或称施工设计。它又可分为"施工组织总设计"和"单位(或分部分项)工程施工组织设计"。

施工方案和施工组织计划主要由勘察设计单位负责编制,并编入设计文件按规定上报审批。施工组织设计则完全由施工单位根据批准的施工图设计中的施工组织计划,结合具体条件进行编制,并报请上级领导部门审批或备案。当有监理进行项目管理时,施工单位的施工组织计划(有时概略做成施工大纲)应事先经监理审批。

三、施工组织文件的组成

1. 两阶段设计的施工组织文件

1)初步设计阶段,编制施工方案

(1)施工方案说明

①编制概况。

②施工力量安排和施工机具的组织、施工期限和施工方法。

③主要工程、控制工期的工程及特殊地区工程的施工措施。

④劳动力来源,主要材料、机具的供应、临时工程的安排。

⑤施工图阶段应解决的问题与注意事项。

(2)施工方案图表

①工程进度概略进度图(图5-1)。

②人工、主要材料及机具安排表(表5-1)。

人工、主要材料及机具安排表(示例)　　　　　　　　　　表5-1

×××公路　　×××段　　　　　　　　　　第　页 共　页

序号	名称	说明	单位	数量	年需要量						备注
					年			年			
					上半年	下半年	小计	上半年	下半年	小计	

编制:　　　　　　　　　　　　　　　　　复核:

序号	工程项目	单位	工程数量	累计完成工程数量	剩余工程数量	2004年 5月 上旬	中旬	下旬	6月 上旬	中旬	下旬	7月 上旬	中旬	下旬	8月 上旬	中旬	下旬	9月 上旬	中旬	下旬
1	钻孔灌注桩	根	24	24																
2	钢筋混凝土承台	座	4	4																
3	桥墩墩柱	个	8	8																
4	桥墩盖梁	个	4	4																
5	桥台肋板台身	个	8	8																
6	桥台台帽	个	4		4			—	—											
7	空心板预制	片	66		66			—	—	—	—									
8	空心板吊装	片	66		66							—								
9	铰缝	m³	46.44		46.44								—							
10	桥面铺装及桥面系	m²	1296		1296									—						
11	桥台搭板	个	4		4											—				
12	桥梁附属工程	项	1		1												—	—	—	

图 5-1 工程概略进度图

2)施工图设计阶段,编制"施工组织计划"

(1)施工组织计划说明与施工方案的说明相同,但须更细、更具体。例如,对施工准备工作中的拆迁、占地、架设临时电信设备等提出更具体的方案。

(2)施工组织计划主要图表:

①工程进度图。通常采用垂直图或有条件时采用网络图,进度图应包括劳动力计划安排。

②主要材料计划表。填写详细规格及数量。

③主要施工机具表。

④临时工程表。包括通往工地便道、车站码头、料场、仓库的便道、便桥以及生活和生产用的临时房屋等。

⑤重点工程施工场地布置图。绘出仓库、工棚、便桥、运输路线、构件预制场地、材料堆放场地等工程和生活设施的位置等。

⑥大桥、隧道等重要单位工程进度图。

2. 施工阶段的施工组织设计

施工组织设计编制的内容和深度取决于所建工程的规模和复杂程度。通常应包括以下四个部分:

(1)进度规划。

(2)采用的施工方法或主要技术措施。

(3)总平面设计。

(4)施工准备工作。

施工组织设计的显著特点是:现实、具体、实施性强。它一般都是按施工定额编制,由施工组织总设计和单位或分部、分项工程施工组织设计组成。施工组织总设计是对整个建设项目的总安排、总设计。其主要内容与施工图设计中施工组织计划的内容相似,但更深入、具体和细致。一般应在"施工组织计划"的基础上根据需要增加以下内容:

(1)实施性的开工前准备工作。
(2)材料供应和运输组织计划图表。
(3)附属企业及自办料场的施工组织设计。
(4)供水、供电、供热计划图表。
(5)技术组织措施计划。
(6)质量、安全、文明施工管理条例和制度。

第二节　施工组织调查

为编制设计阶段的施工组织文件所进行的施工组织调查活动是在勘察设计阶段进行的;为编制施工阶段的施工组织文件所进行的施工组织调查活动是在开工前的施工准备阶段完成的。前者为勘察和调研,后者为复查和补充。调查工作一般分现场勘察和搜集资料两项内容。

所谓勘察就是对施工现场进行地形地貌测绘勘察,了解影响施工的各种因素。资料搜集包括以下各项内容:

(1)有关工程的会议纪要,技术标准,合同文件等。
(2)施工单位的施工组织方式,施工能力(如工程业绩和可投入的人力、机械、设备及其他施工手段)。
(3)气象和水文地质资料。
(4)施工现场可利用的场地、房屋、料场、劳动力等情况。
(5)运输条件和供水、供电、通信情况。
(6)生活供应和医疗条件。

表5-2～表5-8是有关气候资料和调查表的一些例子,在调查中应尽可能采用一些规范化的表格进行记录,以便管理和日后计算机操作(存档、检索、增补)。

通过上述实地勘察和资料搜索,即可对施工总体布置做到心中有数,并可根据实际情况进行施工过程的空间组织和时间组织。

全国部分城市气象参考资料(示例)　　　　　　　　表5-2

城市名称	温度(℃)				最大风速(m/s)	日最大降雨量(mm)	最大冻土深度(cm)	记录年代
	月平均		极端					
	最冷	最热	最高	最低				

各地区全年参考资料(示例)　　　　　　　　表5-3

地区	雨季起止日期	月数	地区	雨季起止日期	月数

全年冬天天数参考资料(示例)　　　　　　　　　　　　　　　　　表5-4

分区	平均温度(℃)	天数
第一区		

全年有效作业日参考资料(示例)　　　　　　　　　　　　　　　　表5-5

地区	全年		季度							
			一		二		三		四	
	土建	安装	土建	安装	土建	安装	土建	安装	土建	安装
长江以南	280	300	65	70	73	75	73	80	69	75

可参加施工运输情况表(示例)　　　　　　　　　　　　　　　　　表5-6

车辆种类	出车单位	运价	附注
东风卡车	×××运输队	2.12	市场价格

沿线可利用房屋调查表(示例)　　　　　　　　　　　　　　　　　表5-7

桩号	距路线		所属乡名称	村名、人名	可利用房屋		租金(元/月)	备注
	左	右			间数	面积		
K3+200	50		××乡	××村	3	80	200	

筑路材料调查(示例)　　　　　　　　　　　　　　　　　　　　　表5-8

材料名称	规格	单位	单价	供应起点	可供应量	运输情况	备注
碎石	50~80	t	150元	某地	300t	代运	

第三节　施工方案

施工方案的选择是施工组织设计中重要的环节之一,也是决定整个工程全局的关键。在拟定施工方案时,应着重研究以下几个内容:

(1)确定施工过程的施工顺序。
(2)确定主要施工过程的方法并选择适用的施工机具。
(3)确定整个建设项目的总体布置,包括指挥系统、施工力量布局、关键项目的控制工期等。

对任何道路工程建设项目来说,其施工方案不可能是唯一的,这样就需以技术可行、质量可靠、经济节约的原则来进行综合评价,选出最优的施工方案。

一、施工顺序的确定

按照工程施工工期的要求,根据道路工程的设计图纸、结合工程的施工组织条件(如自然条件、劳力、材料、机械和工艺等),选择合理的施工顺序是确定施工方案和编制工程施工进度计划首要考虑的问题。特别是公路工程施工,点多线长、结构各异、自然条件复杂,所以合理确定建设项目中各单位工程或关键项目的施工顺序,将具有极为重要的意义。

道路工程的主导工程结构可以分为路线工程、桥梁工程、隧道工程、路基工程、路面工程等,他们各自的施工顺序有所不同:路线工程一般为平面分段并进,先挖方后填方,先土基后路

面;桥梁工程则是先下部后上部、先主体后附属;水中工程以汛期控制优先考虑。通常施工顺序应按以下原则来确定:

(1)必须符合工艺要求。
(2)应与投入的施工机具相适应。
(3)必须保证施工质量要求。
(4)应充分考虑水文、地质、气象等因素对施工的影响。
(5)必须优先考虑影响全局的关键工程的工期要求,并以此安排各工序的施工顺序,必要时应集中力量攻克关键工程。例如路线工程中的桥隧或深堑,若不完成将导致其他工程不能施工。
(6)必须符合合理组织施工过程的基本原则。即符合施工过程的连续性、协调性、均匀性和经济性的原则。
(7)必须考虑安全生产的要求。

二、施工方法的选择

选择施工方法主要是针对工程的主导施工过程而言。例如,江中的桥梁墩基和拱圈施工等,为保证主导施工过程的顺利完成,在拟定施工方法时,应明确指出该施工项目的质量标准及确保质量与安全的措施。凡采用新工艺、新技术和影响质量的关键操作,在施工方案中均应详细说明施工方法和施工措施,必要时单独编制施工作业设计。

施工方法的选择取决于工程特点、工期要求、施工条件等因素,不同类型工程的施工方法有很大差异,即使对同一工程,其施工作业方式也有许多种可供选择的方案。例如沥青表面处治路面施工,可采用层铺法和搅拌法两种;开挖基坑可分为人工开挖和机械开挖,路基石方可采用打眼炸和抛坍定向爆破;T形梁安装可采用木扒杆、单导梁、跨墩门架、架桥机等多种方法;大型钢筋混凝土拱桥可采用就地浇筑、悬吊施工、整体吊装等。究竟采用何种方法,必须根据当时当地的施工条件和工期等因素而定。

三、施工方案的技术经济分析

同工程项目实施的评价一样,施工方案也可以通过前面介绍的经济评价方法来分析,并选择经济指标最优的方案作为实施方案。通常,施工方案的技术经济分析可分定性分析和定量分析两种方法。

(1)定性分析评价

即对拟定的若干施工方案,根据以往的施工经验,进行一般性的优缺点分析比较。比较内容有以下几点:

①施工操作上的难易程度和安全可靠性。
②为后续工序能否创造有利的施工条件。
③现有施工机械和设备利用程度及新增施工机械设备是否可能取得。
④对冬季、雨季施工带来的困难程度。
⑤对施工质量和安全生产的保证程度。
⑥能否为现场文明施工创造有利条件。

(2)定量分析评价

定量分析是计算出各施工方案的工期、成本费用、利润增加额、劳动力及材料消耗等,进行多指标评价,以此进行施工方案的综合分析比较。

①工期指标。按期完工是一个方案成立的基本条件。当工程对工期要求严,并希望尽可能缩短工期时,比较方案的工期指标应放在首要位置考虑。

②单位工程量造价。对各施工方案按一定的编制要求核算出工程的实际造价(包括人工、材料、机械和施工管理等费用),以货币计算出单位工程量的平均造价进行比较。

$$单位工程量造价 = \frac{工程施工实体总造价}{总工程实体量}$$

单位工程量可根据具体工程类型,采用每立方米实体、每平方米、每延米或每公里。

③成本降低率。计算各方案的计划成本后即可求得各方案的成本降低额 = 预算成本 − 方案计划成本,然后求得:

$$成本降低率 = \frac{成本降低额}{预算成本} \times 100\%$$

④单位工程劳动消耗量。这是一个反映施工机械化程度和劳动生产率水平的指标。

$$单位工程量劳动消耗量 = \frac{完成该工程的全部劳动工日}{总工程数量}$$

⑤主要材料消耗指标。以各施工方案计划的主要材料(钢材、木材、水泥为主)消耗量进行比较。对于不同的施工方案进行比较时,往往会出现某一方案某几项指标较优而另几项指标不如其他方案的情况。这时应考虑结合工程特点,对各指标的重要性给出一个权值,然后综合分析比较,例如,有一些政府重大工程中工期往往成为一个主要指标,因为这涉及政府宏观规划和社会政治影响的问题;对边施工边要求通车的改扩建工程,安全生产并保证正常交通秩序就显得格外重要。当然,在一般情况下,还是以经济为基本评价指标。

第四节 施工进度计划编制

一、施工进度计划的作用和分类

施工进度计划是施工组织设计的重要组成部分,是整个施工过程进行部署和安排的一个指导性文件。通过施工进度计划的编制,应解决以下施工问题:

(1)确定各主要单位工程、分部分项工程的施工范围、施工顺序、相互之间的衔接要求和协作配合关系、施工需要的延续时间。

(2)确定完成任务所需的劳动工种和劳动力数量以及各种机械和物质材料的总需求量、最高峰需求量和分阶段需求量。

编制施工进度计划的依据是:

①工程施工图纸及有关水文、地质、气象和其他技术经济资料。

②合同文件、合同规定的开工和竣工日期。

③确定的施工部署要求和施工方案。

④劳动定额、机械使用定额及有关标准规程和企业施工定额等。

⑤劳动力、机械、材料、半成品构件的供应情况和现场通达的运输条件。

施工组织设计中的施工进度计划,随工程项目规模、工期、技术的复杂程度、分包单位的多少而有不同的表达形式。具体类型参见表5-9。

施工进度计划类型　　　　　　　表5-9

进度计划类型	性质	内容	时间单位	编制者	实例
总进度计划	工程项目的总进度	整个工程项目的建筑工程	年、月、旬	指挥部、总包单位、设计院	某条路线或独立大桥
单位工程进度计划	单位工程的施工进度	单位工程的建筑工程	月、旬、日	承包人、施工队	路线中大、中桥
专业工程进度计划	单位工程中的专业全过程施工进度	单位工程中的专业工程施工	月、旬、日	专业承包人、施工队	沥青混凝土、路面摊铺

对于技术复杂、工期长,分包单位多的工程,有时还需编制分部分项工程。但对一般工程,重点是编制总体进度计划和单位工程进度计划。

二、施工进度图的形式

施工进度图通常以图表表示。其主要形式有横道图、垂直图、形象图和网络图等多种。

1. 横道图

横道图又称横线式进度图,是各种施工中应用最多的一种进度图式。这种图由两大部分组成:左面部分是以分部分项工程为主要内容的表格,右面是指示图表,以横线的长度表示工序延时长度,下方还有一个劳动力分布图,如图5-2所示。实际应用时,也常画成如图5-1所示那样更简单的形式。

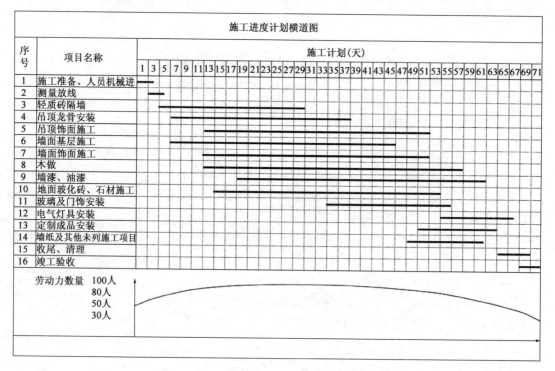

图 5-2　工程施工进度图

横道图制作简单,表达清晰直观,容易理解,因此是工程人员最喜爱的进度图式,即使在网络分析的计算机软件中,也都把横道图作为一种基本的进度计划图。横道图的不足是:各分项工程的相关关系不明确,图的表达能力有限,需较多文字说明来补充说明施工地点和工程量实际分布情况等。

2. 垂直图

垂直图改变了横道图一维的表达方式,将时间坐标改用竖向布置,而水平方向作为工程位置坐标,即道路中的里程桩号,因此,垂直图主要适用于线性工程,如道路、桥梁、隧道、铁路等。它的优点是能够反映工期和工程位置的关系。

图 5-3 桥梁施工的例子,展示了施工准备、基础、墩台、梁板预制、梁体安装、桥面系施工等施工过程。每项工序用一根斜线表示,各施工过程对应斜线在图标左侧有说明,下部边线表示施工开始时间,上部边线表示完成时间,因垂直图中工序的作业时间常用一条斜线表示,因此也称斜线式施工进度表(图)。

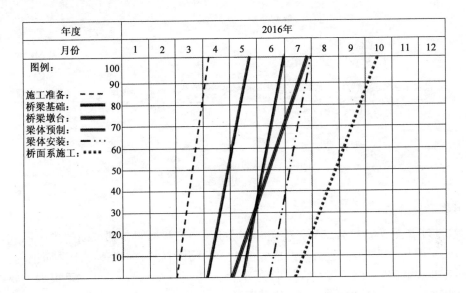

图 5-3　斜线式施工进度表

3. 网络图

对较大较复杂的工程,要求管理既高效又经济,并要求有效地分配机械、劳力和材料。用前述线条式图表或形象图表管理,就难以满足要求。近年来随着计算机的普及,采用网络式施工进度图的方法日趋增多。图 5-4 是一个混凝土浇筑过程的网络图的示例。

网络图的优点是:

(1)作业的顺序、因果关系明确,在施工计划阶段就能对工程施工的顺序进行探讨,能使施工者了解其全部过程。

(2)关键工序一目了然,便于进行重点管理。

(3)工序顺序清楚,所以在施工负责人之间能够传达有关细节的具体情况。

(4)在施工过程中,因气候变化等原因,不得不改变原计划时,能够快速做出处理。

(5)通过计算机,在短期内完成复杂工程的施工进度计划编制。

当然,网络图也有缺点。如果组成网络的各工序的定额不确实,则整个网络计划精度就降低;与横道图相比,它的编制需要更多的费用和更多的资料。

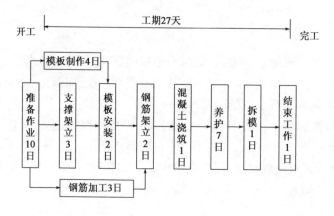

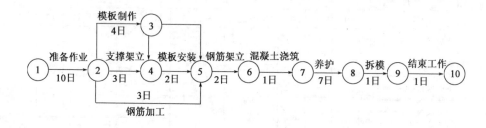

图 5-4 网络进度

4. 形象进度图

形象进度图(图 5-5)顾名思义是将工程形象地绘出,并标明各部工期的进度图式。工程形象可以绘成立体透视样式,也可以绘成侧面投影的简图样式,前者适用于平面工程,后者适应于线性工程,由于进度图中有工程的形象图,因此特别直观易懂,另外还可根据需要将图中起控制作用的机械调配计划一起绘出,增加图的信息量。形象进度图的缺点是因缺乏时间坐标,每道工序(班组)时间的连续情况不能一目了然,需细读图中的日期分析后才能了解。

图 5-5 是一大桥施工过程中的形象进度图。从图中可以清晰地看出桩基的完成情况和本月的施工进度计划。

一般说,网络图比较适宜于中大型复杂工程的施工进度计划编制。采用网络图多花的费用,可因使用网络图获得更好的计划而得到补偿。

5. 综合施工进度图

为了便于管理,施工中常将进度管理、工程量分布、劳力需求以及工地平面位置概况等同时用一张进度图表示,这就形成了综合施工进度图,道路工程中以垂直图作为进度控制的综合图最多。

三、施工进度计划中其他图表的编制

编制施工进度计划,需要对有关信息做条理化、系统化处理。为此,可采用表格的方式进

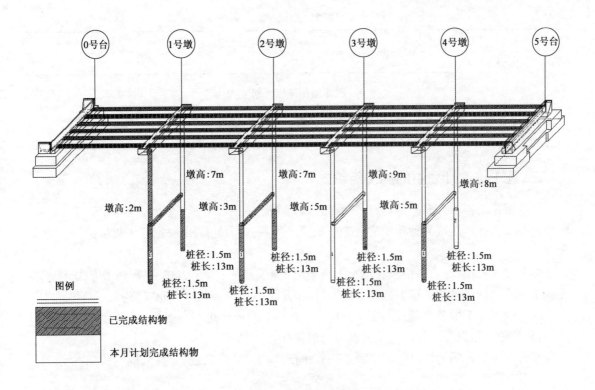

图5-5 形象进度图

行分类整理。表5-10~表5-14是根据已确定的工程进度计划,编制的劳动力需求量计划、主要材料计划、主要施工机械设备计划、临时工程表和技术组织措施计划等表格。它们可与施工进度图一起并入施工组织文件。

劳动力需要量计划 表5-10

项目	工种名称	人数	月份											
			1	2	3	4	5	6	7	8	9	10	11	12

主要材料计划表 表5-11

序号	材料名称及规格	单位	数量	来源	运输方式	月份需要量							
						1	2	3	4	5	6	7	8	…

主要施工机械设备计划 表5-12

序号	机具名称及规格	数量		使用期限		月份需要量			
		台(班)	台(辆)	开始日期	完成日期	台(班)	台(辆)	台(班)	台(辆)

95

临 时 工 程 表　　　　　　　　表 5-13

序号	设置地点或桩号	工程名称	说明	单位	数量

技术组织措施计划　　　　　　　　表 5-14

措施名称及内容摘要	经济效果(元)	计划依据	负责人	完成日期

四、施工进度计划中的施工组织方式

一个道路工程由许多分部、分项工程组成,每个分部分项工程又划分为若干施工工序。如何组织和安排施工队按某种预测的各工序的顺序关系进行施工,是决定施工进度的一个重要因素。

施工进度安排,通常采用三种基本方式来组织施工:顺序施工方式、平行施工方式、流水作业施工方式。任何复杂工程的施工进度安排,都是由这三种方式组合而成的。

所谓顺序施工即各个施工项目(工序)一个一个的依次进行,做完一个再做后一个。显然,这样的施工组织方式使同时投入的劳力最少,但工期最长。

平行施工即相同的各个施工项目(工序)同时开工,平行推进。这样,同时投入的劳动力多,但工期最短。

流水作业施工是将拟建工程划分成若干个大致相等的施工段(单元),担任不同施工项目(工序)的施工队按一定时间间隔依次投入施工,各专业施工队按一定顺序,连续在不同的空间(施工段)完成同一施工项目(工序)的组织施工的方法,这样组织施工具有以下优点:

(1)施工队组专业化施工,可以提高施工效率和施工质量。

(2)能充分合理地利用工作面,连续均衡的进行施工,避免施工中人员、资源、机械过分集中或缩减,这有利于充分利用机械设备和合理安排劳动力,由此可节约工程费用。

(3)各施工工序搭接紧凑,有利于缩短工期,为提前完成施工任务创造了条件。

隧道施工中下部导坑、上部导坑、压浆等8项工程项目就是采用了流水作业方法。每隔10天,在前一个工序已做完一段导坑之后,后一工序即开工紧紧跟上。这是一个综合施工进度计划中流水作业施工的例子。在网络计划技术中,还将进一步介绍采用流水作业缩短工期的方法。

第五节　施工平面图设计

施工平面图设计是施工组织设计的主要组成部分。它主要用以正确处理施工现场在施工全过程中所需各项措施和永久性建筑之间的空间关系;按施工方案、施工进度的要求对施工用交通道路、材料仓库、附属生产企业、临时房屋建筑、临时水、电管线等做出合理规划。它是指导现场文明施工极为重要的依据、施工平面图通常分为施工总平面图和单位工程施工平面图(或称重点工程施工平面图),前者一般采用1:2000和1:10000比例,后者采用1:500和1:1000

比例。

一、施工平面图规划设计原则

（1）保证施工顺利进行。包括：所有临时建筑和运输线路的布置必须以便于生产服务为前提，并不得妨碍地面和地下建筑物的施工；场地布置应与施工进度、施工方式、机械使用等相适应；应考虑洪水、狂风等自然因素影响。

（2）保证施工高效节约。包括：最大限度地缩短场内运输距离；尽量减少或避免二次搬运；方便场内外的联系；笨重大型预制构件场堆与加工场尽量设置在使用点附近等，以降低运输费用、减少材料损耗。

（3）要满足劳动保护、安全生产和防火防洪的要求。

（4）施工管理机构的位置必须有利于对全场的指挥管理，生活设施要有利于工人的休息和文化生活。

（5）场地准备工作应力求投资最经济和占地最少。

二、施工平面图规划设计所需资料

（1）设计资料，包括工程内容和范围、工程量和各种材料用量、桥位或道路地形地物平面图，对于城市道路桥梁应有现场地下管线资料。

（2）建设地区资料，包括自然条件调查资料，如气象、气温、地形、水文及工程地质资料等；技术经济条件调查资料，如交通运输、水源电源、物质资源、生产和生活基础状况等。

（3）工程项目的施工方案、施工进度计划、各施工阶段工程量，根据方案确定的施工机械种类和数量等。

（4）各种主要材料、半成品、预制构件加工生产计划、需要量计划等。

三、施工平面图规划设计内容

（1）工程项目的建筑范围和尺寸（包括路基工程取土和弃土地点范围），要按比例如实绘制在平面图上。

（2）施工现场及周围地形、地物（等高线、测量放线标桩位置、桥位桩、山川河流位置、周围的建筑与道路等）。

（3）施工现场道路运输规划布置和尺寸（包括桥梁工地临时便桥、轨道运输等），出入口及与场外公路、铁路、航运的联系情况。

（4）各种生产性施工设施位置、尺寸、面积等，如构件预制场、各种材料加工站点、机械停放站和机库、材料堆放场位置及材料库等。

（5）各种生产、行政管理、生活及文化卫生福利用房面积及位置。

（6）水源、电源、变压器位置、临时供电及动力设施位置；各种安全、防火防洪设施。

（7）永久性及半永久性施工坐标点、高程控制点的位置。

四、施工平面图临时设施面积的确定方法

1. 材料和半成品堆放面积

材料和半成品堆放面积可按材料储备天数计算存放面积：

$$F_1 = \frac{QKN}{TMa} \tag{5-1}$$

式中：F_1——仓库、棚、露天堆放所需面积(m^2)；

Q——年度材料最大需要量；

K、N、M、a——材料储备不均匀系数、储备天数、每平方米储备定额和储料面积存放系数(表5-15列出部分示例)；

T——全年日历为365，当总工期不满一年时 T 为施工总工期。

按材料储备天数计算面积参数(部分示例)　　　　表5-15

材料名称	单位	N	K	M	a	仓库类型
水泥	t	40~50	1.2~1.4	2	0.65	仓库
油漆材料	t	30~40	1.2	0.6~0.8	0.6	仓库
汽、柴油	t	30	1.2	0.6	0.6	仓库
石灰	t	30~35	1.2~1.4	1.5	0.7	棚
钢筋	t	60~70	1.2~1.4	0.6	0.6	棚
砂	m^3	25~35	1.2~1.4	1.2	0.7	露天
石子	m^3	25~35	1.2~1.4	1.2	0.7	露天
块石	m^3	25~35	1.5~1.7	0.8	0.7	露天
木材	m^3	70~80	1.2~1.4	1.4	0.45	露天
圆木	m^3	45	1.2~1.4	0.9~1.1	0.4	露天
预制钢筋混凝土板	m^3	30~60	1.2~1.3	0.3~0.4	0.4	露天

2. 预制构件堆存场地面积

钢筋及钢筋混凝土预制构件堆存场地面积可按下式计算：

$$F_2 = \frac{QcNK}{TnM} \tag{5-2}$$

式中：F_2——预制构件堆存场地面积；

Q——某一预制构件总量；

K、N、M、T——同式(5-1)，K 可取 1.0~1.4；

c——通道系数，参见表5-16；

n——堆置高度(层)，参见表5-16。

钢筋混凝土预制构件堆存参数(部分示例)　　　　表5-16

项次	构件名称	堆置高度 n(层)	通道系数 c	堆置定额 M
1	梁类钢筋骨架	3	1.5	0.05t/m^2
2	空心板构件	6	1.6	0.40m^3/m^2
3	大型梁构件	1~3	1.5	0.28m^3/m^2
4	小型梁构件	6	1.5	0.8m^3/m^2

3. 仓库需用面积

按材料储备天数计算,方法同前。工具库按每人 $0.3m^2$ 计算。

4. 现场加工作业车间

$$F_3 = \frac{QK}{TRa} \quad (5\text{-}3)$$

式中:F_3——加工作业车间面积(m^2);

Q——加工总量;

K——生产不均匀系数,见表 5-17;

T——生产日期(月);

R——每月每平方米车间产量定额,见表 5-17;

a——场地利用系数,见表 5-17。

现场加工作业车间面积估算参数(部分示例)　　　表 5-17

名称	F(形式与比例)	Q	K 年度	K 季度	R	a	说　明
钢筋车间	棚占 20% 露天 80%	t	1.5	1.5	0.53~0.73(t/m²·月)	0.6~0.7	—
混凝土预制构件厂	场地	m³	1.3	1.3	屋架、屋面板为其 0.2 其他为 0.5(m³/m²·月)	0.6	露天预制自然养护
细木车间	棚	m³	1.3~1.4	1.1~1.2	1.75(m³/m²·月)	0.6~0.7	
木材干燥车间	建筑物	m³	1.3~1.5	1.1~1.2	0.4~0.6(m³/m²·月)	0.4~0.5	人工焊接
金属焊接厂	露天	t	1.5~1.6	1.2~1.3	0.6~0.7(t/m²·月)	0.6~0.7	露天焊接

5. 行政及生活福利用房

行政及生活福利用房可按表 5-18 面积定额推算。

行政及生活福利面积定额(部分示例)　　　表 5-18

项次	名称	单位	面积定额	说　明
1	办公室	m²/人	2.1~2.5	—
2	宿舍	m²/人	3~3.5	—
3	食堂	m²/人	0.7	—
8	商店	m²/人	0.07	—
9	其他	%	5	包括托儿所、商品库、烧水房、实验室等

6. 搅拌站用地

搅拌站用地面积可参考以下定额:砂浆搅拌机,10~15m²/台,冬季 25m²/台;混凝土搅拌机,20~24m²/台,冬季 50m²/台。若搅拌站设有水泥库房时,需要增加的面积:散装水泥,1.5~2.0m²/台;罐装水泥,3.0~4.0m²/台。

7. 现场临时设施的防火距离

现场临时设施的布置应遵守防火规定,各类房屋之间的距离应满足表 5-19 的要求。

防火标准距离(单位:m)(部分示例)　　　表 5-19

类别	永久性建筑物和构筑物	办公室福利建筑工人宿舍	非易燃仓库露天堆栈	易燃品仓库	锅炉房厨房及固定生产用火	木料堆积场	废品堆等
永久性建筑物和构筑物	—	20	15	20	25	20	30
办公室、福利建筑、工人宿舍	20	3.5~5	6	15~20	10~15	15	30
非易燃仓库、露天堆栈	15	6	6	15	15	10	20
易燃品仓库	20	20	15	20	25	20	30

五、施工平面图示例

1. 施工总平面图

施工总平面图是以整个工程为对象的施工平面布置图,图 5-6 为某道路施工总平面图示例。实际施工过程中,按相关规范标准执行。

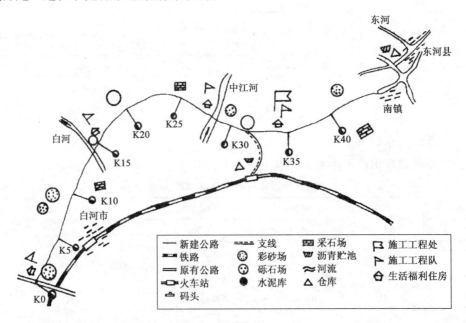

图 5-6　某道路总施工平面图示例

2. 单项工程、分部分项施工平面图

该类平面图的布置比施工总平面图更深入、更具体,其中大桥、隧道、立交枢纽等重点工程,其平面图应在等高线平面图上按比例绘制。图上应详细绘出施工现场、辅助生产、生活等区域的布置情况,对原有的地物也适当绘出。图 5-7 为某桥梁工程施工平面布置图示例,实际施工过程中,按相关规范标准执行。

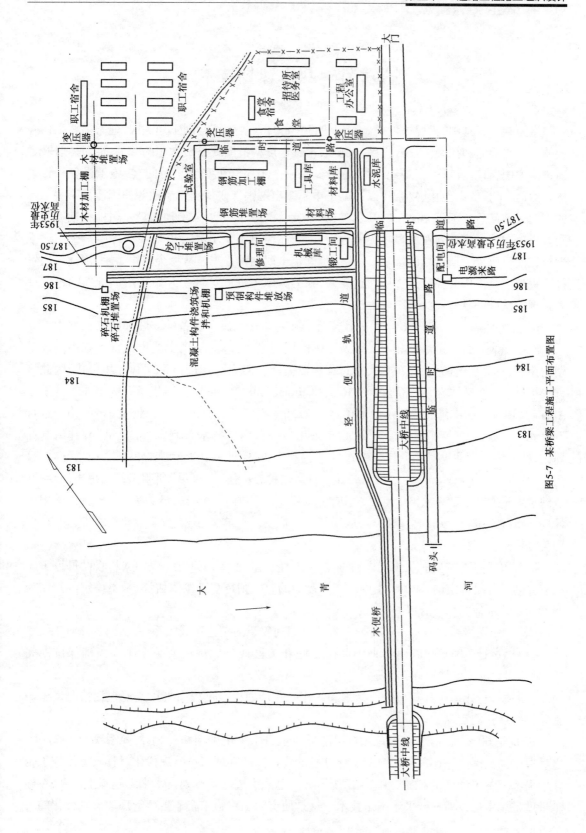

图5-7 某桥梁工程施工平面布置图

第六节　网络计划技术

　　道路施工管理中,工程进度是各项管理的中心环节。为按合同工期完成,通常需要采用一定的方法来规划和控制工程的进度。例如,工程进度横道图就是最常用的一种进度计划技术。通过横道图,管理者可以直观地、形象地看到每一个工序开工和完工时间,使施工进程一目了然。然而,工程的大型化、复杂化以及施工中不断出现因气候或施工事故等原因改变某些工序的工期而致使后续工序无法按时开工时,如不及时调整原来的工期计划,就不可能按期完成合同。横道图的进度计划对此显得无能为力,因为在横道图上不易看出复杂工程中某个工序推迟或提前对整个工期计划的影响,以致很难确定工期调整首先该从哪个工序下手,因此无法发挥工程建设管理中心环节的作用。近年来,在公路施工进度管理中开始采用一种新的进度计划管理方法,即网络技术。

　　网络技术源于美国,1956年美国杜邦公司在一个化工成套设备的安装和维修计划中首先采用网络图表示各项工序的相互关系及所需时间。通过计算,从图中找出执行计划中决定工期的路线,称为关键路线,在项目实施过程中以关键线路为重点进行管理和计划优化,因此该方法被称为"关键线路法",简称 CPM 法(Critical Path Method)。据报道,该公司通过采用 APM 法,使设备因维修而停产的时间由过去125h缩短为74h,一年内为杜邦公司节约了近百万美元。之后,美国海军武器局于1958年采用另一种网络技术来制定"北极星"导弹研制计划,这种网络技术注重对各项任务安排的评价和审查,因此称作"计划评审技术",简称 PERT 法(Program Evaluation and Review Technigue)。这种方法使"北极星"研制工作缩短了两年,并节约了大量资金。20世纪60年代,美国组织42万人参加"阿波罗"载人登月研究,也采用了计划评审技术进行计划和组织管理,取得了巨大成功。目前,美国绝大多数建筑企业已开始使用关键线路法进行施工计划管理。

　　CPM 和 PERT 本质上基于同样的网络概念,它们的主要区别之一是,CMP 假设每道工序所需要的时间是确定的,而 PERT 中的工序需用的时间则是基于概率估计,是不确定的。作为网络计划技术他们都具有以下特点:

　　(1)应用网络形式表达一项计划中各工序之间复杂的工艺逻辑关系。

　　(2)通过计算机可以找出计划中关键工序和关键线路。对于关键工序应当确保按期完成,对于非关键工序则容许有所延缓。

　　(3)适合使用电子计算机进行计划和优化。在计划执行过程中可迅速地根据情况做出调整并控制目标的实现。

　　20世纪60年代初期,我国首先在国防科研项目中采用了网络计划技术,称为"统筹法"。之后在全国范围内进行宣传和推广。计算机的普及推动管理工作的现代化,目前,道路施工企业中大都配备了计算机,在道路施工组织设计中已经引进网络计划技术来编制施工进度,在施工进度控制中也逐渐试行采用网络技术。这是使道路工程施工企业生产管理逐步现代化的一个方面。

一、双代号网络计划图的绘制

1. 双代号网络计划图的构成

双代号网络计划图由三个要素组成,即:箭杆线、节点和流(方向)。

(1)箭杆线

箭杆线表示一项工作。它代表了某个专业队(工序)在某个施工段上的操作过程。

根据施工组织设计阶段的不同,箭杆线所表示的工作,取决于网络的层次(即详细程度),可能是单位工程,也可能是分部、分项工程。

箭杆线又分为实箭杆线和虚箭杆线:

①实箭杆线简称实箭线,它表示的工作既消耗了时间又消耗了资源或只消耗了其中一种。实箭线常用"→"表示。

②虚箭杆线简称虚箭线,它表示的工作既不消耗时间又不消耗资源,只是用来表达工作间的逻辑关系。虚箭线常用"--→"表示。

(2)节点

节点表示工作与工作之间的衔接关系,它具有相对性,代表前一项工作的结束,后一项工作的开始。常用圆圈加一编号表示,即"(i)"。

(3)流(方向)

流代表线路从头至尾连成一线,说明了各项工作的工艺关系,表示完成某些操作过程所需消耗的各种资源。

2. 识图

(1)工作的表示方法

一个工作用一条箭线和两个节点表示,如图5-8所示。

(2)箭线

①内向箭线

对节点(i),凡是箭头指向(i)节点的箭线都叫内向箭线。如图5-9中,③节点的内向箭线是②→③和①→③。

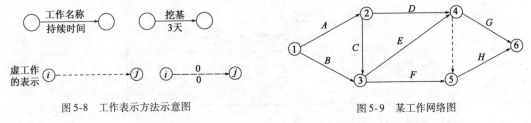

图5-8 工作表示方法示意图　　图5-9 某工作网络图

②外向箭线

对节点(i),凡是箭头指出去的箭线都叫外向箭线。如图5-9中,③节点的外向箭线是③→④和③→⑤。

(3)工作关系

①紧前工作

对工作(i)→(j)凡是(i)节点上所有的内向箭线,都叫紧前工作。如图5-9中,E工作的紧前

工作是 B、C 工作。

②紧后工作

对工作 ⓘ→ⓙ 凡是 ⓙ 节点上所有的外向箭线,都叫紧后工作。如图5-9中,D 工作的紧后工作是 G、H 工作。

③先行工作

对工作 ⓘ→ⓙ 凡是 ⓘ 节点之前完成的工作,都是先行工作。如图5-9中,G 工作的先行工作是 A、B、C、D、E、F 工作。

④后续工作

对工作 ⓘ→ⓙ 凡是 ⓙ 节点之后开工的工作,都是后续工作。如图5-9中,E 工作的后续工作是 E、F、G、H 工作。

⑤平行工作

就某一工作而言,与其同时施工(作业)的工作,都是该工作的平行工作,从同一节点开始的工作,肯定是平行工作。如图5-9中,A 工作的平行工作是 B 工作。

⑥虚工作

如图5-9中,④---▶⑤工作是虚工作。

(4)节点

①开始节点

在一个网络图中,只有外向箭线的节点是开始节点,如图5-9中,①节点。

②结束节点

在一个网络图中,只有内向箭线的节点是结束节点,如图5-9中,⑥节点。

③中间节点

在一个网络图中,既有内向箭线又有外向箭线的节点是中间节点,如图5-9中,②、③、④、⑤节点。

(5)线路

从开始节点到结束节点(沿箭流方向),交一条线路,如图5-9中,①→③→④→⑤→⑥。

3. 双代号网络计划图的模型

(1)依次开始见图5-10,逻辑关系见表5-20。

依次开始逻辑关系表　　　　表5-20

工作	A	B	C	工作	A	B	C
紧后工作	B	C	—	紧前工作	—	A	B

(2)同时开始见图5-11,逻辑关系见表5-21。

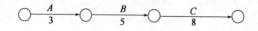

图5-10　依次开始关系图

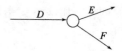

图5-11　同时开始关系图

同时开始逻辑关系表　　　　　　　　　　　　　　　　表 5-21

工作	D	E	F
紧后工作	E、F		
紧前工作		D	D

(3) 同时结束见图 5-12，逻辑关系见表 5-22。

同时结束逻辑关系表　　　　　　　　　　　　　　　　表 5-22

工作	X	Y	Z
紧前工作	Z、Y		
紧后工作		X	X

(4) 约束关系。

①全约束见图 5-13，逻辑关系见表 5-23。

全约束逻辑关系表　　　　　　　　　　　　　　　　表 5-23

工作	A	B	C	D
紧后工作	C、D	C、D		
紧前工作			A、B	A、B

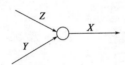

图 5-12　同时结束关系图

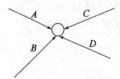

图 5-13　全约束关系图

②半约束见图 5-14，逻辑关系见表 5-24。

半约束逻辑关系表　　　　　　　　　　　　　　　　表 5-24

工作	A	B	C	D
紧后工作	C、D	D		
紧前工作			A	A、B

③三分之一约束见图 5-15，逻辑关系见表 5-25。

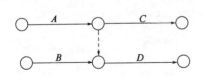

图 5-14　半约束关系图

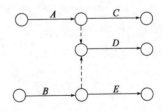

图 5-15　三分之一约束关系图

三分之一约束逻辑关系表　　　　　　　　　　　　　　　　表 5-25

工作	A	B	C	D	E
紧后工作	C、D	D、E			
紧前工作			A	A、B	B

(5)两个工作同时开始且同时结束,见图 5-16。

4. 画双代号网络计划图的基本规则

(1)一个网络计划图中只允许有一个开始节点和一个结束节点。
(2)一个网络计划图中不允许双代号、单代号混用。
(3)节点大小要适中,编号应由小到大(从大到小不算错),但可以跳跃。
(4)一对节点之间只能有一条箭线,一对节点之间不能出现无头箭杆。
(5)网络计划图中不允许有循环线路。
(6)网络计划图中不允许有相同编号的节点或相同代码的工作。
(7)网络计划图的布局应合理,要尽量避免箭线的交叉,当箭线的交叉不可避免时,可采用"暗桥"或"断线"的方法来处理(图 5-17)。

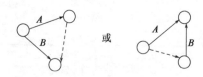

图 5-16 两个工作同时开始且同时结束关系图

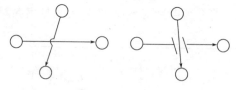

图 5-17 暗桥与断线方法处理的网络图

5. 双代号网络计划图的绘制

(1)工作关系为紧前关系

绘出表 5-26 工作关系的双代号网络计划图。

工 作 关 系 表 表 5-26

工作	A	B	C	D	E	F	G	H	I	J
紧前关系	—	A	A	B、C	A	A	F	D、E、G	D、E	H、I

绘图步骤:

①首先分析工作关系。

第一步,找出同时开始的工作(如:B、C、E、F 工作的紧前工作都是 A,所以 B、C、E、F 工作同时开始)。

第二步,找出有约束关系的工作(如:H 和 I 是半约束关系)。

第三步,再找出同时结束的工作(如:B 和 C 工作同时开始又同时结束,所以肯定要有虚箭线;H 和 I 工作同时结束,但不是同时开始,所以可以再一个节点结束)。

②分析工作完成后,开始动手画草图,见图 5-18。

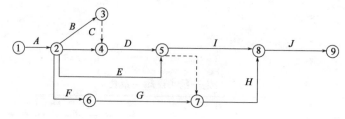

图 5-18 网络关系图

第一步,画出一个开始节点①,然后画出 A 工作,因为 A 工作的紧前工作没有,所以 A 工作是最前面的工作。

第二步,画出 B、C、E、F 工作,都从②节点开始。

第三步,由于 B 和 C 工作同时开始又同时结束,所以在 B 工作后面画出③节点,在 C 工作后面画出④节点,③和④之间画出虚箭线,如果 D 工作从④节点开始,则虚箭线的箭头指向④节点,如果 D 工作从③节点开始,则虚箭线的箭头指向③节点。

第四步,F 与 G 工作的关系是简单的,可以直接画出。

第五步,I 工作与 D、E 工作的关系比 H 与 D、E 工作的关系要简单,所以,先画出 I 工作与 D、E 工作的关系即 D、E 工作同时在⑤节点结束,I 工作从⑤节点开始。

第六步,由于 D、E 工作已出现,所以只画出 H 与 G 工作的关系,即 H 工作从⑦节点开始,再用虚箭线连接 H 与 D、E 工作的关系,虚箭线箭头指向⑦节点。

第七步,H 与 I 工作同时结束在⑧节点。

第八步,J 工作从⑧节点开始,在⑨节点结束。

(2)工作关系为紧后关系

绘出表 5-27 工作关系的双代号网络计划图。

工 作 关 系 表　　　　　　　　　　　　　　　表 5-27

工作	A	B	C	D	E	F	G	H	I	J	K
紧后关系	B、C	D、E、F	D、E、F	H	G	J	H	I	—	K	—

绘图步骤:

①首先分析工作关系

第一步,找出同时开始的工作(如:A 工作的紧后工作是 B、C 工作,所以 B、C 工作同时开始,B、C 工作的紧后工作都是 D、E、F 工作,所以 D、E、F 工作同时开始)。

第二步,找出有约束关系的工作(如:B 和 C 的紧后工作完全相同,所以是全约束关系,又由于 B 和 C 工作同时开始又同时结束,所以肯定有虚箭线)。

第三步,再找出同时结束的工作(如:D 和 G 工作的紧后工作都是 H,所以 D 和 G 工作同时结束,但不是同时开始,所以可以在一个节点结束;又如 I 和 K 的紧后工作没有,所以为结束工作)。

②分析工作完成后,开始动手画草图

第一步,画出一个开始节点①,然后画出 A 工作,因为 A 工作在紧后工作中没有出现,所以 A 工作是最前面的工作。

第二步,画出 B、C 工作,都从②节点开始。

第三步,由于 B 和 C 工作同时开始又同时结束,所以在 B 工作后面画出④节点,在 C 工作后面画出③节点,③和④之间画出虚箭线,如果 D、E、F 工作从④节点开始,则虚箭线的箭头指向④节点,如果 D 工作从③节点开始,则虚箭线的箭头指向③节点。

第四步,E 与 G、F 与 J、J 与 K 的工作关系是简单的,可以直接画出,见图 5-19。

第五步,D 与 G 工作的紧后工作都是 H,所以 D 与 G 工作同时结束在⑥节点,H 工作从⑥节点开始。

第六步,由于 H 与 I 的工作关系是简单的,可以直接画出,见图 5-19。

第七步，K 与 I 工作同时结束在⑩节点。

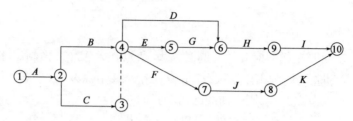

图 5-19　网络关系图

二、时间参数的计算及关键线路

1. 节点时间参数的计算

计算方法有分析法、图算法、矩阵法、表算法、电算法，在此只讲图算法。

（1）节点的最早可能开始时间 ET

①定义：节点的最早可能开始时间即节点可以开工的最早时间，表示该节点的紧前工作已全部完工。

②计算方法：从开始节点起，沿箭线方向，依次计算每一个节点，直至结束节点。计算公式如下：

$$\mathrm{ET}_j = \{\mathrm{ET}_i + D_{i-j}\}_{\max}（只看内向箭线）$$

口诀：从左往右，(只加内向箭线)累加取大。

③规定：开始节点最早可能开始时间为零，即 $\mathrm{ET}_1 = 0$。

节点的最早开始时间计算步骤如下例（图5-20）：

第一步，①节点最早开始时间为 0。

第二步，②节点最早开始时间为①节点最早开始时间加 A 工作工期，即 $0 + 5 = 5$。

第三步，③节点最早开始时间为②节点最早开始时间加 B 工作工期，即 $5 + 10 = 15$。

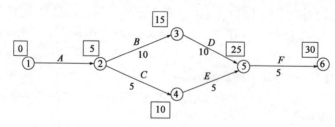

图 5-20　网络关系图

第四步，④节点最早开始时间为②节点最早开始时间加 C 工作工期，即 $5 + 5 = 10$。

第五步，⑤节点最早开始时间为③节点最早开始时间加 D 工作工期，即 $15 + 10 = 25$，而不是④节点最早开始时间加 E 工作工期 $10 + 5 = 15$。因为 F 工作必须等 D、E 工作都完成后才能开始，D 工作最早结束时间是第 25 天，E 工作最早结束时间是第 15 天，所以⑤节点最早开始时间是 25 而不是 15。

第六步，⑥节点最早开始时间为⑤节点最早开始时间加 F 工作工期，即 $25 + 5 = 30$。

总结:由以上计算可见,计划总工期为30天。

(2)节点的最迟可能开始时间 LT

①定义:节点的最迟可能开始时间表示节点开工不能迟于这个时间,若迟于这个时间,将会影响计划的总工期。

②计算方法:从结束节点开始,逆箭线方向,依次计算每一个节点,直至开始节点。计算公式如下:

$$LT_i = \{LT_j - D_{i-j}\}_{\min}$$

口诀:从右往左,(只看外向箭线包括虚箭线)递减取小。依次一个节点一个节点的去计算,不要看线路,不要远看,只看前后两个节点。

③规定:结束节点最迟可能开始时间为结束节点的最早可能开始时向,即计划的总工期。

节点的最迟开始时间 LT 计算步骤如下例(图5-21):

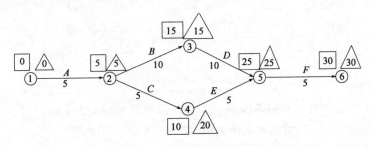

图 5-21 网络关系图

第一步,⑥节点最迟开始时间为30。

第二步,⑤节点最迟开始时间为⑥节点最迟开始时间减去 F 工作工期,即 30 - 5 = 25。

第三步,④节点最迟开始时间为⑤节点最迟开始时间减去 E 工作工期,即 25 - 5 = 20。

第四步,③节点最迟开始时间为⑤节点最迟开始时间减去 D 工作工期,即 25 - 10 = 15。

第五步,②节点最迟开始时间为③节点最迟开始时间减去 B 工作工期,即 15 - 10 = 5,而不是④节点最迟开始时间减去 C 工作工期即 20 - 5 = 15。因为②节点最迟必须开始时间是 5,才不会影响总工期,如果是 15 则总工期将推迟 10 天,所以②节点最迟开始时间是 5 而不是 15。

第六步,①节点最迟开始时间为②节点最迟开始时间减去 A 工作工期,即 5 - 5 = 0。

总结:由以上计算可见,关键线路为①②③⑤⑥,关键线路上节点的最早、最迟开始时间相同。

2. 工作(工序)时间参数(过程参数)的计算

(1)工作的最早开始、最早结束时间

①工作的最早开始时间 ES

$i-j$ 工作的最早开始时间 ES_{i-j} 与 i 节点的最早开始时间 ET_i 相等,即 $ES_{i-j} = ET_i$。

②工作的最早结束时间 EF

$i-j$ 工作的最早结束时间 EF_{i-j} 等于工作的最早开始时间 ES_{i-j} 加上工作的工期 D_{i-j}。即 $EF_{i-j} = ES_{i-j} + D_{i-j}$。

(2)工作的最迟开始、最迟结束时间

①工作的最迟开始时间 LS

$i-j$ 工作的最迟开始时间 LS_{i-j} 等于工作的最迟结束时间 LF_{i-j} 减去工作的工期 D_{i-j}。即 $LS_{i-j} = LF_{i-j} + D_{i-j}$。

②工作的最迟结束时间 LF

$i-j$ 工作的最迟结束时间 LF_{i-j} 等于 j 节点的最迟开始时间 LT_j。即 $LF_{i-j} = LT_j$。

各工作时间参数计算步骤如下例（图 5-22）：

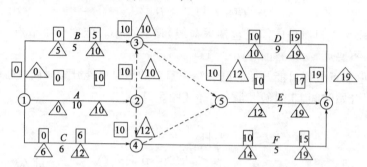

图 5-22　网络关系图

第一步，A 工作最早开始时间不能早于①节点最早开始时间，即 $ES_A = 0$，A 工作最早结束时间等于 A 工作最早开始时间加 A 工作工期，即 $EF_A = ES_A + 10 = 10$。

第二步，B 工作最早开始时间不能早于①节点最早开始时间，即 $ES_B = 0$，B 工作最早结束时间等于 B 工作最早开始时间加 B 工作工期，即 $EF_B = ES_B + 5 = 0 + 5 = 5$。

第三步，C 工作最早开始时间不能早于①节点最早开始时间即 $ES_C = 0$，C 工作最早结束时间等于 C 工作最早开始时间加 C 工作工期，即 $EF_C = ES_C + 6 = 0 + 6 = 6$。

同理，得 $ES_D = 10$，$EF_D = ES_D + 9 = 10 + 9 = 19$；$ES_E = 10$，$EF_E = ES_E + 7 = 10 + 7 = 17$；$ES_F = 10$，$EF_F = ES_F + 5 = 10 + 5 = 15$。

第四步，A 工作最迟结束时间不能迟于②节点最迟开始时间即 $LF_A = 10$，A 工作最迟开始时间等于 A 工作最迟结束时间减去 A 工作工期，即 $LS_A = LF_A - 10 = 0$。

第五步，B 工作最迟结束时间不能迟于③节点最迟开始时间，即 $LF_B = 10$，B 工作最迟开始时间等于 B 工作最迟结束时间减去 B 工作工期，即 $LS_B = LF_B - 5 = 5$。

第六步，C 工作最迟结束时间不能迟于④节点最迟开始时间即 $LF_C = 12$，C 工作最迟开始时间等于 C 工作最迟结束时间减去 C 工作工期，即 $LS_C = LF_C - 6 = 12 - 6 = 6$。

同理，$LF_D = 19$，$LS_D = LF_D - 9 = 19 - 9 = 10$；$LF_E = 19$，$LS_E = LF_E - 7 = 19 - 7 = 12$；$LF_F = 19$，$LS_F = LF_F - 5 = 19 - 5 = 14$。

总结：

（1）若工作的最早开始时间等于工作的最迟开始时间即 ES = LS，则说明此工作没有时差，为关键工作。

（2）若工作的最早开始时间不等于工作的最迟开始时间即 ES ≠ LS，则说明此工作有机动时间可利用。

（3）此图的关键线路为①②③⑥。

3. 工作的时差计算

（1）总时差 TF_{i-j}

定义:在不影响任何一项紧后工作的最迟必须开始时间的条件下,本工作所拥有的最大机动时间。它可以用节点时间参数来计算,也可以用过程参数来计算。

①用节点时间参数来计算

$$TF_{i-j} = LT_j - ET_i - D_{i-j}$$

符号意义同前。

②用过程参数来计算

$$TF_{i-j} = LS_{i-j} - ES_{i-j} = LF_{i-j} - EF_{i-j}$$

符号意义同前。

总结:

①如果总时差等于0,其他时差也都等于0。

②总时差不但属于本工作,而且可以传递,为一条线路所共有。

③总时差最小的工作为关键工作,关键工作组成的线路为关键线路。

④总时差等于0,说明本工作没有机动时间;总时差大于0,说明本工作有机动时间;总时差小于0,说明计划工期超过了上级规定工期,应进行调整。

(2)局部时差 FF_{i-j}

定义:在不影响任何一项紧后工作的最早开始时间,本工作所拥有的最大机动时间。它可以用节点时间参数来计算,也可以用过程参数来计算。

①用节点时间参数来计算

$$FF_{i-j} = ET_j - ET_i - D_{i-j}$$

②用过程参数来计算

$$FF_{i-j} = ES_{j-k} - ES_{i-j} - D_{i-j}$$

式中:ES_{j-k}——紧后工作最早开始时间;

其他符号意义同前。

总结:

①局部时差属于本工作,不能传递。

②局部时差小于或等于总时差。

③使用局部时差对紧后工作没有影响。

(3)相干时差 IF_{i-j}

定义:一个工作的终点上的一对节点时间参数之差。公式为:

$$IF_{i-j} = LT_j - ET_j$$

总结:

①相干时差可以传递,前后工作可共用。

②相干时差 + 局部时差 = 总时差。

(4)独立时差 DF_{i-j}

定义:在不影响紧前工作最迟结束时间及紧后工作最早开始时间的条件下,本工作所拥有的机动时间。它可以用节点时间参数来计算,也可以用过程参数来计算。

①用节点时间参数来计算

$$DF_{i-j} = ET_j - LT_i - D_{i-j}$$

符号意义同前。

②用过程参数来计算

$$\mathrm{DF}_{i-j} = \mathrm{ES}_{j-k} - \mathrm{LF}_{h-i} - D_{i-j}$$

式中：ES_{j-k}——紧后工作最早开始时间；
LF_{h-i}——紧前工作最迟结束时间；
其他符号意义同前。

总结：
①独立时差属于本工作，不能传递。
②独立时差小于或等于局部时差。
③使用独立时差对紧前、紧后工作都没有影响。

4. 关键线路及其确定

(1) 关键线路

由关键工作组成的线路叫关键线路。在一个网络图中，持续时间之和最长的线路是关键线路。

(2) 非关键线路

在一个网络图中，关键线路以外的线路都是非关键线路。非关键线路上的工作并非全由非关键工作组成。

(3) 关键线路的确定

①总时差最小的工作所组成的线路是关键线路。
②关键线路上所有节点的两个时间参数相等。

(4) 总结

①关键线路在网络图中不一定只有一条。
②非关键工作如果将总时差全部用完，就转化为关键工作。
③如果总时差为零，其他时差也一定为零。
④当非关键线路延长的时间超过它的总时差，关键线路就转化为非关键线路。

三、时间坐标网络计划

1. 时间坐标网络计划的概念

时间坐标网络计划，简称时标网络计划。是在一般网络计划的上方或下方增加一个时间坐标，箭线的长短即表示该工作的工期，是网络计划的另一种表达形式。它克服了一般网络计划的缺点，使网络计划更易于理解，对施工组织管理和计划调整使用更方便。

2. 时间坐标网络计划的绘制

时间坐标网络计划图可以按节点最早时间、节点最迟时间标画。

(1) 按节点最早时间标画时标网络

将图 5-23 所示的一般网络图，按节点最早时间标画成时标网络图。

具体步骤如下：

①先计算各节点的时间参数，并找出关键线路，如图 5-23 所示。
②作出时间坐标，如图 5-24 所示。

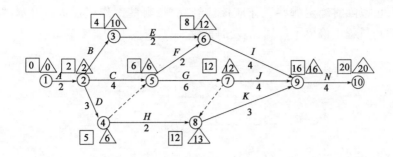

图 5-23 网络关系图

③按节点最早时间把关键线路标画在图中适当位置,如图 5-24 所示。

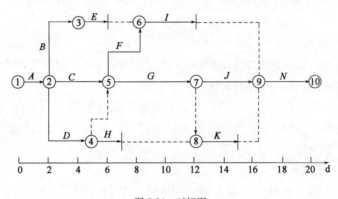

图 5-24 时标图

④按节点最早时间标画非关键线路,标画时应注意:
a. 工作用实箭线表示,箭线的长度表示工作持续时间的长短。
b. 虚工作仍用虚箭线表示。
c. 机动时间用虚线表示,并在实箭线与虚箭线分界处加一个截止短线。
d. 纵向没有时间含义。

按以上步骤可画得如图 5-24 所示的时标图。

总结:按节点最早时间标画的时间坐标网络图,可以直接得到局部时差。如图 5-24 中,各工作的机动时间(虚线部分)即各工作的局部时差。

(2)按节点最迟时间标画时标网络

按节点最迟时间标画时标网络图与按节点最早时间标画时标网络图其具体步骤完全相同,只是各工作的机动时间画在左侧,各节点由最早位置移动到最迟位置。仍以图 5-23 为例,得到的时标网如图 5-25 所示。

注意:按节点最迟时间标画的时标图不能直接得到任何时差,即图 5-25 中各工作的机动时间(虚线部分)什么时差都不是。

3. 时标网络计划的特点与应用

(1)时标网络计划的特点

①时标网络计划图能直观地反映出整个计划的时间进程,与横道图比较接近。

②时标网络计划图能直接反映出各项工作的开始和结束时间,机动时间及关键线路,在计

划执行过程中,可以随时确定哪些工作应该已经完成,哪些工作正在进行及哪些工作将要开始,如果实际执行过程中偏离了计划,应及时调整。

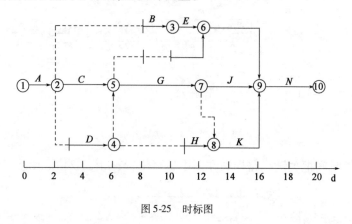

图 5-25 时标图

③时标网络计划图能清楚地表示出哪些工作可以平行进行,以帮助材料员确定在同一时间内各种材料、机械等资源的大致需要量。

④时标网络计划图的调整比较麻烦,当工期发生变化或资源供应有问题及其他原因而导致某些工作不能正常进行时,某些箭线的长度和节点的位置需要变动,这样往往导致整个网络图发生变动。

(2)时标网络计划的应用

①对工作项目少或工艺过程较简单的施工进度计划,利用时标网络计划图能迅速方便地边绘制、边计算、边调整。

②对于大型复杂的工程,可以先用时标网络计划图的形式绘制各分部工程或分项工程的网络计划图,然后再综合起来绘制出比较简单的总网络计划,即把每一个分部工程或分项工程的网络计划图看作是总网络计划图的一个工作(形成子网络图)。在执行过程中,如果有偏差,或其他原因等需要调整计划,只需调整子网络计划,而不必改动总网络计划。

③在时间坐标的表示上,根据网络图的层次,时间的刻画每一小格可以是 1 天、1 个月、1 个季度或 1 年。在时间安排时,应考虑节假日和雨季期的影响,要留有调整余地。

四、单代号网络计划图的绘制与计算

1. 单代号网络计划图的构成

单代号网络计划图与双代号网络计划图一样,也由三要素组成,但含义却完全不相同。

(1)节点。单代号网络计划图中的节点可以用圆圈或方框表示,一个节点表示一项具体的工作。节点所表示的工作的名称(或工作的代号)、工作的持续时间和节点的编号一般都标注在圆圈内。计算所得的时间参数一般标注在节点的两侧。

(2)箭线。在单代号网络计划图中,箭线表示工作之间的相互关系,它既不消耗时间也不消耗资源。单代号网络计划图中不用虚箭线,箭线的箭头方向表示工作的前进方向。

(3)代号。在单代号网络计划图中,一项工作只能有一个代号,不能重复。箭头节点的编号应大于箭尾节点的编号。

2. 单代号网络计划图的绘制

单代号网络计划图与双代号网络计划图所表达的计划内容是一致的,两者的区别仅在于绘图的符号所表示的意义不同。单代号网络计划图的绘制过程与双代号网络计划图的绘制过程一样,也是先将工程任务分解成若干项具体的工作,然后确定这些工作之间的相互关系,以及各项工作的持续时间。

(1)工作关系的模型(与双代号相比)

①两个工作同时开始且同时结束(图5-26)。

②约束关系。

a. 全约束,见图5-27。

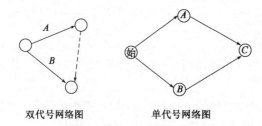

图5-26 两个工作同时开始且同时结束关系图　　图5-27 全约束关系图

b. 半约束,见图5-28。

c. 三分之一约束,见图5-29。

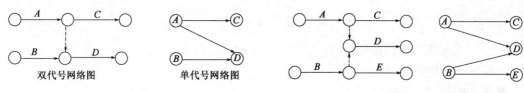

图5-28 半约束关系图　　图5-29 三分之一约束关系图

(2)绘制单代号网络计划图的基本规则

①双代号网络计划图中所列出的基本规则,在单代号网络计划图中原则上都应遵守。

②在单代号网络计划图中,若有几个工作同时开始,应引入一个"始"节点;若有几个工作同时结束,应引入一个"终"节点。引入的"始"节点和"终"节点都是虚拟的节点,它们不消耗时间和资源。

(3)单代号网络计划图的绘图

绘出表5-28中工作关系的单代号网络计划图。

工 作 关 系 表　　　　　　　　表5-28

工作	A	B	C	D	E	F	G	H	I
紧后工作	C、D、E、F	E、F	G	H	H	I	—	—	—

单代号网络计划图如图5-30所示。

总结:

①单代号网络图的绘制比较简单,其各项工作之间的相互关系容易表达。

②单代号网络图的绘制不用虚箭线,便于检查和修改。

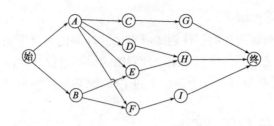

图 5-30　单代号网络计划图

③需要常用"暗桥法"解决交叉问题。

④由于单代号网络图无节点时间参数,所以不能改画成时标网络图。

3.单代号网络计划图的时间参数计算

1)工作的最早时间参数

①定义:工作的最早可能开始时间表示该工作的所有紧前工作都已完工,本工作可以开工。

②计算方法:从开始节点起,沿箭线方向,依次计算每一个节点时,只看内向箭线,取所有紧前工作中最早结束时间最大者,作为该工作最早可能开始时间,直至结束节点。

③规定:开始节点最早可能开始时间为零,即 $ES_1 = 0$。

2)工作的最早可能结束时间 EF

工作的最早可能结束时间 EF_i 为:

$$EF_i = ES_i + D_i \quad (i = 1,2,3,\cdots,n)$$

式中:D_i——第 i 项工作的持续时间;

n——网络图中终节点的编号。

3)工作的最迟时间参数

(1)工作的最迟必须结束时间 LF

①规定:结束节点最迟必须结束时间等于结束节点的最早可能结束时间,即 $LF_n = EF_n$。

则 $LS_n = LF_n - D_n$。

②计算方法:从结束节点开始,逆箭线方向,依次计算每一个节点时,只看外向箭线,取所有紧后工作中最迟必须开始时间的最小者,作为该工作的最迟必须结束时间,直至开始节点。

(2)工作的最迟必须开始时间 LS

①定义:工作的最迟必须开始时间表示该工作开工不能迟于这个时间,若迟于这个时间,将会影响计划的总工期。

②计算:工作的最迟必须开始时间 LS_i 为:

$$LS_i = LF_i + D_i \quad (i = 1,2,3,\cdots,n)$$

4)工作的各种时差计算

(1)总时差 TF_i

在单代号网络计划图中,工作的总时差的概念与双代号网络图完全相同。其计算公式为:

$$TF_i = LF_i - ES_i - D_i = LF_i - EF_i = LS_i - ES_i$$

(2)局部时差 FF_i

由于单代号网络计划图中,无节点时间参数,工作 i 的所有紧后工作中,最早可能开始时间不一定相同,因而在计算工作的局部时差时公式稍有变化,为:

$$FF_i = \min\{ES_j\} - ES_j - D_i = \min\{ES_j\} - EF_i \quad (i<j)$$

式中:$\min\{ES_j\}$——工作 i 的所有紧后工作中最早可能开始时间的最小者。

(3)相干时差 IF_i

$$IF_i = TF_i - FF_i$$

(4)独立时差 DF_i

$$DF_i = FF_i - \max\{IF_h\} \quad (h<i)$$

式中:$\max\{IF_h\}$——工作 i 的所有紧前工作中相干时差的最大者,当 $DF_i<0$ 时,取 $DF_i=0$。

计算图 5-31 所表示的单代号网络计划图的各种时间参数,并确定键线路。

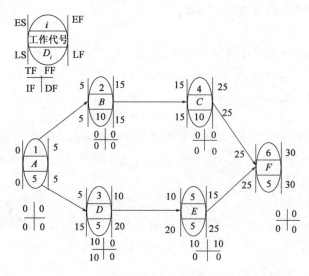

图 5-31　某单代号网络计划图

关键线路为①②④⑥。

5)关键线路的确定

单代号网络计划图中确定关键线路的方法与双代号网络计划图基本相同。只是由于没有节点时间参数,所以不能用节点时间参数均相等这种方法来判别关键线路。

在单代号网络计划图中,总时差为零的工作为关键工作,由关键工作所组成的自始至终的线路为关键线路。

第七节　网络图的优化

用网络图编制进度计划的初始方案后,需检查计划是否符合工期要求,并考虑具体施工条件(如人力、物力、财力等资源条件)的约束,对初始方案进行调配和优化。下面对网络图调整和优化的基本方法作简要介绍。调整和优化的目标是进度快、费用省、资源调配合理。

一、按规定工期的调整

初始网络计划的总工期(即关键线路路长)T如果与规定计划工期T_p不符,初始网络图应进行调整。在初始网络图中采用终点节点的最迟时间LT_n=最早时间ET_h来计算各工序的浮动时间。为了使网络计划工期与规定的工期T_p一致,可再令$LT_n = T_p$,然后做逆推递减,这样就可能产生以下几种情况:

一是$T_p = ET_h$,则结果与初始网络图相同,关键线路上总浮动时间$TFT = 0$。二是$T_p > ET_h$,即实际允许工期较长,时间有富余,这时求得关键线路上工序也存在浮动时间$TFT_{ij} > 0$。在调整时,将这些富余的时间适当地分配给个别关键工序,增加它们的持续时间T_{ij},从而减少单位时间资源需求的强度。三是$T_p < ET_h$,即实际工期要求紧迫,时间不够用。这时求得关键路线上工序$TFT_{ij} < 0$,出现了负的浮动时间。为此,必须缩短关键线路上各工序的持续时间以满足工期要求。通常使用的方法有下列几种:

(1)投入资源法

通过增加人力、设备,如采用两班或三班制,加快施工速度,缩短工序时间。首先应该加快关键工序。当关键线路缩短后,原来的非关键线路可能转化为关键线路。因此,必要时,对新的关键工序进一步投入资源缩短工期。

(2)调动资源法

延长一些非关键工序时间,就可以从非关键工序调动一些资源到关键工序上,以缩短关键工序时间,从而缩短总工期。这种方法适用于人力、机械等资源受到限制的情况。

(3)改变流程图缩短总工期法

以上两种方法都是通过增加关键路线资源来缩短工期的,它们并不改变网络图的流程。但由于受工地工作面的限制,常常不能简单地增加人力和机械,这时就需要用开辟新的施工顺序和逻辑关系来缩短工期。例如,采用流水作业方法或平行作业方法等。

二、考虑资源强度限制和均衡的调整和优化

1. 资源强度的限制和均衡

资源强度是指单位时间段内使用某种资源的数量。各种资源对其强度的限制和均衡有不同的要求。

对一个施工队来说,资源通常包括人力、机械、电力、建材等。在一些大型工程和重点工程中,常常因为工时紧迫,希望能够调用的人员越多越好。但人员过多会给施工队造成很大的负担,在工程赶工结束后难以妥善安置。因此,实际施工计划的进度往往受施工人数特别是技术工种工人的限制而不能随意提前。

施工机械的均衡和限制,在实际工作中是经常遇到的,实际上它就是主要工程量施工强度的均衡和限制问题。主要施工机械(如压路机、挖土机、运输汽车等)可能获得的台数或工作面可能布置的机械台数,常常决定了主要工程量可达到的最大施工强度。为此,在安排施工进度时,常常需要考虑大型施工机械的及时转移,使用同一种大型工具在各个工序时间上相互衔接,避免时间上重叠。另一方面,施工强度的均衡,也可使施工附属企业(如混凝土生产系统、运输系统、机修系统等)规模减小。在制定进度和资源计划时,施工机械的均衡和限制是必须

予以考虑的问题。

施工用电强度的限制取决于当地电网的供电情况。施工用电强度经均衡后,仍然超过限制时,可在工地设立临时的施工专用电站。施工用电强度的大小还影响到当地变电所的规模。

钢筋、木材、水泥及燃料等资源强度的限制不那么绝对,因为这些资源都可以储存,但是三材(钢筋、木材、水泥)和燃料等资源的使用在时间上的均衡可减少库存规模和储存费用,并可缓解对外运输线路的运输压力。资源强度的均衡是指项目在整个施工期间对某种资源尽可能保持均衡的需求量,避免时高时低,它通常用以下两个指标来衡量:

(1)不均衡系统 K:

$$K = \frac{R_{max}}{\overline{R}} \tag{5-4}$$

式中:R_{max}——最大资源强度;
$\overline{R}$——平均资源强度。

不均衡系数 K 越接近 1 说明资源强度越均衡。

(2)标准离差 σ:

$$\sigma = \sqrt{\frac{1}{T}\sum_{t=1}^{T}(R_t - \overline{R})^2} \tag{5-5}$$

式中:R_t——第 t 单位时间(天、周或月)的资源强度;
$\overline{R}$——平均资源强度;
T——工期的总单位时间(天、周或月的总数)。

工地各种设施的规模主要取决于资源使用高峰时刻的强度,与其他时间内的资源强度的关系不是很大,所以用不均匀系数 K 衡量资源计划的均衡程度是比较合适的。

应当指出,对于一些工期较长的大中型工程,往往希望开工初期要求的资源强度低一些,逐步地增加,这样比较现实可行。相反,如果计划要求一开工就马上达到资源强度的平均值,然后保持这种水平,这样反而带来困难,是不现实的。所以,资源强度均衡的标准不是绝对的,需视具体情况而定。但是,要求资源强度过程线比较平滑,避免大起大落和出现连续的高峰与低谷,并要求最大资源强度 R_{max} 尽可能小,这是一个较理想资源强度分布曲线的基本条件。

以资源的限制和均衡为目标对网络进行的调整称资源调整和优化或资源调度。优化的目标通常有以下两个:

一是工期已定,要求资源强度分布尽可能均衡。当采用不均衡系数 K 作为均衡指标时,即要求

$$\min\{K\} = \min\left\{\frac{R_{max}}{\overline{R}}\right\}$$

因 $\overline{R}$ 是平均资源强度,为常数,因此要使 K 最小就要求:

$$\min\{K\} = \frac{\min\{R_{max}\}}{\overline{R}} \tag{5-6}$$

当以方差值作指标时,因为方差为:

$$\sigma^2 = \frac{1}{T}\sum_{t=1}^{T}(R_t - \overline{R})^2$$

$$= \frac{1}{T} \sum_{t=1}^{T} R_t^2 - \bar{R}^2$$

由于 $\bar{R}$ 和 T 是常数,因此要使方差最小就是要求各时间上资源强度的平方(R_t^2)之和最小:

$$\min\left\{\sum_{t=1}^{T} R_t^2\right\} = \min\{R_1^2 + R_2^2 + \cdots + R_T^2\} \tag{5-7}$$

使不均衡系数 K 以及方差 σ^2 最小,这是两个不同性质的问题,其解法也是不同的。这里只介绍一种与前一种目标优化相结合的不均衡系数最小的近似解法。

二是资源强度有限,要求最短工期。如以 W_{ij} 表示工序 $i-j$ 对某种资源需求总数,则有 $W_{ij} = R_{ij}T_{ij}$。整个网络计划对该种资源总需求为:

$$\sum_{v(i,j)} W_{ij} = \sum_{v(i,j)} R_{ij} T_{ij}$$

式中:R_{ij}、T_{ij}——分别表示工序 $i-j$ 的资源强度和工作时间。

假如每天可能供应的资源最高值为 $[R]$,称允许资源强度。那么最短工期的下界为:

$$T_l \geq \frac{1}{[R]} \sum_{v(i,j)} W_{ij} \tag{5-8}$$

当存在多种资源限制时,上式成为:

$$T_l \geq \max_k \left\{\frac{1}{[R]_k} \sum_{v(i,j)} W_{ij}^k\right\} \tag{5-9}$$

式中:$[R]_k$——第 K 种资源限制值;

$\sum_{v(i,j)} W_{ij}^k$——工序 $i-j$ 对第 K 种资源的总需求。

如果在不考虑资源限制的条件下,算的网络计划关键线路的长度为 T_{cp},那么在满足多种资源限制的条件时,其工期必然满足下式

$$T \geq \max\left\{T_{cp}, \max_k\left\{\frac{1}{[R]_k} \sum_{v(i,j)} W_{ij}^k\right\}\right\} \tag{5-10}$$

为简化问题,本章只涉及一种资源限制的问题。

资源调度的方法通常有两种:

(1)移动工序法,即通过改变网络上各工序的开工时间,实现资源优化目标的方法。这种方法适合于各种资源的调度,较适用。

(2)调动资源法,即在改变工序开工的同时,还改变一些工序资源强度 R_{ij},并由此调整了工序的时间 T_{ij},来达到上述优化目标。对于劳力和机械等资源,它们在一个工序作业过程中的增减会加速或减缓工序的作业进度,因此可以用调动资源法来进行资源优化。而钢、木、水泥等建筑材料,是纯物资资源,一般不宜采用调动资源法优化资源分布。

2. 移动工序法

利用浮动时间,移动非关键路线上工序的开工时间,使资源强度限制在一定范围或达到均衡的目标,我们把这种资源优化的方法称作移动工序法。这种方法通常适用于工期不很紧迫或资源较富裕时的优化。由于这种方法不必改变各工序自身的工序时间和资源强度,所以比

较容易通过计算机实现。

通过计算机编程序可以求解三类问题：第一类资源有限，要求最小工期；第二类，工期规定，要求资源强度均衡，即求 R_{max} 最小；第三类，工期规定要求 R_{max} 满足 $[R]$ 的资源分布，计算的基本过程是：

(1) 计算网络节点时间参数 ET 和 LT。对于工序时间参数，可参照前面介绍，作为 ET、LT 的函数处理，在需要时调用函数进行计算。这样，以后如后移工序开工时间，只要修改节点时间参数，工序时间参数将随节点时间参数自然调整。

(2) 计算平均资源强度 $\bar{R} = \sum(R_{ij} \times T_{ij})$。对于第一、三类问题，将允许资源强度 $[R]$ 输入计算机；对第二类问题，需输入 R_{max} 的试算步长 dR，作为除初次试算，可取 $[R] = [R] + dR$，取初始时间 $t = 0$。

(3) A. 所有时间按最早可能开工时间开工，统计 $t = t + 1$（当 $t = 0$ 时即为第一天）的各作业工序，并求出该天需要的总资源强度：

$$R_t = \sum_t R_{ij}^{(t)} \tag{5-11}$$

式中：$\sum_t R_{ij}^{(t)}$ ——所有在第 t 天作业的工序的资源强度之和。

(3) B. 如果 $R_t \leq [R]$，则重复(3)A 步，即计算下一个时间的 R_t 的值，直到 $t = T$。

如果 $R_t > [R]$，则将该天作业的所有工序按剩余时差 $[SFT_{ij} = TFT_{ij} - (T_{ij} - ET_{ij})]$ 递增顺序编号，当 SFT 相同时，则资源强度大的工序排前面，这些编号为 $1, 2, \cdots, K, \cdots, K_m$。从编号 $1, 2, \cdots, K$ 依次累加各工序的 R_{ij} 直到 $R_t = \sum_t R_{ij}^{(t)} < [R]$ 的极限为止。余下的 $K + 1, K + 2, \cdots, K_m$ 号工序将被后移到 $t + 1$ 时间开始作业。

(3) C. 判断工序 $K + 1$ 的剩余时差 SFT 是否小于零，如是，表明该工序一旦后移将延误总工期，为此对三类问题需分别处理：对第一类问题可不予理睬，它允许总工期改变；对第二类问题则应增大 $[R] \Leftarrow [R] + dR$，重新从(3)A 步开始；对于第三类问题，只能停止运算，给出警告信息，并提示用户修改方案。注意，不必再分析 $K + 2$ 的 SFT 是否小于零，因为他们是按 SFT 值从小到大排列的。

(3) D. 将工序 $K + 1, K + 2, \cdots, K_m$ 后移至 $t + 1$ 时间开始，为计算他们的实际开工时间，需增加一个数组 MT[1:M] 来记录所有工序的后移值，这里 M 是工序总数。这样，计算程序中工序最早开始时间函数应修改为：

$$ES(K) = ET[I(K)] + MT(K)$$

其他函数也应做相应的修改。而式中 $MT(K)$ 按下式计算：

$$MT_{ij} = t + 1 - ET_i$$

式中，i, j 是后移工序 $K+1, K+2, \cdots, K_m$ 的起终节点。

(3) E. 如果后移工序的 MT_{ij} 大于它的自由浮动时间 FFT_{ij}，这意味着工序后移后会改变紧后工序的最早开工时间，因此需重新计算 j 及 j 以后各节点的 ET 值。

(3) F. 如果后移工序 $SFT_{ij} < 0$，则意味着工序后移会推迟它结束节点 j 的最迟时间 LT_j，从而可能改变许多后续节点的 LT 值。因此，要同时重新计算所有 j 及其以后节点的 ET 和 LT。

(3) G. 如果 $t < T$，则返回(3)A 步。计算下一个时间，否则做(4)步。

（4）按调整后的工序最早开工时间加上后移的开工时间，绘出带时间坐标的网络图和资源分布曲线。

3. 调动资源法

当采用移动工序无法将最大资源强度限制在允许范围时，就不得不延长关键路线或提高资源供应能力。为了更充分利用已有的资源供应条件，可通过改变工序资源强度和改变工序时间，使各工序形成更加合理的组合，这样能更有效地限制最大资源强度和缩短工期。当然前面已提到，只有劳力和机械等资源才适合采用此方法。

采用调动资源法调度资源时，假设：某一工序需要某一资源的总量是固定不变的。例如，做 $1m^2$ 的混凝土路面需 5 个人做 2h，那么 10 人只需花 1h 即可完成。显然这一假设具有很大的局限性，例如一个人单独用 10h 完成和 600 个人 1min 完成 $1m^2$ 混凝土路面都不现实。这种资源与时间的限制需要人们靠经验来把握。另外，因作业面的限制，过多的劳力和机械常常不能发挥其应有的作用，这也会使上述假设脱离实际情况。因此，采用计算机程序按本方法调配资源是很不容易的，它需事先提供大量的约束信息和各工序调动的优先权信息。本章不再对此进行讨论。

三、最小费用的工期优化

最小费用的工期优化即以费用最小为目标来确定工期。费用最小的工期也称最低成本日程。这里把工程费用分为两部分：一为直接费，例如人工资源、加班费、机械设备台班费等。若要缩短工期，可能需要夜班工作或在拥挤的工作面上工作，引起效率的降低和直接费的增加。二为间接费，例如施工管理费和用于临时设施、场地等的租赁、维修费。如果缩短工期，间接费就可能减少。为方便计算，通常假设工程总工期与间接费成正比，即间接费随工期的增长而直线上升；而直接费要随缩短工期的方法而变化，也就是说要通过寻找最有利的缩短工期的方法来缩短总工期才能找到最低直接费与工期的确切关系。最小费用工期优化按以下步骤计算：

（1）计算正常条件下工程工期。

（2）计算每个工序缩短一天需要增加的直接费，即计算直接变费用率 CS_{ij}（Cost Slope）：

$$CS_{ij} = \frac{CC_{ij} - NC_{ij}}{NT_{ij} - CT_{ij}} \tag{5-12}$$

式中：NT_{ij}——工序 $i-j$ 的正常时间（Normal Time）；

NC_{ij}——正常费用（Normal Cost），即正常时间下工序的直接费；

CT_{ij}——特快时间（Crushed Time），指工序可能压缩到最短时期；

CC_{ij}——特快时间（Crushed Cost），特快时间下工序的直接费。

（3）在网络图上逐次寻找 CS 最小的且能有效缩短总工期的工序缩短它们的工序时间，并算出缩短天数和增加的费用。

（4）通过直接费用—工期关系曲线和间接费用—工期关系曲线（一般为一直线）相叠加，组成总费用—工期曲线，该曲线最低点对应的工期即为最低成本日程。

习题

1. 施工组织设计的任务是什么？
2. 简述单代号网路图的计算步骤。
3. 简述双代号网络图的计算步骤。
4. 何谓时标网络图？
5. 网络图优化的基本思想是什么？

第六章
交通运输工程项目不确定性与风险分析

交通运输工程项目投资决策是面对未来的项目评价,其所采用的数据大部分来自估算和预测,有一定的不确定性和风险,为了尽量避免投资决策失误,有必要进行不确定性与风险分析。

第一节　交通运输工程项目的不确定性与风险分析概述

一、不确定性与风险

交通运输工程项目的不确定性分析就是考察建设投资、经管成本、运量、运价、项目寿命等因素变化时,对项目经济评价指标所产生的影响。这种影响越强烈,表明所评价的项目方案对某个或某些因素越敏感。对于这些敏感因素,要求项目决策者和投资者予以充分的重视和考虑。

风险是指未来发生不利事件的概率或可能性。交通运输工程项目的经济风险是指不确定性的存在导致项目实施后偏离预期财务和经济效益目标的可能性。经济风险分析是通过对风险因素的识别,采用定性或定量分析的方法估计各种风险因素发生的可能性及对项目的影响程度,揭示影响项目成败的关键风险因素,提出项目风险的预警、预报和相应的对策,为投资决策服务。经济风险分析的另一重要功能还在于它有助于在进行项目可行性研究的过程中,通过信息反馈,改进或优化项目设计方案,直接起到降低项目风险的作用。

不确定性分析与风险分析既有联系,又有区别,人们对未来事物认识的局限性,可获信息的有限性以及未来事物本身的不确定性,使得投资项目的实施结果可能偏离预期目标,这就形成了投资项目预期目标的不确定性,从而使项目可能得到高于或低于预期的效益,甚至遭受一定的损失,导致投资项目"有风险"。通过不确定性分析可以找出影响项目效益的敏感因素,确定敏感程度,但不能得知这种不确定性因素发生的可能性及影响程度。借助于风险分析可以得知不确定性因素发生的可能性以及给项目带来经济损失的程度。不确定性分析找出的敏感因素又可以作为风险因素识别和风险估计的依据。

交通运输工程项目不确定性分析的基本方法包括盈亏平衡分析和敏感性分析。盈亏平衡分析只用于财务分析,敏感性分析和风险分析可同时用于财务分析和经济费用效益分析,工程技术分析人员根据工程项目的类型、特点来确定不确定性与风险分析的内容和方法。

二、不确定性与风险产生的原因

交通运输工程项目产生不确定性与风险的原因很多,主要包括政策法规的变化、市场供需变化、技术装备和工艺水平的变化、工程方面的变化、融资方面的变化、组织管理方面的变化、环境与社会方面的变化等。

第二节 交通运输工程项目盈亏平衡分析

一、盈亏平衡分析概述

盈亏平衡分析是指在项目达到设计生产能力的条件下,通过分析产品产量、成本和盈利之间的关系,找出方案盈利和亏损在产量、单价、成本等方面的临界点,以判断不确定性因素对方案经济效果的影响程度,说明方案实施的风险大小。这个临界点被称为盈亏平衡点(Break Even Point-BEP)。盈亏平衡点是项目盈利与亏损的分界点,它标志着项目不盈不亏的生产经营临界水平,反映在一定的生产经营水平时,工程项目的收益与成本的平衡关系。盈亏平衡分析的主要目的在于通过盈亏平衡计算找出和确定一个盈亏平衡点,以及进一步突破此点后增加销售数量、增加利润、提高盈利的可能性。盈亏平衡分析还能够有助于发现和确定企业增加盈利的潜在能力以及各个相关因素变动对利润的影响程度。通过盈亏平衡分析,可以看到产量、成本、销售收入三者的关系,预测经济形势变化带来的影响,分析工程项目抗风险的能力,从而为投资方案的优劣分析与决策提供重要的科学依据。

盈亏平衡分析分为线性盈亏平衡分析和非线性盈亏平衡分析。

二、交通运输工程项目线性盈亏平衡分析

以运输工程项目为例,当运输工程建设项目的运输收入及运输成本都是客货运周转量的线性函数时,此时盈亏平衡分析称之为线性盈亏平衡分析。

1. 盈亏平衡分析的假设条件

线性盈亏平衡分析有以下四个假设条件：
(1) 供给能力等于实际发生的客货运周转量。
(2) 固定成本和单位可变成本不变，可变成本与客货运周转量成正比变化。
(3) 运输价格不变。
(4) 按单一产品计算，将客运周转量换算为吨·公里计算。

2. 盈亏平衡点的计算

盈亏平衡点的表现形式有多种，运输工程项目评价中常用的是以客货运周转量、运输能力利用率、运价率、单位可变成本表示的盈亏平衡点。盈亏平衡点一般采用代数解析式法求解，也可利用盈亏平衡图求得。

设项目年运营收入为 S，其他收入占客货运输收入的比值为 r，营业税率及附加为 b，以旅客、货运周转量占换算周转量的比重为权重计算的客货运结合运价率为 P，年设计客货运周转量为 Q_{max}，年实际客货运周转量为 Q，年运营总成本为 C，年平均每公里的固定成本为 F（包括线路的固定设施维修费与年折旧费、财务费用），年平均每换算吨公里的单位可变成本为 V（包括有关成本与车辆折旧费，是以旅客货运周转量占换算周转量的比重为权重计算的客货综合单位可变成本），则运营收入为：

$$S(Q) = P(1+r)(1-b)Q \tag{6-1}$$

总成本为：

$$C(Q) = F + VQ \tag{6-2}$$

盈亏平衡时 $S(Q) = C(Q)$，即：

$$P(1+r)(1-b)Q = F + VQ \tag{6-3}$$

(1) 图解法

以客货运周转量 Q 为横坐标轴，运营收入 S（或支出 C）为纵坐标轴。将 $S(Q) = P(1+r)(1-b)Q$ 和 $C(Q) = F + VQ$ 画在同一坐标系中，运营收入线 $S(Q)$ 与总成本线 $C(Q)$ 的交点 BEP 即为盈亏平衡点，这就是项目盈利与亏损的临界点。BEP 对应的运量 BEP_Q 即为盈亏平衡时的运量，当运量小于 BEP_Q 时，总成本 C 大于运输收入 S，项目亏损；当运量大于 BEP_Q 时，总成本 C 小于运输收入 S，项目盈利，如图 6-1 所示。

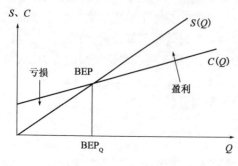

图 6-1　线性盈亏平衡分析图

(2) 解析法

由公式 (6-3) 可以计算以下平衡点：

① 实际客货运周转量表示的盈亏平衡点 BEP_Q

$$BEP_Q = Q^* = \frac{F}{P(1+r)(1+b) - V} \tag{6-4}$$

BEP_Q 是项目保本（不发生亏损）时的最低运量（保本运量）。其值越小（相对设计运输能力），说明项目抗风险的能力越强。

② 以达到设计运输能力时的运输率表示盈亏

平衡点 BEP_Q

$$客运:BEP_{P_K} = \frac{F_K + Q_K V_K}{(1+r)(1-b)Q_K} \quad (6-5)$$

$$货运:BEP_{P_h} = \frac{F_h + Q_h V_h}{(1+r)(1-b)Q_h} \quad (6-6)$$

式中:F_K、F_h——客运、货运按周期量比重分摊的固定成本;

Q_K、Q_h——客运、货运周转量;

V_K、V_h——客运、货运的单位可变成本。

BEP_P 是项目运量达到运输能力的最低运价率(保本运价),此时项目不亏不赢。运输率大于 BEP_P 即可盈利。BEP_P 越低,说明项目的抗风险能力越强。

③以运输能力利用率时表示的盈亏平衡点 BEP_E

$$BEP_E = \frac{Q^*}{Q_{max}} \times 100\% = \frac{F}{[P(1+r)(1-t)-V]Q_{max}} \times 100\% \quad (6-7)$$

BEP_E 是项目保本时的最低运输能力利用率,运输能力利用率大于 BEP_E 时即可盈利。BEP_E 越低,说明项目的抗风险能力越强。

④以达到设计运输能力时的单位变动成本表示的盈亏平衡点

$$BEP_V = P(1+r)(1-b) - \frac{F}{Q_{max}} \quad (6-8)$$

BEP_V 是项目运量达到设计运输能力时的最高单位变动成本,单位变动成本小于 BEP_V 时即可盈利。

三、交通运输工程项目非线性盈亏平衡分析

线性盈亏平衡分析是建立在若干假设条件的基础上,但在实际中,这些假设条件仅仅在一定的范围内适用,不具一般性。通常,总成本和运营收入都可能与客货运周转量之间呈现出非线性的变化关系,这就需要进行非线性盈亏平衡分析。

非线性盈亏平衡分析可分为三种情况,如图 6-2 所示。图 6-2a)为总运输成本呈非线性变化,运输收入呈线性变化;图 6-2b)为运营收入呈非线性变化,总运输成本呈线性变化;图 6-2c)为运输总成本与运营收入均呈非线性变化。

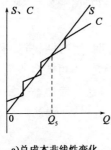
a)总成本非线性变化

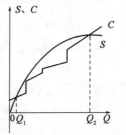
b)运营收入非线性变化

c)总成本与运营收入非线性变化

图 6-2 非线性盈亏平衡分析图

非线性盈亏平衡分析可能有几个平衡点。一般把最后出现的盈亏平衡点叫盈利限制点。在盈利限制点后,当运营收入等于可变成本时,就达到开关点(SDP)。这时的运营收入只够补

偿可变成本,亏损额正好等于固定成本。也就是当客货运周转量达到开关点时,如果继续提高客货运周转量,那么所造成的亏损比当初停运所造成的亏损更大。

由图6-2b)可知,当有两个盈亏平衡点时,只有客货运周转量在Q_1Q_2之间时,才能盈利,并可以找到最大盈利所对应的客货运周转量。

第三节 交通运输工程项目敏感性分析

一、敏感性分析的含义

敏感性分析是通过测定一个或多个不确定因素的变化所形成的决策评价指标的变化幅度,了解各种因素的变化对实现预期目标的影响程度,从而当外部条件发生变化时对投资方案的承受能力做出判断的过程。

敏感性分析就是要找出项目的敏感性因素,并确定其敏感程度,以预测项目承担的风险。

敏感性分析可以使决策者了解不确定因素对项目经济效益指标的影响,从而提高决策的准确性,还可以启发工程技术经济分析人员对那些较为敏感的因素重新进行分析研究,以提高预测的可靠性。通过进行项目的敏感性分析,可以研究各种不确定性因素变动对方案经济效果的影响范围和程度,了解工程项目方案的风险根源和风险大小,还可筛选出若干较为敏感的因素,有利于集中力量研究它们,重点调查和收集资料,尽量降低因素的不确定性,进而减少方案的风险。

另外,通过敏感性分析,可以确定项目的经济效益最乐观和最悲观的边界条件或边界数值,即可以确定不确定因素在什么范围内变化能使项目的经济效益情况变得最好或最差。

二、敏感性分析的一般步骤

1. 确定进行敏感性分析的经济评价指标

敏感性分析应根据项目的特点和项目评价的深度选择主要的指标进行分析,如净现值、内部收益率、投资回收期等,一般只选择一个重要指标进行分析。敏感性分析是在确定性经济评价的基础上进行的,故其选择的指标应与该项目经济效果评价时所用的指标一致。

2. 选择不确定性因素

不确定性因素很多,如产品销售价格、单位产品成本、总投资、建设期、达产期、贷款利率、销量等。上述的任何指标变动,都会引起经济效果评价指标的变动。但是,不可能也不需要对影响经济效果的所有因素进行不确定性分析,而应根据项目特点选择因素。选择不确定性因素可从两个方面考虑,一是预计这些因素在可能的变化范围内,对投资效果影响较大,二是这些因素发生变化的可能性较大。

3. 计算因不确定性因素变动引起的评价指标变动值

一般就所选定的不确定性因素,设若干级变动幅度(通常用变化率来表示)。然后计算与每级变动相应的经济评价指标值,建立一一对应的数量关系,并用敏感性分析图或敏感性分析表的形式表达。

4. 计算敏感度系数并对敏感因素进行排序

所谓敏感因素是指该不确定性因素的值有较小的变动就能使项目经济评价指标出现较显著改变的因素,敏感度系数的计算公式为:

$$\beta = \frac{\Delta A}{\Delta F} \tag{6-9}$$

式中:β——评价指标 A 对于不确定性因素 F 的敏感度系数;

ΔA——不确定性因素 F 发生 ΔF 变化率时,评价指标 A 的相应变化率(%);

ΔF——不确定性因素 F 的变化率(%)。

根据敏感度系数进行排序,敏感度系数最大的因素为最敏感因素。

5. 计算变动因素的临界点

临界点是指项目允许不确定性因素向不利方向变化的极限值,超过极限,项目的效益指标将不可行。

【例 6-1】 某投资项目的设计生产能力为年产 10 万台某种设备,主要经济参数的估算值为:初始投资为 1200 万元,预计产品价格为 40 元/台,年经营成本 170 万元,运营年限 10 年,运营期末残值为 100 万元,基准收益率 12%。问:(1)以财务净现值为分析对象,就项目的投资额、产品价格和年经营成本等因素进行敏感性分析。(2)绘制财务净现值随投资、产品价格和年经营成本等因素的敏感性曲线图。(3)保证项目可行的前提下,计算该产品价格下浮临界百分比。

解:(1)计算初始条件下项目的净现值:

$$\begin{aligned} \text{NPV}_0 &= -1200 + (40 \times 10 - 170)(P/A, 12\%, 10) + 100(P/F, 12, 10) \\ &= -1200 + 230 \times 5.6502 + 100 \times 0.3220 \\ &= -1200 + 1299.55 + 32.20 = 131.75(\text{万元}) \end{aligned}$$

(2)分别对投资额、单位产品价格和年经营成本,在初始值的基础上按照 ±10%、±20% 的幅度变动,逐一计算相应的净现值,并绘制敏感性曲线。

①投资额在 ±10%、±20% 范围内变动。

$$\begin{aligned} \text{NPV}_{10\%} &= -1200 \times (1+10\%)(40 \times 10 - 170)(P/A, 12\%, 10) + 100 \times (P/F, 12\%, 10) \\ &= -1320 + 230 \times 5.6502 + 100 \times 0.3220 = 11.75(\text{万元}) \end{aligned}$$

$$\text{NPV}_{20\%} = -1200 \times (1+20\%)230 \times 5.6502 + 100 \times 0.3220 = -108.25(\text{万元})$$

$$\text{NPV}_{-10\%} = -1200 \times (1-10\%) + 230 \times 5.6502 + 100 \times 0.3220 = 251.75(\text{万元})$$

$$\text{NPV}_{-20\%} = -1200 \times (1-20\%) + 230 \times 5.6502 + 100 \times 0.3220 = 371.75(\text{万元})$$

②单位产品价格在 ±10%、±20% 范围内变动。

$$\begin{aligned} \text{NPV}_{10\%} &= -1200 + [40 \times (1+10\%) \times 10 - 170](P/A, 12\%, 10) + 100 \times (P/F, 12\%, 10) \\ &= -1200 + 270 \times 5.6502 + 100 \times 0.3220 = 357.75(\text{万元}) \end{aligned}$$

$$\begin{aligned} \text{NPV}_{20\%} &= -1200 + [40 \times (1+20\%) \times 10 - 170](P/A, 12\%, 10) + 100 \times (P/F, 12\%, 10) \\ &= -1200 + 310 \times 5.6502 + 100 \times 0.3220 = 583.76(\text{万元}) \end{aligned}$$

$$\begin{aligned} \text{NPV}_{-10\%} &= -1200 + [40 \times (1-10\%) \times 10 - 170](P/A, 12, 10) + 100 \times (P/F, 12, 10) \\ &= -1200 + 190 \times 5.6502 + 100 \times 0.3220 = -94.26(\text{万元}) \end{aligned}$$

$$\begin{aligned} \text{NPV}_{-20\%} &= -1200 + [40 \times (1-20\%) \times 10 - 170](P/A, 12, 10) + 100 \times (P/F, 12\%, 10) \\ &= -1200 + 150 \times 5.6502 + 100 \times 0.3220 = -320.27(\text{万元}) \end{aligned}$$

③年经营成本在 ±10%、±20% 范围内变动。

$$NPV_{10\%} = -1200 + [40 \times 10 - 170 \times (1 + 10\%)](P/A, 12\%, 10) + 100 \times (P/F, 12\%, 10)$$
$$= -1200 + 213 \times 5.6502 + 100 \times 0.3220 = 35.69(万元)$$

$$NPV_{20\%} = -1200 + [40 \times 10 - 170 \times (1 + 20\%)](P/A, 12\%, 10) + 100 \times (P/F, 12\%, 10)$$
$$= -1200 + 196 \times 5.6502 + 100 \times 0.3220 = -60.36(万元)$$

$$NPV_{-10\%} = -1200 + [40 \times 10 - 170 \times (1 - 10\%)](P/A, 12\%, 10) + 100 \times (P/F, 12\%, 10)$$
$$= -1200 + 247 \times 5.6502 + 100 \times 0.3220 = 227.80 \ 万元$$

$$NPV_{-20\%} = -1200 + [40 \times 10 - 170 \times (1 - 20\%)](P/A, 12\%, 10) + 100 \times (P/F, 12\%, 10)$$
$$= -1200 + 246 \times 5.6502 + 100 \times 0.3220 = 323.85(万元)$$

将计算结果列于表 6-1 中。

计算结果（单位：万元） 表 6-1

影响因素	变化率					平均 +1%	平均 -1%
	-20%	-10%	0	10%	20%		
投资额	371.75	251.75	131.75	11.75	-108.25	-9.11%	9.11%
单位产品价格	-320.27	-94.26	131.75	357.75	583.76	17.15%	-17.15%
年经营成本	323.85	227.80	131.75	35.69	-60.36	-7.29%	7.29%

由上表可看出，在变化率相同的情况下，单位产品价格的变动对净现值的影响最大。当其他因素均不发生时，单位产品价格每下降 1%，净现值下降 17.15%；对净现值影响的第二位因素是投资额。当其他因素均不发生变化时，投资额每上升 1%，净现值将下降 9.11%；对净现值影响最小的因素是年经营成本。当其他因素均不发生变化时，年经营成本每增加 1%，净现值将下降 7.29%。由此可见，净现值对各个因素的敏感程度的排序是：单位产品价格、投资额、年经营成本，最敏感的因素是产品价格。因此，从方案决策角度来讲，应对产品价格进行更准确的测算。使未来产品价格发生变化的可能性尽可能地减小，以降低投资项目的风险。

④绘制财务净现值对各因素的敏感曲线，见图 6-3。

由敏感曲线图可知财务净现值对单位产品价格最敏感，其次是投资和年经营成本。

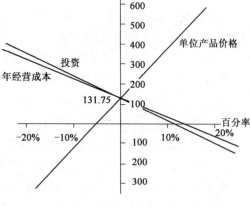

图 6-3 财务净现值对各因素的敏感曲线

(3) 用几何方法求解价格下浮临界百分比。

$$357.75 : 131.75 = (X + 10\%) : X$$
$$131.75X + 131.75 \times 10\% = 357.75X$$
$$X = \frac{131.75 \times 10\%}{357.75 - 131.75} = 0.0583 = 5.83\%$$

即该项目产品价格下浮临界百分比为 -5.83%，即最多下浮 5.83%。

第四节 交通运输工程项目风险分析

如前所述,敏感性分析无法预测不确定性因素在未来发生的概率,从而影响分析结论的准确性。对这个问题,可以借助风险分析的方法来弥补和解决。风险分析的一般步骤包括风险识别、风险估计、风险评价、风险决策和风险应对。

一、风险识别

风险识别是风险分析的基础,运用系统的方法对项目进行全面考察综合分析,找出潜在的各种风险因素,并对各种风险进行比较、分类,确定各因素间的相关性与独立性,判断其发生的可能性,并对项目的影响程度,按其重要性进行排队或赋予权重。风险识别的方法应根据项目的特点选用适当的方法。常用的方法有问卷调查、专家调查法和情景分析法等。交通运输工程项目财务与经济分析的风险因素可归纳为项目收益风险、建设投资风险、融资风险、建设工期风险、运营成本费用风险及政策风险等。

二、风险估计

风险估计又称风险测量、测试、衡量和估算等。风险估计是在风险识别后,通过定量分析的方法测量风险发生的可能性及对项目的影响程度。

风险估计,就是指采用主观概率和客观概率的统计方法,确定风险因素的概率分布。运用数理统计分析方法,计算项目评价指标相应的概率分布或累计概率、期望值、标准差。下面介绍概率树分析方法。

概率树分析是假设风险量之间是相互独立的,在构造概率树的基础上,将每个风险变量的各种状态取值组合计算,分别计算每种组合状态下的评价指标值及相应的概率,得到评价指标的概率分布并统计出评价指标高于或低于基准值的累积概率,计算评价指标的期望值、方差、标准差。

概率树分析的一般步骤是:

(1)通过敏感性分析,确定风险变量。
(2)判断各种风险因素可能发生的状态。
(3)确定各种状态可能出现的概率,每种状态发生的概率之和必须等于1。
(4)对各种风险因素的不同状态进行组合,求出方案所有可能出现的净现值 $NPV^{(j)}$ 及其发生的概率 P_j。
(5)求方案净现值的期望值 $E(均值)$、$E(NPV)$ 和标准差 $\sigma(NPV)$。
(6)求出方案净现值非负的累积概率。
(7)对概率分析结果作说明。

概率树分析的主要优点是可以给出项目 NPV 非负的概率,从而定量地测定项目承担的风险大小。计算出的累积概率值越大,说明工程项目承担的风险越小。对于投资者来说,这是进行投资决策的重要信息。但是对于不同的投资者,决策的结果可能不一样。因为一个项目的取舍不仅取决于项目风险的大小,还取决于投资者对风险的态度和承受能力。

三、风险评价

风险评价应根据风险识别和风险估计的结果,依据项目风险判别标准,找出影响项目成败的关键风险因素。项目风险大小的评价标准应根据风险因素发生的可能性及其造成的损失来确定,一般采用评价指标的概率分布或累积概率、期望值、标准差作为判别标准,也可采用综合风险等级作为判别标准。具体操作应符合下列要求:

1. 以评价指标作为判别标准

(1) 财务(经济)内部收益率大于等于基准收益率的概率值越大,风险越小;标准差越小,风险越小。

(2) 财务(经济)内净现值大于等于零的累计概率值越大风险越小;标准差越小,风险越小。

2. 以综合风险等级作为判别标准

根据风险因素发生的可能性及其造成损失的程度,建立综合风险等级的矩阵,将综合风险由强到弱分为 K 级、M 级、T 级、R 级、I 级,如表 6-2 所示。

综合风险等级分类表　　　　　　　表 6-2

综合风险等级		风险影响的程度			
		严重	较大	适度	轻微
风险的可能性	高	K	M	R	R
	较高	M	M	R	R
	适度	T	T	R	I
	低	T	T	R	I

四、风险决策

1. 风险决策的条件

(1) 存在决策人希望达到的目标(如收益最大或损失最小)。

(2) 存在两个或两个以上的方案可供选择。

(3) 存在两个或两个以上不以决策者的主观意志为转移的自然状态。

(4) 可以计算出不同方案在不同自然状态下的损益值。

(5) 在可能出现的不同自然状态中,决策者不能肯定未来将出现哪种状态,但能确定每种状态出现的概率。

2. 风险决策的原则

(1) 优势原则

优势原则就是在 A 与 B 两个备选方案中,不论在什么状态下,如果 A 总是优于 B,则可以认定 A 相对于 B 是优势方案。B 方案可从备选方案中剔除。应用优势原则一般不能决定最佳方案,但能淘汰劣势方案,缩小决策的范围。因此,它是一种"及早淘汰"方案的方法。

(2) 期望值原则

期望值原则就是根据各备选方案损益值的期望值的大小进行决策,如果损益值用费用表示,应选择期望值最小的方案,如果损益值用收益表示,则应选择期望值最大的方案。

(3)最小方差原则

就是选择方差最小的方案。其目的在于规避风险。按照方差原则与按照期望值原则选择方案时会得出不同的结论。一般风险承受能力强的投资主体更倾向于按照期望值原则进行选取,风险承受能力弱的投资者可按最小方差原则选择方案。

(4)最大可能原则

最大可能原则就是将发生概率明显大于其他状态的状态视为确定状态,按照这种状态下各方案的损益值大小进行求解。它是将风险决策问题转化为确定性问题予以求解。该原则只有当某一状态发生的概率大大高于其他状态发生的概率,并且各方案在不同状态下的损益值差别不太悬殊时才适用。

(5)满意原则

满意原则就是先定出一个满意的决策效果目标值,将各备选方案在不同状态下的损益值与该目标值比较,损益值优于或等于此满意目标值的概率最大的方案为当选方案。通常满意目标可以是:达到某一水平的 IRR;NPV≥0;实现某一数额的利润等。

3. 风险决策的方法

风险决策的常用方法有矩阵法和决策树法。下面主要介绍决策树法。

决策树法是一种利用树形决策网络来描述与求解风险决策问题的一种方法。它一般采用期望值原则对方案进行选择。

决策树的构成有 4 个要素:决策点(用符号"□"表示)、方案枝、状态结点(用符号"○"表示)、概率枝。决策树是以决策结点为出发点,引出若干方案枝,每一分枝表示一个可供选择的方案,方案枝的末端有一个状态结点,从状态结点引出若干概率枝,每条概率树表示一种可能发生的状态。概率枝上说明每种状态的概率,每一概率枝的末端,为相应的损益值,如图 6-4 所示是一种单级问题的决策树示意图。有些方案在状态结点后还有决策点,这就是多级决策问题。上述风险应对不是互斥的,实践中常常组合使用。交通运输工程项目可行性研究中应结合项目的实际情况,研究并选用相应的风险对策。

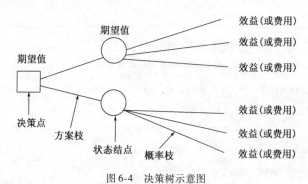

图 6-4 决策树示意图

利用决策树进行决策的过程是:由右向左,逐步后退,根据各种状态发生的概率与相应的损益值,分别计算每一方案的损益期望值,并将其标在相应的状态点上,然后,对这些期望值进行比较,淘汰不理想的方案,最后保留下来的就是选定的方案。

【例 6-2】 某施工单位经研究决定参与××桥梁工程的投标。经造价工程师估价,该工程预算成本 8500 万元,其中材料费占 60%。拟采用高、中、低三个报价方案,其利润率分别为

8%、5%、3%,根据过去类似工程的投标经验,相应的中标概率分别为 0.2、0.5、0.8。该工程业主在招标文件中明确规定采用固定总价合同,据估计,在施工过程中材料费可能平均上涨 2.5%,其发生的概率为 0.4(编制投标文件的费用为 10 万元)。问题:该施工单位应按哪个方案投标报价? 计算相应的报价和期望利润。

解:(1)计算各投标方案的利润。
①投高标且材料不涨价时的利润:
$$8500 \times 8\% = 680(万元)$$
②投高标且材料涨价时的利润:
$$8500 \times 8\% - 8500 \times 60\% \times 2.5\% = 552.5(万元)$$
③投中标且材料不涨价时的利润:
$$8500 \times 5\% = 425(万元)$$
④投中标且材料涨价时的利润
$$8500 \times 5\% - 8500 \times 60\% \times 2.5\% = 297.5(万元)$$
⑤投低标且材料不涨价时的利润:
$$8500 \times 3\% = 255(万元)$$
⑥投低标且材料涨价时的利润:
$$8500 \times 3\% - 8500 \times 60\% \times 2.5\% = 127.5(万元)$$

(2)将投标效果及其概率整理见表 6-3。

投标效果及其概率　　　　　　　　　　　表 6-3

方案	效果	概率	利润(万元)
高标	好	0.6	680
	差	0.4	552.5
中标	好	0.6	425
	差	0.4	297.5
低标	好	0.6	255
	差	0.4	127.5

(3)画决策树,标明各方案的概率和利润,见图 6-5。
(4)计算决策树中各机会点的期望值。
点⑤的期望值:$680 \times 0.6 + 552.5 \times 0.4 = 629(万元)$
点⑥的期望值:$425 \times 0.6 + 297.5 \times 0.4 = 374(万元)$
点⑦的期望值:$255 \times 0.6 + 127.5 \times 0.4 = 204(万元)$
点②的期望值:$629 \times 0.2 - 10 \times 0.8 = 117.8(万元)$
点③的期望值:$374 \times 0.5 - 10 \times 0.5 = 182(万元)$
点④的期望值:$204 \times 0.8 - 10 \times 0.2 = 161.2(万元)$

(5)决策
由于点③的期望利润最大,因此应投中标。
相应的报价为:$8500 \times (1 + 5\%) = 8925(万元)$。
相应的期望利润为:182 万元。

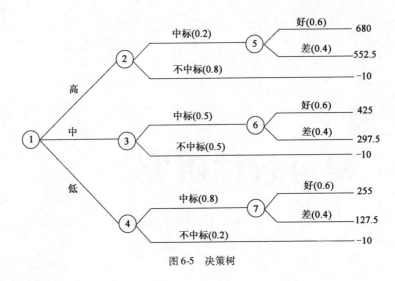

图 6-5 决策树

五、风险应对

风险应对是根据风险评价的结果,研究规避、控制与防范风险的措施,为项目全过程风险管理提供依据。具体应关注:

(1)风险应对的原则。应具有针对性、可行性、经济性,并贯穿于项目评价的全过程。

(2)决策阶段风险应对的主要措施。强调多方案比选;对潜在风险提出必要研究与试验课题;对投资估算与财务(经济)分析,应留有充分的余地。

(3)对建设或生产经营期的潜在风险,建议采取回避、转移、分担和自担措施。

(4)结合综合风险因素等级的分析结果,应提出应对措施,如表6-4所示。

综合风险因素等级及应对措施 表6-4

综合风险因素等级	措 施
K 级	风险很强,放弃项目
M 级	风险强,修正拟议中的方案,通过改变设计或采取补偿措施等
T 级	风险较强,设定某些指标的临界值,指标一旦达到临界值,就要变更设计或采取补偿措施
R 级	风险适度(较小),适当采取措施后不影响项目
I 级	风险弱,可忽略

上述风险应对不是互斥的,实践中常常组合使用。交通运输工程项目可行性研究中应结合项目的实际情况,研究并选用相应的风险对策。

习题

1. 敏感性分析的一般步骤有哪些?
2. 交通运输工程项目风险分析的步骤有哪些?
3. 概率树分析的一般步骤是什么?

第七章 公路工程可行性研究

第一节 社会经济调查与分析

公路建设项目可行性研究的一项重要工作,就是对地区社会经济发展状况进行调查研究,进而对建设项目的经济合理性做必要验证。社会经济是个复杂的大系统,要在公路建设项目可行性研究中,对社会经济进行较深入的研究和预测是困难的,只能要求对社会经济在总体水平和发展趋势上进行把握,并辅以必要的经济分析,即可达到可行性研究要求。

一、社会经济调查

1. 调查研究的范围

调查研究的范围取决于项目的影响区域。项目影响区域可以理解为,由于项目的实施,与项目有关的地区或区域的社会经济能按计划发展或发展地更快,那么,这些地区或区域就是项目影响区。为了集中力量研究项目影响区内社会经济的主要问题,影响区要根据受影响的大小区别对待,习惯上划分成直接影响区和间接影响区,社会经济分析研究的重点在于直接影响区。

直接影响区和间接影响区的划分因项目而异,划分的标准就是看能否揭示影响区内各区间的社会经济往来关系,能否有效地反映这一区域的物流和车流。直接影响区定的太大,增加工作量,定的太小,则不能达到预期的目的要求。直接和间接影响区的划分目前还没有统一的标准,但作为直接影响区通常应具备以下特点,即:项目实施后,社会经济显著受益;具备交通量的主要发生源;交通条件能够明显改善,并形成新的运输方式分流格局,另外,从地理位置看,直接影响区一般距项目很近或者是项目的所在地区,类似于沿路线形成的一条运输走廊。从直接影响区所形成的这些特点出发通常将公路建设项目直接经过的市县等以行政单位划分为直接影响区,必要时划分到区或乡;而把直接影响区之外,凡公路建设项目上行驶车辆所波及范围,作为间接影响区。直接影响区在交通调查时可以以区县为单位划分成一个个OD小区,在互通式立交附近,为弄清各互通匝道交通情况,还可适当细分;间接影响区则可划分得更粗一些,例如以地区和市为基本单元。

项目直接和间接影响区的确定,要与影响区内有关的经济区的分析结合起来。因为有的建设项目就是以这些经济区为主要服务对象,这些经济区的功能、特点、发展趋势对项目的研究结论具有很大的影响。所以,有关经济区、经济开发区、重要建设基础、重要口岸或中转集疏点等分析,在公路建设项目可行性研究中是不可缺少的。

2. 调查研究的对象

(1)人口及劳动者

社会经济分析研究的项目不同,需要的人口指标就不同。根据公路建设项目的可行性研究的实践情况,人口调查的指标有以下几种:

①总量指标。包括总人口、职工人数、社会劳动者、劳力资源总数、农业人口与非农业人口等,可结合项目的具体情况有选择的进行调查分析。

②相对指标。包括人口密度、人口自然增长率、人口平均增长速度等。

(2)资源

①矿藏资源。包括煤炭、石油、盐、铁、铜等矿产资源。调查内容有:资源的储量、质量(品味、纯度)、开发条件、已开发的规模以及开发计划与前景、资源的服务区域等。

②旅游资源。旅游情况往往构成地区的特色、旅游经济甚至某些地区的经济的重要组成部分,而旅游交通可能是某些区域主要的交通成分。调查的内容有:地区旅游风景名胜文物古迹点处;旅游点等级和性质、旅游开发情况和规则、旅游者交通工具选择情况等。

(3)经济

交通运输是为经济发展服务的,经济发展是交通运输需求的根本源泉,下面就经济调查的主要内容作简单介绍。

①经济水平。经济水平是经济发展的总体规模以及发展程度。目前我国反映经济水平的指标主要有:国民生产总值(生产的最终产品和提供的劳务总量的货币表现)、社会总产值(农业、工业、建筑业、运输业、商业五个部门的物质生产成果的货币表现)、工农业总产值、工业总产值和农业总产值、国民收入等。

②经济结构。经济结构是指社会经济各种成分,国民经济各个部门和社会再生产各个方面的构成及其相互关系。最直观的指标是国民经济各部门各产业的总产品或总劳务的价值量以及各自在总体中所占的比值。国民经济各部门可按五大类分为农业、工业、建筑业、运输业和商业,也可按三大产业分为第一产业(农业,包括林、牧、渔业等)、第二产业(工业和建筑业)、第三产业。

③经济布局。经济布局从根本上左右了交通流的发生集中源点的分布,调查的主要内容是地区主要物质生产部门在空间上的分布以及重点区域行业的专门化程度。

④建筑投资。建设投资调查的主要指标有,全社会固定资产投资、基本建设投资、更新改造措施投资、其他固定资产投资以及国外贷款与投资。同时还应调查投资方向构成和主要投资项目等。

⑤外贸。外贸调查的主要内容有:进、出口量;进、出口产品结构;主要贸易伙伴及贸易水平等。

⑥经济计划及规划。经济计划及规划是国家和各级人民政府对经济工作做出的预计筹划及安排,是经济发展的目标。调查的主要内容有:有关产业、经济发展趋势与展望、经济发展目标及水平、经济增长速度、建设投资额、投资重点和重点项目等。

二、社会经济分析

社会经济分析是指利用社会经济资料,对社会经济活动过程及其结果进行研究,分析社会经济增长或制约的影响因素,掌握社会经济发展趋势,进行社会经济预测。下面就公路建设项目可行性研究中社会经济分析的内容及应注意的问题作简要介绍。预测方法不作专门讨论。

1. 社会经济分析的内容

(1) 人口分析

公路建设项目可行性研究的人口分析,主要是人口增长分析,即人口增长率分析。人口增长率=(出生率-死亡率)+(迁入率-迁出率)。其中人口迁移包括的范围都是"在册"的,即在有关部门进行登记并持有居住户口的人口数,但是由于经济活跃后,各地没有"在册"而又长期居住的人员数量可观,特别是沿海发达地区、经济特区和一些大中城市,这部分流动人口更多。所以公路影响区范围内这部分流动人口量特别大的地区,应该对其进行可行性研究。

(2) 资源分析

公路可行性研究中关于资源的调查与分析,应立足于有关部门提供的资料和分析结论的基础上,分析的重点是资源开发、燃料及原材料供需等。

①资源开发。分析的主要内容是储量、开发条件和资金情况。应注意资源的储量优势并不等于经济实力上的优势。资源开发条件的优劣、交通条件和资金来源都会影响地区未来资源的开发水平。

②资源以及燃料、原材料供需分析。因资源分布的不平衡,各地经济发展所需的资源以及燃料、原材料需通过调配互通有无。分析的主要内容有:地区经济发展中调入和调出的资源或燃料、原材料的数量、品种及规格。

(3) 经济分析

此处所谓的经济一般是三个意思:一是社会生产关系总体;二是社会物质生产和再生产(包括交换、分配、消费等环节);三是国家国民经济或一个部门的经济活动的总称。经济分析就是对这三个方面进行分析。根据公路可行性研究的要求结合可行性研究的实践,经济分析的主要内容有:工业、农业、经济构成、经济增长、人均主要经济指标等。

2. 社会经济分析及应注意的问题

(1) 社会经济分析的一般步骤

①明确分析的具体目的。确定选题的具体内容和研究的先后缓急、所需资料及来源、分析指标和分析方法等。

②对资料进行评价。要注意不同来源的资源可比性和一致性问题。资料的准确性是分析质量的关键和保证。

③进行资料的整理、比较、分析,最后得出析结论。

(2)分析资料的可比性问题

要确定资料的可比性,就需检查有关指标的内容、口径、计算方法、计量单位等是否相同。分析资料的可比性应注意下面几点:

①不同经济指标的对比

在进行社会经济分析时,有时需要把两个不同性质的指标进行比较,甚至相互换算替代,这就要求对两种指标的内涵及外延进行充分的了解和比照,找出相同及差别之处,结合具体研究目的具体分析。

例如,"国民生产总值"我国统计的时间不长,历史资料较少,有些地区在做经济发展计划或规划时,也没有国民生产总值的规划。在可行性研究工作中,如果需要用到国民生产总值指标,可以从其他宏观经济指标(如工农业总产值、社会总产值等)入手进行推求,但如直接将工农业总产值或社会总产值的增长速度代替国民生产总值的增长速度,则可能会产生很大的偏差。

②经济指标的口径问题

由于资料的来源不同、统计时间不同,同一指标可能存在统计口径不同的现象。例如,20世纪60年代初期,规定村工业产值计入工业产值,直到1982年开始调整,1984年调整完毕,统一按新口径统计工业和工业总产值。

③价格问题

分析所用的货币形式表现的社会经济指标,应是以可比价格计价的价值指标。这里有关价格的概念有三种,即当年价格、可比价格和不变价格。当年价格是指报告期的实际价格;可比价格是指扣除了价格变动的因素,确切反应物量变化的价格;不变价格是用同一时期的同类产品的平均价格作为固定价格,来计算各个时期的产品价值。

④行政区变动问题

行政区域的变化也会带来经济指标范围的不一致。如原属甲市所辖的若干县划归乙市管辖,而原归乙市或其他市管辖的若干县改由甲市管辖。对此,分析资料前应先进行资料的调整和补充。

第二节 交通调查与交通量预测

一、交通调查

1. 交通调查的目的

交通量预测和经济评价是可行性研究的核心内容,而交通调查是交通评价和经济评价的基础。因此,交通调查的目的可概括为:

(1)提供远景交通量预测所必需的资料,包括影响区内交通发展的过去、现在和规划中的将来的交通情况的实际资料。

(2)为经济评价中某些参数的确定采集基础资料。

2. 交通调查的方法和内容

1)调查方法

调查应尽可能搜集已有的资料,对于缺乏交通量资料的情况,可以采用实地调查的方法。常用的交通量调查方法包括人工观测法、自动化检测仪器数据采集法等,在《交通调查与分析》教材中有详细论述,本节不再赘述。

2)调查内容

(1)交通概况。

①综合运输网的现状。包括五种运输方式的线路长度、年运输能力、主要货类、平均运距等。

②公路运输的地位及作用。包括主要相关的公路等级、里程、路面类型、交通量、行车速度、桥隧与交叉口等。

③相关铁路的情况。包括里程、等级、年通过能力、平均运距、运行速度、运输成本等。

④相关水运情况。包括航道等级、年运输能力、主要货类、平均运距、运行速度、运输成本等。

⑤相关港口的情况。包括泊位、吞吐能力、功能等。

⑥相关渡口的能力、渡运时间、费用及等待时间等。

⑦相关机场的情况。包括规模、分布、班次等。

⑧管道运输能力、货类等。

⑨汽车运输情况。包括分车型历年汽车保有量、运输成本、平均吨(座)位、实载率、吨位利用率等。

(2)交通运输量。

①五种运输方式的客货运量、周转量、主要货类、旅客构成、流向等。

②综合运输构成、各种运输方式的能力利用率、运输量增长率等。

③远景运输量的规划、各种运输方式的比重等。

④公路运输发展的新特点、公路运输量新生源等。

(3)公路交通量。公路交通量是交通调查的重点之一,调查内容有:有关公路的交通量的年递增率;汽车交通占混合交通的比重;车型构成;交通量月、周、日不均匀系数、高峰小时交通量;车流平均运输速度;有关交叉口的交通状况等。

(4)公路行车成本。公路行车成本,包括燃料、养路费等汽车运行各项成本费用;交通及非交通部门各种汽车单位运输成本。

(5)道路养护大修管理费用。

(6)道路收费。包括收费的形式、体制、标准,还应调查收费对交通量的影响。

(7)交通事故及货损货差。包括公路交通事故平均损失率、各级公路交通事故率、在途货物平均价格、货损货差率等。

3. 起讫点调查

起讫点调查(Origin Destination Survey,简称 OD 调查)就是在某一起点到终点间调查人和车的出行动向,以了解其发生和终止,获得车种、荷载种类、交通方向和交通量等资料,其主要目的是为预测远景交通量提供依据,同时也为经济评价和道路设计采集参数。有关 OD 调查的具体方法请参考《交通调查与分析》教材。

二、交通量预测

1. 远景交通量的组成

远景交通由以下三部分组成：

(1) 正常交通量

道路按以往发展规律,自然增长可能达到的交通量。

(2) 转移交通量

拟建道路建成后,从其他道路及由于竞争关系而从其他交通方式转移过来的交通量。

(3) 诱增交通量

因拟建道路的建成而新产生的交通量,也称新增交通量。包括以下三个方面：

①时间和距离的缩短,引起市场范围的变化。例如原来与甲地做生意,由于新路建成,改变了经济可接近性,而转向新建沿线的乙地,由此产生的交通量。

②由于新路,特别是高速公路的建设,经济结构、产业布局发生变化,引起新的产业布局和开发项目,道路的新建将起到区域开发的促进作用,新路沿线可能建立起许多新的工厂企业,由此也诱增了交通量。

③新路改善了交通条件,诱发了原来潜在的交通量。这部分交通量是原来想出行而由于道路条件而未出行的交通量。

2. 远景交通量的预测

可行性研究中,远景交通量的预测大致可以分为两类：一类是增长率(增长曲线)预测法,即用简单数学模型,例如定基或定标模型,来预测拟建道路的交通量增长规律,这种方法一般用于预可行性研究;另一类是四阶段推算(预测)法,即根据起讫点调查,研究区域内路网交通量发展规律,进而推算路网中拟建公路的远景交通量。这种方法考虑因素较周全,比较符合交通流量的发展变化的客观规律,通常在工程可行性研究的远景交通量预测中采用。

(1) 增长率(增长曲线)预测法

《公路可行性研究编制方法》推荐用增长率或增长曲线预测远景交通量 Y_m,其数学模型见表7-1。所谓定基预测法是指直接从交通量本身的变化规律进行预测,一般以基年交通量为起点(已知值)开始推算,基年交通量通过调查和实测得到,对于新建公路,基年交通量可根据临近公路能够转移到新路的交通量来确定。所谓定标预测法是指从其他经济指标与交通量的关系来进行交通量预测,定标预测法考虑的经济指标通常有：人口、汽车保有量、国民生产总值、工农业生产总值等。这两种预测方法殊途同归,可结合资料占有情况选择使用。

交通量预测数学模型表　　　　　表7-1

类　别	线　型	模　型	符　号　含　义
定基预测	平均增长曲线	$a = (Y_n/Y_0)^{1/n} - 1$ $Y_m = Y_n(1+a)^{m-n}$	a 为增长率; Y_n 为已知的第 n 年的交通量(一般为基年)
	指数曲线	$Y_t = ae^{b(t-t_1)}$	Y_t 为求算年份的交通量; a, b 为系数; t, t_1 为预测年份(如2020年)和基年(如1994年)

续上表

类别	线型	模型	符号含义
定基预测	S曲线	$Y_m = ka^{b^m}$	Y_m 为从资料第 0 年算起的第 m 年交通量; k, a, b 为系数
定标曲线	一元回归曲线	$Y_m = aE_m^b$	Y_m 为 m 年的交通量; E_m 为 m 年的经济指标,远景年份的指标需预测; a, b 为系数
定标曲线	多元回归曲线	$Y_m = b_0 T^{b_1} U^{b_2} R^{b_3} \cdots$	Y_m 为 m 年的交通量; T, U, R 为 m 年的各个经济指标,远景年份的指标需预测; b_0, b_1, b_2, b_3 为系数
定标曲线	S曲线	$Y_m = \dfrac{A}{1 + ae^{bE_m}}$	Y_m 为 m 年的交通量; E_m 为 m 年的经济指标,远景年份的指标需预测; a, b 为系数; A 为曲线上限(假定值)

以下仅通过表 7-1 中两种 S 形曲线的应用来介绍定标和定基预测法。

①冈柏兹(Gompertz)曲线

表 7-1 定基预测的 S 曲线称冈柏兹曲线,其形式为:

$$Y_m = ka^{b^m} \tag{7-1}$$

式中: Y_m——m 年的交通量;

　　 k、a、b——系数。

冈柏兹曲线模型的特点是,在时间数列中,每年发展水平对数的增长量为等比例递减,曲线先有上凹的上升,后为下凹的上升,呈非对称的 S 形,两端无限延伸时,有以 $Y = K$ 和 $Y = 0$ 的渐近线(图 7-1)。

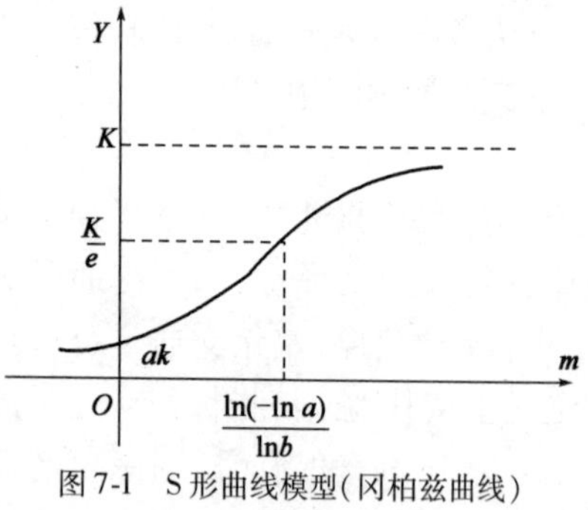

为求系数 a 和 b,可令 $b = e^{-\mu}(\mu > 0)$,代入式(7-1)得到:

$$Y_m = Ka^{e^{-\mu m}} \text{ 或 } \frac{K}{Y_m} = a^{-e^{-\mu m}}$$

公式两边取两次对数,得到:

$$\ln\ln\frac{K}{Y_m} = -\mu m + \ln(-\ln a)$$

图 7-1 S 形曲线模型(冈柏兹曲线)

令: $Y = \ln\ln\dfrac{K}{Y_m}, A = \ln(-\ln a), B = -\mu, X = m$,得到中线回归公式: $Y = A + BX$,利用一元线性回归求出 A 和 B,即可用上述公式推算 a 和 b。

②逻辑斯蒂(Logistic)曲线

表 7-1 定标预测的 S 形曲线称为逻辑斯蒂曲线,其形式为:

$$Y_m = \frac{A}{1 + ae^{bE_m}} \tag{7-2}$$

式中: Y_m —— m 年的交通量;

E_m —— m 年的经济指标,远景年份的指标需预测;

a、b —— 待定回归参数;

A —— 曲线上限,可采用饱和交通量。

逻辑斯蒂曲线的特点也是先凹上升,后下凹上升,呈 S 形,两端无线延伸时,有以 $Y = K$ 和 $Y = 0$ 的渐近线。

为求系数 a 和 b,需要将式(7-2)做如下演变:

$$\frac{A}{Y_m} = 1 + ae^{bE_m} \text{ 或 } \frac{A}{Y_m} - 1 = ae^{bE_m}$$

两边取对数:

$$\ln\left(\frac{A}{Y_m} - 1\right) = \ln a + bE_m$$

令 $Y = \ln\left(\frac{A}{Y_m} - 1\right)$,$A = \ln a$,$B = b$,$X = E_m$ 得 $Y = A + BX$,利用一元线性回归求出 A 和 B,即可用上述公式推算 a 和 b。

(2)四阶段预测法

以起终点(OD)调查为基础的交通量预测技术,在发达国家的交通运输系统的规划,特别是城市的交通运输规划以及运输网可行性研究中得到广泛采用。这种方法的工作步骤可概括为四个阶段:社会经济调查和预测→小区交通量发生和吸收→各小区之间交通量的分配→交通量在路网上的分配。因此称为四阶段预测法。本章不对四阶段预测法做详细论述,这方面较深入的知识可参见有关交通工程文献。下面仅介绍四阶段工作的基本内容。

①社会经济的预测

在经济调查的基础上,首先需对交通量发生因素如人口、经济、汽车保有量等有选择地进行预测。预测以回归分析法为主,常用的函数形式有直线、二次曲线、指数曲线、对数曲线、生长曲线(S 曲线)等。要求分小区预测。

②发生、吸引交通量的预测

利用现有调查资料,建立未来发生交通量和吸引交通量与小区的人口、经济、汽车保有量或现有发生、吸引交通量等指标的关系,称为发生、吸引交通量模型。建立模型的方法有:增长率法、强度指标法和相关分析法等。例如,假设某经济指标与小区出行(发生)交通量的比例为一常数,则未来发生的交通量可以用以下公式预测:

$$Q'_{pi} = Q_{pi} \frac{E'_i}{E_i} \tag{7-3}$$

式中: Q'_{pi}、Q_{pi} —— 分别为将来和现在的 i 区域出行交通量;

E'_i、E_i —— 分别为将来和现在的 i 区域某经济指标。

以上方法即为强度指标法。

③分布交通量的推算

求出区域内各小区的出行和吸引交通量后,还需进一步确定每一小区出行的交通量(记作 Q_i)是到哪些小区去的,各小区(记作 $<j$)去了多少(记作 Q)。分布交通量预测的方法很多,可分为两类,一类是增长率法,包括均衡增长率法、平均增长率法、底特律法、弗雷特法;另一类是综合模式法,包括基本重力模式法、乌尔希斯重力模式法、美国公路局重力模式法等。增长率法的基本思路是从已知分布交通量现状(OD 表)出发,考虑发生、吸引交通量的增长率

来推算未来分布交通量。综合模式法以重力模式法为主,基本思路是按小区之间的距离和小区的经济实力来推算分布交通量。

④交通量分配

分布交通量解决了 i 区至 j 区间有多少交通量往来的问题,这些交通量在路网上怎么选择路线,便是交通量分配的问题了。通过交通量分配,就可以预测出各条路线上的交通量,从而为道路建设可行性研究提供了依据。

交通量分配是一项较为复杂的工作,主要的方法有:全有全无法、最短路径迭代分配法、等行程时间分配法、转移率法等。全有全无法以路径最短为原则分配交通量,在交通量比较少的路网上是比较合理的。但如交通拥挤使道路条件变差,则人们常常为避免堵车,宁愿绕行。这就是考虑容量限制的最短路径迭代分配法的出发点。另外,在一些路网,特别是城市道路,有时同时存在几条相近长度的通路,驾驶员在选择走哪条路时带有随机性,这就是转移率法的基本思想。

第三节　技术经济评价

一、概述

1. 经济评价的概念及其特点

公路建设项目的经济评价是公路建设项目可行性研究的重要组成部分。经济评价工作是在建设项目费用和效益的估算基础上,对项目的经济合理性进行分析和评价,为项目决策提供依据。经济评价可分为财务评价和国民经济评价。"财务评价"(通常称为"财务分析")是根据国家现行的财税制度和现行价格,分析测算项目的效益和费用,从财务角度考察项目的获利能力和借款偿还能力等财务状况,对项目可行性进行评价;"国民经济评价"是从国家整体的角度研究项目需要国家付出的代价和对国家的贡献,以评价投资行为的经济合理性。两种评价方法的主要区别见表7-2。

财务分析与国民评价的区别　　　　　　　　　　　　表7-2

项　目	财　务　分　析	国民经济评价
评价的角度	从项目的财务角度进行评价	从建设项目对国民经济贡献的角度进行评价
效益与费用含义	根据项目实际发生的货币支付及现金流量来确定效益和费用	根据项目对社会提供的服务及项目所耗费全社会的有用资源来研究项目的效益和费用
采用价参数	采用现行价格和官方汇率(或外汇调剂价)、因行业而异的财务折现率等参数	采用影子价格和影子汇率、影子工资和社会折现率等国家统一测定的参数
效益计算的范围	仅为能从财务上得到反映的项目自身受益的部分,表现为过路(桥)收费	包括全社会公路使用者获得的全部可计算效益

由于公路面向全社会开放,公路上行驶的车辆90%以上属于社会各部门及集体或私人所有,交通部门的公路运输企业车辆仅占极小比例,而且公路建设、管理、运输、养护是分开经营和管理的,分属于不同的企业,不能形成一个建设和运营统一核算的独立企业。因此,所有公路建设项目均采用国民经济评价。仅收费公路需要增加财务分析内容,目的是通过研究收费

标准,测算过路(桥)收费,计算贷款偿还能力(如偿还方式和偿还年限等),分析项目财务的可行性。这是公路建设项目经济评价的一个特点。

2. 经济评价的原则和步骤

(1)经济评价原则

①"有无"比较法的原则

"有无"比较法,是指拟建项目建设的情况下发生的各种费用和效益与假定拟建项目不实施的情况下发生的各种费用和效益相互比较,来确定拟建项目费用与效益的一种方法,这种比较对于准确衡量项目所带来的净收益是非常必要的。需要注意的是,不是以项目建设"前后"情况进行对比,因为采用"前后"比较时,没有充分考虑如果不建设项目,则"前"道路交通拥挤将进一步恶化,运输成本将不断提高这一事实。请看下面例子。

某公路交通拥挤,运输成本为 159 元/千吨公里,由于交通增长速度使道路行驶条件不断恶化,预测 10 年、20 后运输成本为每千吨公里 170 元和 178 元。先拟建一条新路,3 年建成,在第 10 年、第 20 年的运输成本分别为 132 元/千吨公里和 148 元/千吨公里,则按"前后"对比和按"有无"对比方法将得到以下不同的效益(元/千吨公里):

"前后"对比:第 10 年,159 - 132 = 27;第 20 年,159 - 148 = 11。

"有无"对比:第 10 年,170 - 132 = 38;第 20 年,178 - 148 = 30。

②费用与效益的范围对应一致的原则

国民经济评价以国家利益为依据,评价时效益和费用应能反映对国家整体产生的效应。例如,费用中的税收就不应看作是工程支出,因为它全部收入国库,国家并未实际支付;同样,虽然公路带来的社会效益并不能使建设项目部门在财务上得到体现,但国家和国民确实得到了实惠,因此,这部分效益应计入国民经济效益中。财务分析情况也一样,以财务上真正支出和入账的收入作为费用与效益。

③计算期采用同一价格的原则

《建设项目经济评价方法与参数》(第三版)中规定:国内项目的经济评价,在计算期内各年使用同一价格,即以项目建设的第一年的市场价格或影子价格为基准,经济评价和财务分析期间价格不变。

这是因为影响物价的因素太多、太复杂,难以预测;况且,在多数条件下,费用有涨价因素,效益(收入)也有涨价因素,为便于各方案、各行业、各部门作项目比价,规定不再考虑计算期(即项目建设期加使用后预测期)的涨价因素。

④经济评价计算年限应统一的原则

公路建设项目经济评价计算年限 = 建设年限 + 使用后的预测年限。公路投入使用后的预测年限原则上统一按 20 年计算,而不像《公路工程技术标准》(JTG B01—2014)规定的远景设计年限那样,按公路等级分别采用 10(四级公路)~20 年(高速公路和一级公路)。采用统一的计算年限有利于比较不同的项目(不同公路等级)的经济评价结果。

(2)经济评价的工作步骤

国民经济评价的工作步骤如下:

计算影子价格→计算效益和费用→计算各经济评价指标→敏感性分析→项目决策建议。

财务分析的工作步骤如下:

计算市场价格→计算收费收入和投资款额→计算各财务评价指标→敏感性分析→项目决

策建议。

二、经济评价中若干参数的确定

公路建设项目经济评价中,常遇到的参数是影子价格、影子汇率、社会折现率、汽车运输成本、项目的残值等,这些参数是项目经济评价必备参数,参数的测算正确与否,直接影响着项目费用和效益的对比变化及评价结果。由于经济的发展和其他因素的影响,国家对一些参数或价格会经常有调整或变化,使用时应随时注意,以适应新的要求。下面分别介绍参数的确定和影子价格的调整。

(1) 影子价格

所谓影子价格是指在完全竞争条件下的市场上,为社会所公认的价格,它反映了资源最优利用的价格和真实价值。

国民经济评价要求采用影子价格是因为下述理由:

①纠正被市场价格所扭曲了的投入资源的经济代价,从而显示出资源成本的真实性,有利于实现社会资源的合理配置和有效利用。

②有利于按政府的投资政策和国情对项目方案做出选择。

在预可行性研究中,可采用国家计委颁布的《建设项目经济评价方法与参数》公布的影子价格。在工程可行性研究中,应根据项目具体情况测算影子价格。由于项目所涉及的价格繁多,且他们的市场价格与实际价格有相同、相近和相差很大之别,因此,对项目投入资源的影子价格全部加以确定,既不可能,更无必要,而应按以下原则有选择的确定影子价格:

①以政府的投资政策为准则。

②消耗量大、对经济评价有影响的资源应考虑采用影子价格。

③市场价格与影子价格相差悬殊时,应考虑采用影子价格。

以上三条原则缺一不可,在确定影子价格时,可舍去那些无关紧要的资源项目。

在确定影子价格时通常先将项目耗用资源按是否是外贸资源进行分类。因为,若是国际市场就提供了除国内生产和消费以外的选择机会,从而提供了它对国家的实际价值。

对于土地这一特殊资源,影子价格应按它在各种可供选择的用途中,为国民经济所提供的最大价值来取用。

(2) 影子汇率

影子汇率是在国民经济评价中用以进行外汇与人民币之间的换算系数。影子汇率代表了外汇的影子价格。影子汇率和官方汇率之差反映了该国经济的保护程度。可利用下式估算平均影子汇率:

$$S_R = Q_R \frac{(P_d + T) + (P_l + S)}{P_d + P_l} \tag{7-4}$$

式中:S_R——平均影子汇率;

Q_R——官方汇率;

P_d、P_l——进口商品到岸价格和出口商品离岸价格;

T、S——进口税和出口补贴。

影子汇率和官方汇率两者相差越大,表明本国经济保护越强。目前,许多发展中国家普遍采用影子汇率为 $1.75 \times$ 官方汇率。

(3) 社会折现率

社会折现率是社会对资金时间价值的估计值。由于项目使用资金致使这些资金不能再用于国民经济的其他方面，从而失去了这些资金用于其他方面所能获得的盈利，这部分失去的盈利就是项目的使用资金的代价－资金的机会成本，这个资金的机会成本就是用社会折现率来体现的。资本的机会成本（社会折现率）由政府规定。例如，美国规定为 15%，发展中国家一般不低于 12%。我国从 1990 年起由国家计委根据目前的投资收益水平规定社会折现率为 12%。

(4) 贸易费用率

贸易费用是指物资局、各级批发站、外贸公司等在货物的经手、储存、再包装、短距离倒运、装卸、保险、检验等各流通环节上的费用支出和流通过程中的货物损耗以及按照利息 10% 计算的资金回收费用，通常用贸易费用率计算。在没有特殊要求的情况下，贸易费用率取 6%。

未经商贸部门而直接由生产厂家供货，则不计贸易费用。

(5) 汽车运输成本的影子价格

汽车运输成本是项目效益计算的重要参数，公路建设项目的效益主要是以汽车运输成本的降低来实现的。为了正确估计项目所产生的效益，必须对汽车运输成本与其影子价格的差价进行了解。对此，首先要将汽车运输成本进行分解，然后逐一分析调整各部分价格。表 7-3 列出了汽车运输成本各要素及其所占比重。如某地区混合交通的单位成本为 201.13 元/换算吨公里，则相应的各要素如表中第二栏数据所示。然后逐项分析各要素价格的影子价格。例如，首先应扣除车船使用费一项；工资和提取的职工福利基金可以不变；燃料按当时市场的出厂价加运费，并综合考虑各种汽车比例及平均每千吨公里油耗指标，最后确定它的影子成本为 52.11 元，比财务成本 47.06 元调高了 5.05 元。逐项计算累加完毕，即得到汽车运输成本的影子价格，计算结果列在表 7-3 的最后一行中，即为经济运输成本。

经济运输成本与财务运输成本比较表（单位：元/千吨换算公里）　　　　表 7-3

成本类别	单位成本	车辆费用（占单位成本的比重约 84.5%）										企业管理费
		工资	提取职工福利基金	燃料	轮胎	保险	大修	折旧	养路费	运输管理费	车船使用费	其他	
所占比率(%)	100	6.9	0.7	23.4	5.3	13.4	6.9	7.0	15.5	1.0	0.5	3.9	15.5
财务	201.13	13.88	1.41	47.06	10.66	26.95	13.88	14.08	31.18	2.01	1.01	7.84	31.17
经济	217	13.88	1.41	52.11	8.34	24.89	13.53	40	21.82	2.01	0	7.84	31.17

(6) 残值

按《公路建设项目经济评价方法》的规定，残值一般可取工程费用的 50%，以负值形式计入计算期末年的费用中。财务分析不计残值。

三、国民经济评价

国民经济评价采用影子价格，在计算效益和费用前需先确定一些主要资源和汽车运输成本的影子价格。然后，采用汽车运输成本的影子价格计算项目效益，并对工程投资估算做下述调整：

①对建筑安装工程费中的人工、原木、钢材、沥青、水泥等主要材料做影子价格调整。
②剔除建筑安装工程费中的税金。
③"其他费用"中的土地占用费做影子价格调整,剔除供电补贴。
④剔除预留费用中的差价、税差及物价上涨费。

以上效益和费用应以项目开工第一年价格为准,并应列表分别算出计算年限中各年的效益和费用值。项目使用期的费用主要是道路大、中修和养护费,其中,计算期末年的费用应增加残值的50%工程投资费。

为进行经济评价,还需要先将上述各年的效益和费用折算成基年(一般是项目开工的前一年)的价值,这种将未来不同年份的货币价值换算成现在的货币价值(现值)的过程称为贴现(或折现)。折现采用的某一固定利率,称为折现率,在国民经济评价中,采用的是社会折现率。折现反映了货币的时间价值。

经济评价指标有四个:NPV,BCR,IRR,N。为指明这是经济评价(Economic),通常在前面加上 E。

(1)净现值(ENPV)

指项目效益的现值总额减去项目费用的现值总额的差额。净现值反映的是项目对国民经济所做的贡献的大小,ENPV 越大,说明该方案越优,其计算式如下:

$$\text{ENPV} = \sum_{t=1}^{n}(B_t - C_t)(1 + I)^{-t} \quad (7\text{-}5)$$

式中:B_t——第 t 年的效益金额(万元);
C_t——第 t 年的费用金额(万元);
I——社会折现率,国内项目可取 0.12;
n——公路项目计算的年限,n = 建设年限 +20。

(2)效益费用比(EBCR)

项目的效益费用比是项目评价年限内各年效益的现值总额和各年费用的现值总额的比率,其经济含义为每万元的投资费可获利多少。EBCR 大于 1 时,说明项目所具有的获利能力超过对项目的投入,项目可行。其计算式如下:

$$\text{EBCR} = \frac{\sum_{t=1}^{n} B_t (1 + I)^{-t}}{\sum_{t=1}^{n} C_t (1 + I)^{-t}} \quad (7\text{-}6)$$

式中符号含义同前。

(3)内部收益率(EIRR)

内部收益率是项目在计算年限内,使各年的净现值的累计值等于零时的折现率,即使用某一种折现率,使得项目在计算年限内的费用现值总额和效益现值总额相等,这个折现率就是内部折现率。同前两个指标相比,内部收益率大小与社会折现率无关,更能反映项目投资的效益,其经济含义类似于项目投资可以获得的利息。因此,EIRR 是国民经济评价的重要指标。

内部收益率由公式(7-7)导出:

$$\sum_{t=1}^{n}(B_t - C_t) \times (1 - \text{EIRR})^{-t} = 0 \quad (7\text{-}7)$$

式中符号含义同前。

对公式(7-7),通常采用试算后用插值公式求得 EIRR:

$$EIRR = EIRR_1 + (EIRR_2 - EIRR_1) \cdot PV/(PV + |NP|) \quad (7-8)$$

式中:$EIRR_1$——试算的低折现率,采用此折现率时,净现值为正值;

$EIRR_2$——试算的高折现率,采用此折现率时,净现值为负值;$EIRR_2 - EIRR_1$ 一般不大于 2%;

PV——采用低折现率 $EIRR_1$ 时的净现值(正值);

|NP|——采用高折现率 $EIRR_2$ 时的净现值(负)的绝对值。

(4)投资回收期(N)

投资回收期是以项目的净效益抵偿项目建设总投资所需要的时间。公路投资回收期从公路项目投资的第一年算起,以年为单位,一般不必计算月数,有特殊需要时,可计算月数。在采用列表计算经济指标时,可直接按表格中净现值从负转变成正的第一年确定投资回收期 N,必要时,也可由下式推出投资回收期 N:

$$\sum_{t=1}^{N}(B_t - C_t) \times (1 + I)^{-t} = 0 \quad (7-9)$$

进行项目经济评价时,习惯将净现值、效益费用比、内部收益率、投资回收期四个评价结果并列出来,供决策者参考。实际上,这四项指标作为决策依据是各有特色的,在多个方案经济效益对比时,不宜选用单一指标,而应多项指标综合考虑。国际金融机构采用的评价指标列于表 7-4。

一些金融机构采用的评价指标   表7-4

机构名称	评价指标	机构名称	评价指标
世界银行	EIRR	美国国际开发署	ENPV
亚洲开发银行	EIRR、ENPV	英国国际开发厅	ENPV

四、财务分析(财务评价)

公路建设项目进行财务分析的前提是:项目的全部或部分投资,须通过收取过路(桥)费予以偿还。财务分析的内容是通过项目资金投入和收费收入的比较,分析收费道路的偿还能力。财务分析的目的是通过分析项目的收费收入能否低偿项目贷款,并将其作为判断项目取舍和确定项目投资的依据之一。

1. 项目的资金来源

需进行财务分析的公路建设项目从资金来源上分,主要有国内贷款项目和国外贷款项目两类,见表7-5。

财务分析项目的资金来源   表7-5

	国家计划内拨改贷项目
国内贷款项目	国家计划外信贷项目
	地方开发的公路(桥梁)建设债券
国外贷款项目	接受外国贷款(如国际金融机构、政府及私人贷款)
	吸收外商直接贷款(外商独资建设、中外合资建设)

贷款方式按期限可分为长期、中期、短期贷款。长期贷款一般指五年以上、金额超过1亿美元的巨额贷款;中期贷款是指1年以上、5年以内、贷款金额一般在1亿美元左右的贷款;短期贷款一般指1年或更短期的贷款,其款额较小。公路建设项目一般采用长期贷款。贷款的利率有低息、中息、高息和无息之分,它们的年利率分别为5%、5%~10%、10%以上和0。世界银行对其贫穷的成员国提供长期的经济发展贷款,一般是低息或无息的。但申请世界银行贷款有严格的要求,并必须通过"国际性招标"来使用贷款。

2. 公路收费标准的确定

目前,我国公路收费标准尚未统一,一般确定公路收费标准有以下三种方法:

(1)以财务上能够偿还借款为基本依据,考虑总投资、借款利率和交通量增长综合测算。

(2)根据用路者受益价值的大小确定收费标准。主要依据由此项目和无此项目之间形成的车辆行驶费用的节约额,考虑不同车型或汽车的载重吨位确定收费标准。

(3)按收费的负担度测算。参照日本道路公团高速公路的收费方法,收费的负担度即人们在一定的收入水平下对公路收费的承受能力:

$$\text{收费负担度} = \frac{\text{收费水平}}{\text{人均收入}}$$

式中,收费水平 = 小客车的收费额。

采用此公式计算小客车的收费标准后,其他车型则以此为基准,通过乘上一个换算系数求得收费标准,表7-6列出了这些换算系数示例。

各种车型的收费率(示例)　　　　　　　　　　　　　表7-6

项目	小客车	大客车	中、小型货车	大型货车
日本	1.0	1.5	1.0	1.5
黄浦江收费隧道	1.0	1.67	1.67	2.30
按行车运输和时间效益	1.0	4.9	1.8	2.0

3. 财务评价指标

财务评价指标同国民经济评级指标相同,仅在前面冠以 F,表示财务的(Fiscal)的评价,以区别于经济评价指标的 E。

财务净现值

$$\text{FNPV} = \sum_{t=1}^{n}(B_t - C_t) \times (1+i)^{-t} \quad (7\text{-}10)$$

财务效率费用比

$$\text{FBCR} = \frac{\sum_{t=1}^{n} B_t (1+i)^{-t}}{\sum_{t=1}^{n} C_t (1+i)^{-t}} \quad (7\text{-}11)$$

财务内部收益率

$$\sum_{t=1}^{n}(B_t - C_t) \times (1+\text{FIRR})^{-t} = 0 \quad (7\text{-}12)$$

财务投资回收期

$$\sum_{t=1}^{n}(B_t - C_t) \times (1+i)^{-t} = 0 \quad (7\text{-}13)$$

以上财务内部收益率 FIRR 和投资回收期 N 需由后两式导出,不能直接计算。公式中效益 B_t 和费用 C_t 分别为:

财务分析投资 C_t:按工程估算指标估算,但不考虑项目开始建设后的物价上涨因素。

财务分析效益 B_t:收费收入 = 各车型 t 年的交通量 × 各车型收费额。

财务分析时,应注意财务基准折现率 i 的确定。项目费用全部由国内银行贷款时,i 值应按国家的有关规定取值;项目费用全部由国外贷款时,应按照国外的利率适当的考虑贷款的承诺费、管理费来确定;若果项目费用为中外合资,财务基准折现率 i 应采用考虑国内外银行贷款利率所确定的综合利率。

4. 借款偿还能力分析

借款偿还能力分析是通过对公路使用期间收费收入的估算和对项目借款的本利预测,说明项目是否在对外规定的偿还条件下保证有足够的偿还能力,以防止出现财务情况的恶化和长期负债的现象。借款偿还能力分析的重点在于借款偿还期内可否偿还借款。

价款偿还期是用规定的偿还借款资金(在此指公路收费收入)收回借款本息的时间。计算公式如下:

$$借款偿还期 = \left[\begin{array}{c}价款偿还后开始\\出现盈余年分数\end{array}\right] - 开始借款年份 + \frac{开始盈余年应偿还借款额}{当年可用于还款的收益额}$$

借款偿还能力分析还要做借款还本付息预测。预测出每年公路收费收入以后,可据以预测投资借款还本付息的进度和时间,预测时应分建设期和试用期分别进行。

5. 偿债率分析

利用外资且需还款的项目,应做偿债率分析。

$$偿债率 = \frac{当年还本付息总额}{当年的外汇收入} \times 100\% \tag{7-14}$$

偿债率表示一个国家(或地区)负债的程度,国际上一般认为偿债率在 25% 以内是安全的。

表 7-7 是某公路项目的偿债率分析表。表中创汇是一个地区或一省的总创汇收入;外汇留成是指地方创汇收入上交国家后留下的外汇额。公路项目的偿债率是"在建项目"与"本项目"合计用汇与外汇留成的外币之比。在建项目包括本地区公路及其他建设项目。由表可以看出,要做好项目的偿债率分析,必须要了解项目偿还外债的方式以及地区(或省、国家)的创汇收入情况。

偿债率分析表(示例) 表 7-7

评价年度(年)	创汇		外汇留成		在建项目用汇		本项目用汇		合计用汇		偿债率(%)
	外币	人民币	外币	人民币	外币	人民币	外币	人民币	外币	人民币	
0	1	2	3	4	5	6	7	8	9 = 5 + 7	10 = 6 + 8	11 = 9/3
1990	10000	38000	7000	26600	1197	4549	133	505	1330	5054	19
1991	10400	39520	7280	27664	1109	4214	267	1015	1376	5229	18.9
…	…	…	…	…	…	…	…	…	…	…	…

五、敏感性分析

项目决策是面向未来的,未来有许多不明确的因素可能对决策的正确性产生影响。进行经济评价时,将许多不确定的因素通过估算和假设使之成为"已确定的因素",这就给决策者带来了风险。为了让决策者事先对承担的风险有所了解,就需要在经济评价的同时,做好敏感性分析。所谓敏感性分析,就是在诸多不确定因素中,测算其中一个或几个因素对项目经济评价指标的影响,从中找出敏感因素,确定其影响程度。

假定某个特定的因素其数值波动,甚至是较大的波动,并不能明显影响方案的效益,则认为该方案对此特定的因素的波动不敏感;反之,这个特定的因素即使是微小的波动,也会严重影响原方案的经济效果,则认为该方案对此特定因素十分敏感。公路建设项目可能发生变化的因素主要有:公路造价、交通量、运输成本等。受影响的经济评价指标常以内部收益率 IRR 为重点测定对象。

敏感性分析一般在现值法基础上进行,即对已求出的投资费用的现值和效益现值进行波动,这既适用于国民经济评价,也适用于财务分析。

习题

1. 简述交通量分配的基本方法。
2. 什么是财务评价和国民经济评价?两者的区别有哪些?
3. 简述经济评价的原则和步骤。
4. 何谓敏感性分析?
5. 公路收费标准一般如何确定?

第八章
道路工程招投标与造价编制

第一节 道路工程的招标与投标概述

一、招投标的含义

招标投标是市场经济中的一种竞争方式,是建设市场的一种交易行为,是由唯一的买方设定标的,招请若干卖方通过投标进行竞争,从中选择优胜者并签订合同的过程。招投标行为,本质上是一种法律行为。招投标的原则是鼓励竞争,防止垄断,因此在招投标工作中应坚持依法办事、平等互利、协商一致、诚实信用的原则,鼓励投标人以其技术水平、管理水平、社会信誉和合理报价等优势开展竞争,不受地区、部门的限制。

工程建设实行招标投标制是目前国际上广泛采用的分派建设任务的主要交易方式,因此,买方和卖方都要对标的给出预期价格,这就是招标控制价(或标底)和报价。

通过招标承、发包的施工方式有以下三个特点:

(1)竞争性

通过招标广告,众多的投标人应召而来,使投标者之间开展竞争。这不仅使招标单位能优中选优,而且由此对投标者改善经营管理也起到推动作用。

(2)平等性

招标与投标双方是以等价交换的原则,平等、资源、自主的原则签订合同的,双方都是独立的法人,享有同等的权利和义务。

(3)开放性

招标投标这种经营方式,就是要打破所有封锁和垄断,在最大限度范围内展开最大规模竞争。招标投标的开放性,要求我们具有开拓精神,不能把自己局限和封闭在一个狭小的地区和部门内。应该向外开拓,打开更广阔的市场和门路。

二、招标方式和招投标程序

1. 招标方式

根据招标承包内容,建设工程招标有以下几种形式:

(1)全过程招标。从设计勘察、设备材料询价和采购、工程施工直到竣工投产、交付使用,实行全面招标。

(2)勘察设计招标。

(3)材料和设备供应招标。

(4)工程施工招标。

根据对承包人的选择方式,公路工程招标又可分为以下三种方式:

(1)公开招标。招标单位通过报刊、广播、电视等公开发表招标广告。

(2)邀请招标。招标单位向有承担能力的若干施工企业发出招标邀请书。

(3)指令招标。招标单位或报请上级主管部门制定一个或若干个施工企业议定标价后承包。这种委托性招标,只限于某些施工难度大,工期特别紧的公路项目。

2. 招标程序

建设单位通过招标发包实施工程项目的程序包括四个阶段,即准备阶段、招标阶段、决标阶段和监督履约阶段,如图 8-1 所示。下面将各阶段的主要工作程序做简要介绍。

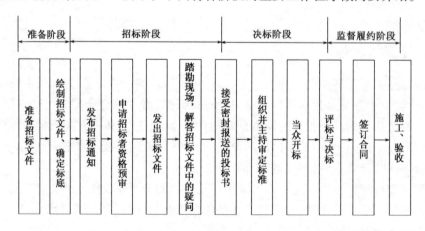

图 8-1 招标程序框图

1)准备招标文件

公路建设项目的施工招标工作,须由招标单位负责落实如下条件之后方可进行:有按基本建设程序要求,经过批准的初步设计文件或一阶段施工设计文件(包括概算或修正概算);已列入近期年度计划;已落实建设资金渠道征地、拆迁工作能保证分年度连续施工的要求;木材、钢材、沥青、水泥等主要工程材料来源均已落实。

2)编制招标文件,确定标底

招标文件的内容视招标的形式而异。施工招标文件通常应分册装订,各册的基本内容如下:

第一册　综合说明

(1)有关法律、商务条款。

(2)投标须知。

包括:工程概况,投标企业资格审查要求,评标原则,招标有效期,保证金或银行保函、填报投标文件的具体要求,组织现场勘察和答疑的时间、地点与人员要求,报送表述的起讫点日期及送达方式,开标的组织、日期和地点等。

(3)工程说明。

包括:工程内容,发包范围,技术标准和规范、施工现场的条件等。

(4)合同主要条款说明。

第二册　技术规范

(1)设计、施工规范的有关条款。

(2)质量检评标准。

(3)验收办法及要求。

第三册　设计文件

(1)水文地质勘探资料与设计说明书。

(2)主要图纸及工程量。

(3)特殊工程要求。

(4)主要材料(木材、钢材、水泥、沥青)供应价格和方式。

(5)计划要求工期(开工、竣工及分段交工期限等)。

第四册　投标文件

(1)综合说明(企业能力简介及投标总设想)。

(2)工程总报价和价格组成的分析。

(3)开工与竣工日期。

(4)施工组织设计。

包括:主要施工方式、使用的主要施工机械设备、施工进度安排和现场布置及占地。

(5)项目用款拨付计划。

(6)主要技术措施和安全措施。

(7)施工合同意向书。

全部招标文件由招标企业负责编写,其中第四册应由投标企业按要求填写。为了保证工期,通常应同时规定工期以及提前或拖延工期的奖罚标准。

标底应事先由招标企业在批准的概算或修正概算总金额内确定。确定时既要力求节约投资,又应能使中标承包企业经过努力可以获得合理的利润。标底过高或过低都会造成不利影响,或使工程造价无谓抬高,增加可投标报价的盲目性,或使施工中基金紧缺、影响工期和工程质量、造成原工程目标不能实现。这些情况在国内都发生过。

标底是评标的主要依据,因此在开标前应严格保密。如有泄露,对责任者要严肃处理,甚至采取法律制裁。

招标单位不得擅自改变自己发出的招标文件，否则应赔偿由此而使投标企业造成的损失。当需对招标文件进行补充说明、澄清、勘误或经上级主管部门批准后进行局部问题的改变时，应及时通知投标企业，并留出足够时间供投标企业研究。

3) 发布招标通知

公开招标应发招标通知，邀请招标应发招标邀请函。通常这类招标通知应包括工程项目名称、对投标企业的基本要求、投标期限等。图8-2是一个投标邀请书的示例。

××公路投标邀请书

日期：××××年×月
合同号：×××
标书号：×××

（一）中华人民共和国已向世界银行申请了一笔贷款，用于××—××高速公路工程。本贷款的部分资金将用来支付各项合同下的道路、构造物、建筑物、交通监控系统及收费系统的建设费用。本工程的招标将面向所有符合世界银行《贷款获取准则》规定的合格贷款国的投诉人。

（二）××招标公司现邀请资格预审合格的投标人对下述项目进行投标：××××段共××公里。

（三）资格预审合格的投标人可在×××处获得更详细资料，并在此处提交书面申请和在支付××元或××美元后，得到一套共4册招标文件。

（四）所有标书必须附有符合要求各市的投标保证书，于××年×月×日前交××公司。

（五）标书将于××年×月×日在××地公开拆封。

（六）如果事先得到许可的外国投标人愿意与本国包商联合投标，且收到此项申请在投标截止日前30天，可以考虑。经选择的地方包商应得到雇主的同意。

（七）投标预备会议在××处于××年×月×日×时举行。

图8-2　投标邀请书示例

4) 申请投标者的资格预审

建设单位会同有关专家组或招投标公司对投标单位的承包资格和条件进行审查，必要时可要求投标人做口头介绍与技术答辩。投标人或单位通过资格预审，方可领取招标文件，参加投标。如投标人不符合资格预审资格，则应做出不同意其投标的解释。

5) 发出招标文件

对报名并通过资格预审的承包人，分发招标文件，并收取一定的成本费。工程施工招标文件的内容在前面已做了介绍。

6) 开标、评标与决标

开标必须公开进行，当众启封标涵，宣布各投标人的报价、工期及其他的主要内容。对如有下列情况之一者，投标函即为无效：投标函未密封；未加盖本单位和负责人的印鉴；标书未按规定要求填写或填写字迹模糊、辨认不清；送达逾期（如为邮寄，则以邮戳为准）。

自发出招标文件到开标的时间，由招标企业根据工程项目的大小和招标的内容确定，大中型项目一般不超过三个月，开标到确定中标者一般不超过一个月。

评标工作由招标企业牵头，组织项目设计单位，经办建设银行和公正机构共同进行，也可邀请工程咨询公司参加。确定中标企业的主要依据是：标价合理，施工方案和技术措施可靠，能确保工期和质量。评标时采用记分制无记名评标办法。在开标后和决标之前，通常有一个询标程序,国外也称商务谈判。由建设单位(业主、雇主)初选几家(一般为前三标)投标人分别进行以下两方面谈判,一是要求投标人参加技术答辩,了解投标人如中标将如何组织施工并保证工期、质量;劳动力、材料和机械怎么计划;对个别难度大的工程将采取什么技术措施等。当投标人已经做出施工规划时,是不难通过技术答辩的。二是要求投标人在价格及其他一些问题上做出让步,这一时期,投标人越多,竞争越激烈,对业主越有利。因此,业主可利用这一点,要求甚至强求投标人压低标价和在其他方面(如付款期限、质量要求细节等)做出让步。而投标人则要认真对待业主的要求,不可断然拒绝,也不能轻易承诺。而是要据理力争,保护自己的利益;同时要根据竞争的情况和自己的报价水平,认真分析业主的要求,做适当合理的让步。这种情况在海外工程的招标中较为普遍。

7)承包合同的签订与履约

确定中标企业后,业主和施工企业双方应按照招标文件中明确的合同条款在一个月内签订工程承、发包施工合同。报上级主管部门备案,并送经办方面的公正机构立案和经办银行监督拨款。借故提出招标文件以外的任何要求而拒绝签订合同的一方,要赔偿由此而给对方造成的全部经济损失。

合同内容一般应包括:

(1)建设单位接收××施工企业公司的投标,承建××工程。承包价款××元。
(2)开工日期、竣工日期与工期、分段工期。
(3)承包方式。
(4)工程进度与施工组织方案。
(5)付款及结算办法。
(6)工程内容与承包范围。
(7)双方责任。
(8)工程质量与验收标准。
(9)奖惩办法。
(10)其他规定。

合同中最重要的内容是价格构成的形式,据此可以分以下四种形式的合同。

(1)固定总价合同。承包人将按照合同确定的价格完成合同规定的全部工作,而不论工程实际开支多少。这种方式的优点是工程造价一次承包,简单省事。缺点则是因为承包人要承担工程量和价格双重的风险,通常要价较高。一般适用于规模不大,结构不甚复杂的工程。

(2)单价合同。它仅确定分项工程的单价,例如,涵洞每千米的单价;结构基坑每立方米填挖价格等。而总价随工程数量的增减而变化。不过这种数量的增减过大时(一般为±25%),承包人和业主都可保留调整单价的权利。这种合同在国际采用最为普遍,我国的世界银行贷款公路建设项目也大多采用此种合同方式。

(3)成本加酬金合同。即工程成本实报实销,另加一笔酬金支付给承包人。可以按工程规模和施工难易程度规定一笔固定不变的酬金;也可以按实际成本的某个百分数计算酬金。当按后者方式计算时,为避免承包人为获取更多的酬金而对工程成本不加控制,同时规定了一些快速、优质、低成本的附加条件。这种合同虽然酬金较少,但承包人不承担任何风险,多半通过协商来签订合同,一般不采用公开招标的方式。

(4)统包合同。即承包人从工程的方案选择、总体规划、可行性研究、勘测设计到施工承担全部工程建设。对工业项目还包括试生产,直到验收合格后移交投资者或经营者,因此,也称交钥匙合同。这种方式双方也是通过协商来签订合同。在履行合同中如发生分歧或争执,则由所在地经济司法机关仲裁。

3. 投标程序

投标程序大致如图 8-3 所示。现就投标程序中的几个环节说明如下。

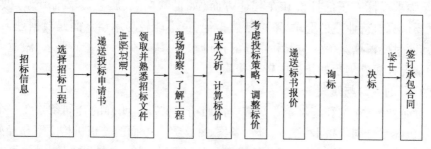

图 8-3 投标程序框图

1)有关投标的基本规定

(1)具有投标资格的基本条件。一般要求施工队具有当地的承包许可证。海外的施工队必须具备与我国有业务往来的银行开具的担保证明文件。

(2)投标申请书的基本内容包括如下四点:

①企业法人地位(如营业执照、所有制性质及隶属关系、担保银行及证明、账号等)。

②企业基本情况(如规模、固定资产实力、各类人员的专业和技术构成、组织状况、机械化水平、准备派往本工程的人员和设备等)。

③经营管理情况(如任务分布与完成、工程质量与工期、社会信誉等)。

④同类工程实绩。

2)投标书(标函)的编制与投标

(1)投标书的准备

为编制投标书(俗称"做标"),应做好如下准备工作:

①熟悉招标文件。认真审查合同条件、工程范围与特点、工程量清单、图纸、工期要求、质量标准、施工条件与特点,有关规范标准等。如发现问题应及时向建设单位提出以便澄清。

②现场勘察。具体了解现场地形、水文地质、气候、当地建筑物材料来源、职工食宿条件、多发病和医疗条件、施工机械是否便于运达现场及使用条件等。发现问题应及时向建设单位提出。

③成本分析与标价计算。

④参加招标单位召开的招标会议,弄清楚招标的内容、范围、要求、材料供应及价款支付等情况。

⑤研究施工方案与进度安排。

⑥填写好投标书,盖好印章,反复核对无误后,按要求的时间密封好报送(或邮寄)给招标单位。

(2)投标书的内容

①综合说明。

②按核实的工程量填写单价和工程总报价。

③工程质量达到的等级。
④接到中标和开工通知后,××天即可开工,××天即可竣工。
⑤施工组织设计和工程形象进度,目前一般要求编制网络进度计划。
⑥主要工程的施工方法和所选用的施工机械。

此外,在投标函中还应说明:对招标文件的意见,以及向保险公司投保等情况。

第二节　寻找工程与选择工程

一、寻找工程

寻找建设工程师承包企业经营业务的基础。找到和发现的工程越多,从中选择的余地就越大,优化的条件就越好,并使施工企业比较容易保持持续均衡的生产。

小型承包单位往往由企业经理本人负责寻找工程;大型承包企业则由专人或专门小组负责。寻找工程的途径包括:个人接触;广告宣传;从投资者的招标或招聘广告中查找;通过其他有效的方式,如专门的承包机构等。

二、决定是否投标的评分判断法

参加投标的承包单位要花一定的费用和时间。如果某一项工程中标的可能性很小,或者即使中标完成该工程的施工任务也有相当大的困难,得到利益的可能性不大,在这样的情况下去投标就会造成不必要的损失。所以,承包人需要事先衡量本企业是否具备参加投标的条件和是否值得参加投标。评分判断法是参照模糊数学的概念提出的一种评价方法。

【例 8-1】　给出某承包企业对某工程投标机会按八项标准进行的评价和判断。在评价判断之前应根据自身企业的经营目标和经验,确定八项标准对企业发展的影响程度,并据此定出它们的权数;同时根据经验确定可参加投标的最低分值。

解:本例中该企业定出八项标准的标数为 5 ~ 20 分(总分应等于 100 分)和最低可接受的分数为 650。现按上、中、下三级对每项标准打分后得的总分为 700 分,大于 650 分,因此最后决定参加该项工程的投标(8-1)。

评分判断法计算表　　　　　表 8-1

八项标准	权数	判断等级			得分
		上	中	下	
		10 分	5 分	0 分	
1. 工人操作水平	20	10	—	—	200
2. 机械设备能力	20	—	5	—	100
3. 对以后机会的影响	10	—	—	0	0
4. 设计工作量能否承担	5	10	—	—	50
5. 对项目的熟悉程度	15	10	—	—	150
6. 竞争激励程度	10	—	5	—	50

续上表

八项标准	权数	判断等级 上 10分	判断等级 中 5分	判断等级 下 0分	得分
7.加工条件	10	—	5	—	50
8.过去对此类工程的经验	10	10	—	—	100
合计	100				700
最低可接受分数					650

三、选择投标项目的随机型决策树法

由于工程投标能否中标具有随机性,即使中标后,完成该项施工任务能得到多大收益也具有随机性,所以选择投标项目还可以采用分析风险决策树方法。

【例8-2】 某承包人所拥有的资源有限,不可能同时对A、B两项工程进行投标承包,只能选择其中一项。现根据过去参加投标的经验资料,对A和B两项工程的投标采取两种策略:投高标(中标率0.3)和投低标(中标率0.5)。

此外,工程投标准备费为A工程50万元、B工程100万元,如投标不中将蒙受损失。根据以往承包A、B类型工程的统计资料,如中标,各投标方案施工结果可能得到的收益及出现的概率见表8-2。问应当选择哪一个投标方案?

投标方案和获利概率　　　　　　　　　　表8-2

方案	投标费用(万元)	中标率	效果	可能的利润(万元)	概率
A高	50	0.3	优 一般 赔	5000 1000 -3000	0.3 0.5 0.2
A低	50	0.5	优 一般 赔	4000 500 -4000	0.2 0.6 0.2
不投	0	0		0	1.0
B高	100	0.3	优 一般 赔	7000 2000 -3000	0.3 0.5 0.2
B低	100	0.5	优 一般 赔	6000 1000 -1000	0.3 0.6 0.1

解:根据上述分析和资料,可以画出如图8-4所示的决策树。图中方框"□"称作决策点;圆圈"○"称自然状态点,表示取该方案引起的某种状态;方框和圆圈之间的连线称方案枝;圆圈后的直线称概率分枝;如果某种随机现象直接导致最终结果,则在概率分枝的末端仍画上一个圆圈"○",称作第二级自然状态点,依次还可以有第三级、第四级自然状态,直至达到最终结果。在每一个概率分枝都要标上相应的概率 P_i,每一个结果点上都要标上相应可能得到的

收益值 B_i。

绘制决策树从决策点开始,按序号从左到右至结果点。而计算过程则是从各结果点开始,逐级推求自然状态点的收益期望值 E_i。最初一级各个自然状态点的收益期望值 E_i 中,最大者对应的方案即最优标方案。

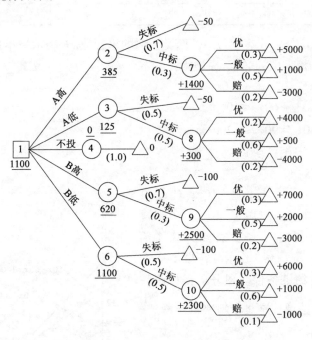

图 8-4 选择投标项目的决策树

上述自然状态点收益期望值 E_i 为:

$$E_i = P_i B_i$$

式中,P_i 为该自然状态点引出的各概率分枝的概率值;B_i 为各概率分枝末端结果点的收益值或下一级自然状态点的收益值期望值。例如,自然状态点 7 的收益期望值为:

$$E_7 = 0.3 \times 5000 + 0.5 \times 1000 + 2 \times (-3000) = 1400(万元)$$

将 +1400 标于⑦的下面,而自然状态点 2 的收益期望值为:

$$E_2 = 0.3 \times 1400 + 0.7 \times (-50) = 385(万元)$$

将 385 标于②的下面。凡计算出的 E_i 值下均划一横作标记。同样可求得 3,4,5,6 各点的收益期望值(图 8-3)。其中最大值为 $E_6 = +1100$(万元),所以选定 B 工程投底标为最有决策,决策点的收益期望值 $E_1 = E_6 = E = 1100$(万元)。

四、选择投标项目的线性规划法

承包人选择投标项目一方面要谋求最大的收益,另一方面又受到企业本身人力、物力、资金等资源的限制。这类问题可以采用线性规划的模型来解决。下面通过一个例子来加以说明。

【例 8-3】 设甲类道路为低路堤,乙类道路施工对压路机和摊铺机台班需求列于表 8-3,某一施工队一年可能提供的压路机台班数为 1200,摊铺机台班数为 1000,问按表 8-3 中两种道路承包可能获得的利润,计算一年中承包两类道路各多少公里(整数)可获得利润最大?

两类道路施工对机械的需求量和利润　　　表 8-3

需用机械	甲类道路	乙类道路
压路机(台班/km)	60	90
摊铺机(台班/km)	60	60
承包可能获得利润(万元/km)	6.0	8.0

解：设变量 x_1 和 x_2 分别代表承包甲乙两类公路的里程数，E 表示一年总的利润，则问题构成为求目标函数 E 的极大值，其数学模型为：

求目标函数：$\max E = 6.0 x_1 + 8.0 x_2$

满足约束条件 $\begin{cases} 60 x_1 + 60 x_2 \leq 1000 \\ 60 x_1 + 90 x_2 \leq 1200 \\ x_1 \geq 0, x_2 \geq 0 \text{ 且为整数} \end{cases}$

以下采取图解法解题。

取坐标系 (x_1, x_2)，将约束条件用直线绘出(图 8-5)，图中阴影部分同时满足 $60 x_1 + 60 x_2 \leq 1000$ 和 $60 x_1 + 90 x_2 \leq 1200 (x_1 \geq 0, x_2 \geq 0)$ 两个约束条件，称该区域为"可行域"。在可行域中任意点 (x_1, x_2) 均可满足约束条件。现分析目标函数 $E = 6.0 x_1 + 8.0 x_2$ 的图像。这是个斜率 $m = -\dfrac{6.0}{8.0}$ 的平行线族 ($x_2 = \dfrac{E}{8.0} - \dfrac{6.0}{8.0} x_1$)，位于同一直线上的点，具有相同的目标函数值，因此称它为"等值线"族。$E = 0$ 时，直线过原点，E 值增大时，直线向图的右上方移动，将直线移到 $x_1 = 8, x_2 = 8$ 时，$E = (6.0 + 8.0) \times 8 = 112$ 为最大值(通常约束方程的交点 A 处 E 最大，但本例题中此处 x_1 和 x_2 不是整数)。因此得到本题的解为甲、乙两类道路各承包 8km 可获年最大利润 112 万元。

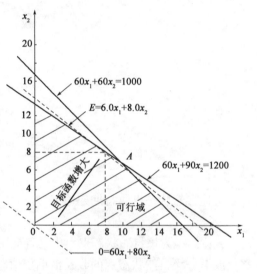

图 8-5　图解法求线性规划问题

图解法的优点是直观、简便，但只适合求解有两个变量的线性规划问题。如变量超过两个，需采用其他方法(如单纯型法等)求解，可参阅《运筹学》教材。

第三节　投标决策分析

一、投标决策的含义

投标决策是指承包方在投标竞争中的系统工作部署及其参与投标竞争的方式和手段，企业在参加投标前，应根据招标工程情况和企业自身的实力，组织有关投标人员进行投标策略分析。投标决策主要包括三个方面：其一是针对项目招标是投标还是不投标；其二是倘若去投标,是投什么性质的标;其三是投标中如何采用以长制短,以优胜劣。

投标决策的正确与否,关系到能否中标和中标后的效益问题,关系到施工企业的信誉和发展前景及职工的切身利益,甚至关系到国家的信誉和经济发展问题。

二、投标决策阶段的划分

投标决策可以分为两阶段进行,分别是:投标决策的前期阶段和后期阶段。

(1)投标决策的前期阶段

投标决策的前期阶段必须在购买投标人资格预审资料前后完成。决策的主要依据是招标广告,以及公司对招标工程、业主情况的调研和了解的程度,如果是国际工程,还包括对工程所在国和工程所在地的调研和了解程度。前期阶段必须对投标与否做出论证,通常情况下,下列投标项目应放弃投标:本施工企业主管和兼营能力之外的项目;工程规模、技术要求超过本施工企业技术等级的项目;本施工企业生产任务饱满,且招标工程的盈利水平较低或风险较大的项目;本施工企业技术管理等级、信誉、施工水平明显不如竞争对手的项目。

(2)投标决策的后期阶段

如果决定投标,即进入投标决策的后期,它是从申报资格预审至投标报价(封送投标书)前完成的决策研究阶段。主要研究若去投标,是投什么性质的标,以及在投标中采取的策略问题。

按性质划分,投标可分为风险标和保险标;按效益则可分为盈利标和保本标。

风险标:明知工程承包难度大、风险大且技术、设备、资金上都有未解决的问题,但由于队伍窝工,或因为工程盈利丰厚,或为了开拓创新技术领域而决定参加投标,同时设法解决存在的问题,即是风险标。投标后,如问题解决得好,可取得较好的经济效益,可锻炼出一支好的施工队伍,使企业更上一层楼;解决不好,企业的信誉就会受到损害,严重者可能导致企业亏损甚至破产,因此,投风险标必须审慎从事。

保险标:对可以预见的情况包括技术、设备、资金等重大问题都有了解决的对策之后再投标,为保险标。企业经济实力较弱,经不起失误的打击,则往往投保险标。当前,我国施工企业大多愿意投保险标,特别是国际工程承包市场上投保险标。

保本标:当企业无后继工程,或已经出现部分窝工,必须争取中标。但招标的工程项目本企业又无优势可言,竞争对手又多,此时,应投保本标,至多投薄利标。

三、投标决策应遵循的原则

承包人应对投标项目有所选择,特别是投标项目比较多时,投哪个标不投哪个标以及投什么样的标,都关系到中标的可能性和企业的经济效益。因此,投标决策非常重要,通常由企业的主要领导担任此任。要从战略全局全面地均衡得失与利弊,做出正确的决策,进行投标决策实际上是企业的经营决策问题,因此,投标决策时,必须遵循以下原则:

(1)可行性。选择的投标对象是否可行,首先要从本企业的实际情况出发,实事求是,量力而行。以保证本企业均衡生产,连续施工为前提,防止出现"窝工"和"赶工"现象。要从企业的施工力量、机械设备、技术能力、施工经验等方面,考虑该招标项目是否比较合适,是否有一定的利润,能否保证工期和满足质量要求。其次,要考虑能否发挥本企业的特点和特长,能否发挥技术优势和装备优势,要注意扬长避短,选择适合发挥自己优势的项目,发扬长处才能提高利润,创造信誉,避开自己不擅长的项目和缺乏经验的项目。第三,要根据竞争对手的技术经济情报和市场投标报价动向,分析和预测是否有夺标的把握和机会。对于毫无夺标希望的项目,则不宜参加投标,更不宜陪标,以避免损害本企业的声誉,进而影响未来的中标机会。若明知竞争不过对手,则应退出竞争,减少损失。

(2)可靠性。要了解招标项目是否已经过正式批准,列入国家或地方的建设计划,资金来源是否可靠,主要材料和设备供应是否有保证,设计文件完成的阶段情况,设计深度是否满足要求等。此外,还要了解业主的资信条件及合同条款的宽严程度,有无重大风险性。应当尽早回避那些利润小而风险大的招标项目以及本企业没有条件承担的项目,否则,将造成不应有的后果。特别是国外的招标项目,更应该注意这个问题。

(3)赢利性。利润是承包人追求的目标之一。保证承包人的利润,既可保证国家财政收入随经济发展而稳定增长,又可使承包人不断改善技术装备,扩大再生产;同时有利于提高企业职工的收入,改善生活福利设施,从而有助于充分调动职工的积极性和主动性。所以,确定适当的利润率是承包人经营的重要决策。在选取利润率时,要分析竞争形势,掌握当时当地的一般利润水平,并综合考虑本企业近期及长远目标,注意近期利润和远期利润的关系。在国内投标中,利润率的选取要根据具体情况酌情删减,对竞争很激烈的投标项目,为了夺标,采用的利润率都会低于计划利润率,但在以后的施工过程中,注重企业内部革新挖潜,实际的利润率不一定会低于计划利润。

(4)审慎性。参与每次投标,都要花费不少人力、物力,付出一定的代价。只有夺标,才有利润可言。特别在基建任务不足的情况下,竞争非常激烈,承包人为了生存都在拼命压价,盈利甚微。承包人要审慎选择投标对象,除非在迫不得已的情况下,绝不能承揽亏本的施工任务。

(5)灵活性。在某些特殊情况下,采用灵活的战略战术。例如,为了在某个地区打开局面,取得立脚点,可以采用让利方针,以薄利优质取胜。由于报价低,干得好,赢得信誉,势必带来连锁效应。承揽了当前工程,更为今后的工程投标中标创造机会和条件。

在进行投标项目的选择时,还应考虑下列因素:本企业工人和技术人员的操作水平,本企业投入本项目所需机械设备的可能性,施工设计能力,对同类工程工艺熟悉程度和管理经验,战胜对手的可能性,中标承包后对企业在该地区的影响,流动基金周转的可能性。

第四节 招标控制价的编制

一、招标控制价的定义

《中华人民共和国招标投标法》规定:"招标人可根据项目特点决定是否编制标底。编制标底的,标底编制过程和标底必须保密"。由于标底的保密性及其在评标中的参考作用,由此滋生了招标过程中的腐败现象,影响了建筑承、发包市场的有序竞争。2003年推行工程量计价后,各地基本推行无标底招标,实行合理低标价中标。但在企业定额缺乏的情况下,根据什么标准来确定投标报价的合理性,一直是困扰发包人和评标委员会的主要问题。为防止投标人围标、串标、抬高造价,我国一些省市相继出台了控制最高限价的规定,要求在招标文件中公布控制最高限价,并规定若投标人的报价超过公布的最高限价,其投标将作为废标处理,但各地对控制最高限价的称谓各不相同,有的称为拦标价,也有的称为最高限价或预算控制价等。为解决上述无标底招标和有标底招标的弊端,也为促使我国不同省市关于控制最高限价的统一,《建设工程工程量清单的计价规范》(2008版)提出了招标控制价。

招标控制价是招标人根据国家以及当地有关规定的计价依据和计价办法、招标文件、市场行情,并按照工程项目设计施工图纸等具体条件编制的、对招标工程项目限定的最高工程造价,也称为拦标价、预算控制价或最高报价等。一个项目只能编织一个招标控制价。

从上述招标控制价的定义可以看出,招标控制价和标底虽然都是招标人在招标过程自身对工程价格的一个测度,但两者还是存在一定的区别:

(1)招标控制价是工程的最高限价,投标人的投标报价高于招标控制价的,其投标应予以拒绝。而标底是招标人对工程确定的一个预期价格,通常不会是最高价格。因此投标人的报价不可能突破招标控制价,否则就是废标,而投标人的报价可能突破标底,通常越接近标底就越容易中标。

(2)招标控制价是事先公布的,而标底是事先保密的。

(3)在评标过程中,通常招标控制价在评标中不占权重,不参与评分,只是一个工程造价参考即最高限价,而标底在评标中参与评标。

二、招标控制价的作用

在我国工程招标中,招标人招标过程中对工程投资的控制先后经历了使用标底、无标底和招标控制价的不同阶段。经过具体实践发现,设置标底和使用无标底招标都存在一定的弊端。

当采用设置标底的方式时,由于标底作为衡量投标人报价的基准,投标人极力迎合标底,其报价不能真实反映投标人的实力,易发生标底泄露及暗箱操作等问题,使招标失去公平公正性。

使用标底在招标实践中出现了所有投标人报价均高于招标人标底的情况。即使是最低价招标人也不能接受。由于缺乏相关制度规定,招标人如果不接受会产生招标合法性问题。为解决这种矛盾,一些地方相继推出无标底招标,即在招标文件取消了中标价不得低于、高于标底一定范围的规定。随着无标底招标的推行,又出现了新问题。如评标时,招标人对评标人的报价没有参考依据和评判标准,易出现围标、串标现象,各投标人哄抬价格给招标人带来投资控制的风险;也出现了中标后偷工减料、高额索赔等问题。针对无标底招标的众多弊端,各地又相继出台了制定最高限价的规定,即招标控制价。

在招投标中推行招标控制价,其作用主要体现在以下几个方面:

1. 保障了招标人的合法利益

正确设立招标控制价,有利于引导投标方投标报价,避免投标方无标底情况下的无序竞争和有标底情况下的弄虚作假、暗箱操作等违法行为,有效防止恶性哄抬投标价带来的投标风险,从而利于招标人有效控制项目投资。

2. 有利于招标人合理确定投标报价

招标控制价是衡量、评审投标人投标报价是否合理的尺度和依据。设立招标控制价,增进了招标人对工程价格的了解,不必与招标人进行心理较量、揣测或套取招标人的标底,只需根据自身企业的实力、工程实施方案等进行报价。同时由于不必花费人力、财力去套取招标人的标底,也降低了投标人的交易成本。

3. 提高了招投标成功的可能性

设立招标控制价，增强了招标过程的透明度，避免了暗箱操作等违法活动的产生。招标控制价既能为招标人判断最低投标价是否低于成本提供参考依据，避免出现较大偏离，把工程投资控制在招标控制价范围内；也使投标人根据自身的生产水平、装备水平、管理水平等进行报价，不必揣测招标人的标底，提高了市场交易效率。最终有利于有实力的投标企业选择信誉高有资金实力的招标人，因此招标控制价无论从招标人还是投标人的角度来看都是有利的。

4. 有利于建筑承发包市场的健康发展

招标控制价可使投标人自主报价，公平竞争，减少这一环节产生腐败行为的因素，符合市场规律，有利于建筑承、发包市场的健康发展。

三、招标控制价的编制要求

1. 招标控制价标志范围要求

国有资金投资的工程建设项目实行工程量清单招标，并编制招标控制价，作为招标人能够接受的最高交易价格，以避免哄抬标价造成国有资产流失和客观、合理的评审投标报价。

2. 招标控制价编制人资格要求

招标控制价应由具有招标能力的招标人编制。当招标人不具有编制招标控制价的能力时，可委托具有相应工程造价资质的工程造价咨询人编制。所谓具有相应工程造价资质的工程造价咨询人是指根据《工程造价咨询企业管理办法》(建设部令 149 号)的规定，依法取得工程造价咨询企业资质，并在其资质许可的范围内接受招标人的委托，编制招标控制价的工程造价咨询企业。例如取得甲级工程造价咨询资质的咨询人可承担各类建设项目的招标控制价编制，取得乙级工程造价咨询资质的咨询人，则只能承担 5000 万元以下的招标控制价的编制。另外，根据《招标代理服务收费管理暂行办法》规定，取得资质的招标代理机构可以从事编制招投控制价(标底)的工作。但工程造价咨询人不得同时接受招标人和投标人对同一工程的招标控制价和投标报价的编制。

工程造价咨询企业和工程造价专业人员在承担招标控制价的编审时，应遵循合法、独立、公平和诚实守信的原则，以招标文件和有关工程计价规定为编制依据，合理确定招标控制价，严禁抬高和压低招标控制价。工程造价咨询企业应在成果上签章，对成果质量或出具的报告承担相应的法律责任；注册造价工程师和造价人员应在各自完成的成果文件上签署执业(从业)印章，并承担相应责任。

3. 招标控制价编制质量要求

(1)招标控制价应遵循价值规律，尽可能反映市场价格。

招标控制价应反映建筑产品的价值，即在招标控制价编制过程中，应遵循价值规律，使招标控制价能发挥有效投资的作用。因此，招标控制价不宜过低，也不能过高。

招标控制价是最高上限价，因此在招标中公开招标控制价，投标人则有了报价目标。但招标控制价不宜过高。如果招标控制价过高，投标人相互串通，只要其报价不超过招标控制价，报价都是有效的，因此投标人可能围绕这个最高限价串标、围标，投标人不用考虑中标概率就能达到较高的预期利润。

同时，招标控制价不宜过低。如果招标控制价远远低于市场平均价，可能出现无人投标的情况，也可能出现恶劣性低价抢标，最终使中标人在中标后以变更、索赔等方式弥补成本，或提供低质量的豆腐渣工程。

（2）招标控制价应在批准的概算范围内。

我国对国有资金投资项目的投资控制实行的是投资概算控制制度，项目投资原则上不能超过批准的投资概算。因此，在工程招标发包时，如果工程招标控制价超过批准的概算，招标人应当将其上报原概算审批部门重新审核。

（3）招标控制价的编制应采用合理可靠的计价依据。

招标控制价的编制依据应依据招标文件和工程量清单，符合招标文件对工程价款确定和调整的基本要求。应正确、全面地使用有关国家标准、行业或地方的有关的工程计价定额等工程计价依据。工料机价格应参照工程所在地的工程造价管理机构发布的工程造价信息，如采用市场价格应通过调查、分析后确定。规费、税金和不可竞争的措施费按照国家有关规定编制，竞争性的施工措施费应根据工程的特点，结合施工条件和合理的施工方案，本着经济适用、先进合理、高效的原则确定。

4. 招标控制价的使用要求

（1）招标控制价无须保密，应在招标文件中公布，不应上调或下浮，招标人应将招标控制价及有关资料报送工程所在地工程造价管理机构备查。

（2）招标人在招标文件中公布招标控制价时，应公布招标控制价各组成部分的详细内容，不得只公布招标控制价总价。

（3）因招标答疑等原因调整招标控制价的，应当将调整后的招标控制价对所有招标人公布并将相关资料报送工程造价管理机构备案。

（4）投标人的投标报价高于控制价的，其投标应予以拒绝。

（5）投标人经复核认为投标人公布的招标控制价未按照《建设工程工程量清单计价规范》（GB 0500—2013）的规定进行编制的，应在开标前5日向招投标监督机构或（和）工程造价管理机构投诉。

四、招标控制价的编制依据

招标控制价的编制依据指在编制招标控制价时需要进行工程量计量、价格确认、工程计价有关参数、费率的确定等工作时所需的基础性资料。

按照我国《建设工程招标控制价编审规程》（CECA/GC 6—2011）的规定，招标控制价编制依据主要包括：

（1）国家、行业和地方政府颁发的与工程建设相关的法律、法规及有关规定。

（2）国家标准《建设工程工程量清单计价规范》（GB 0500—2013）。

（3）国家、行业和地方建设主管部门颁发的计价定额和计价方法。

招标控制价编制使用的计价标准、计价办法应是国家、行业和地方建设主管部门颁发的计价定额和相关办法。国家、行业和地区建设主管部门对工程造价依据中费用或费用标准有规定的，应按规定执行。一些地区招投标管理部门和造价管理部门根据本地实际情况，定期或不定期测算发布"建设工程招标价调整系数的幅度范围"，指导本地招标控制价的设立。

（4）国家、行业和地方有关技术标准和质量验收规范等。

(5)建设工程设计及相关文件。
(6)工程项目招标文件、工程量清单及有关要求。
(7)答疑文件、澄清和补充文件以及有关会议纪要。
(8)常规或类似工程施工组织设计。
(9)本工程设计的人工、材料、机械台班的价格信息。

招标控制价编制采用的材料价格应是工程造价管理机构发布的材料单价,未发布材料单价的材料,其材料价格应通过市场调查确定。

(10)施工期间的风险因素。
(11)其他相关资料。

五、招标控制价的编制程序

招标控制价编制通常经历三个阶段,即准备阶段、编制阶段和审核阶段。招标控制价的招标程序见图8-6。

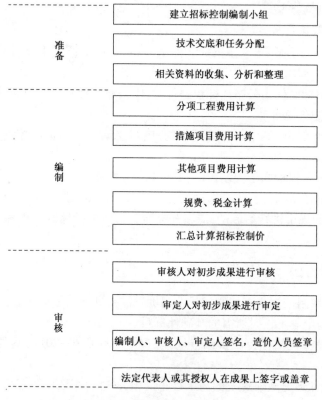

图8-6 招标控制价编制程序

六、招标控制价的编制办法

(一)招标控制价的文件组成

《建设工程招标控制价编审规程》(CECA/GC 6—2011)规定,招标控制价的文件组成应包括封面、签署页及目录、编制说明和有关表格。

1. 招标控制价封面、签署页

招标控制价封面、签署页应反映工程造价咨询企业、编制人、审核人、审定人、法人代表人或其授权人和编制时间等内容。

2. 招标控制价编制说明

招标控制价编制说明应包括工程概况、编制范围、编制依据、编制方法、有关材料、设备、参数和费用的说明以及其他有关问题的说明。

3. 招标控制价文件表格

招标控制价文件表格编制时应按照规定格式填写,招标控制价文件表格包括汇总表、分部分项工程量清单与计价表、工程量清单综合单价分析表、措施项目清单与计价表、其他项目清单与计价汇总表、规费、税金项目清单与计价表、暂列金额明细表、材料暂估单价表、专业工程暂估表等。

4. 招标控制价的签署页

招标控制价的签署页应按规定格式填写,签署页应按编制人、审核人、审定人、法人代表人或其授权人顺序签署。所有文件经签署并加盖工程造价咨询单位资质专用章和造价工程师或造价员职业或从业印章后才能生效。

(二)招标控制价的费用组成

建设工程的招标控制价应由组成建设工程项目的各单项工程费用组成。各单项工程费用组成单项工程的各单位工程费用组成。各单位工程费用应由部分分项工程费、措施项目费、其他项目费、规费和税金组成。其中其他项目费包括暂列金额、暂估价、计工日、总承包服务费等。招标控制价的费用组成见图8-7。

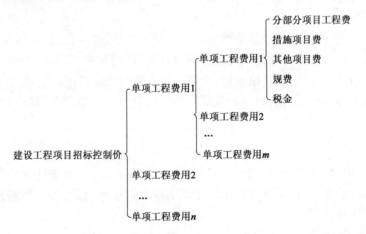

图8-7 建设工程项目招标控制价费用组成

(三)招标控制价的编制方法

招标控制价中各项费用可采用不同的计价方法,主要有以下几种方法:

1. 综合单价法计价

编制招标控制价时,对于分部分项工程费用计价应采用综合单价法。对于可计量的措施项目也可采用综合单价法。

综合单价内容应包括人工费、材料费、机械费、管理费和利润,以及一定范围的风险费用。

综合单价应按照招标人发布的分部分项工程清单的项目名称、工程量、项目特征的描述,依据工程所在地区颁发的计价定额和人工、材料、机械台班价格信息等进行组价确定。综合单价法的组价步骤如下:

(1) 依据提供的工程量清单和实施图纸,按照工程所在地或行业颁发的计价定额规定,确定所组价的定额项目名称,并计算出相应的工程量。

(2) 依据工程造价政策规定或工程造价信息确定其人工、材料、机械台班单价。

(3) 依据计价定额,并在考虑风险因素确定管理费和利润率的基础上,按式(8-1)计算组价定额项目的合价。

$$\text{定额项目合价} = \text{定额项目工程量} \times [\Sigma(\text{定额人工消耗量} \times \text{人工单价}) + \Sigma(\text{定额材料消耗量} \times \text{材料单价}) + \Sigma(\text{定额机械台班消耗量} \times \text{机械台班单价}) + \text{价差}(\text{基价或人工、材料、机械费用}) + \text{管理费和利润}]$$
(8-1)

(4) 将若干项目组价的定额项目合价相加再除以工程量清单项目工程量,便得到工程量清单项目综合单价,见式(8-2),对于未计价材料费(包括暂估单价的材料费)也应计入综合单价。

$$\text{工程量清单综合单价} = \frac{\Sigma(\text{定额项目合价} + \text{未计价材料费})}{\text{工程量清单项目工程量}}$$
(8-2)

在确定综合单价时,应考虑一定范围内的风险因素。在招标文件中,应预留一定的风险费用,或明确说明风险所包括的范围及超出该范围的价格调整方法。对于招标文件中未做要求的可按以下原则要求:

① 对于技术难度较大和管理复杂的项目,可考虑一定的风险费用,并纳入综合单价中去。

② 对于设备、材料价格的市场风险,应依据招标文件的规定、工程所在地或行业工程造价管理机构的有关规定以及市场价格趋势,考虑一定率值的风险费用,纳入综合单价中。

③ 税金、规费等法律、法规、规章和政策变化的风险和人工单价等风险费用不应纳入综合单价。

2. 费率法计价

招标控制价中对于措施项目费用、规费、税金等费用采用费率法计价。对于措施项目费用,当措施项目可计量时,措施项目费用的计算采用单价法计价;对于不能精确计量的措施项目,可采用费率法计价。

采用费率法时应先确定某项费用的计费基数,再测定其费率,然后将计算基数与费率相乘得到费用。费率法计价的基本公式见式(8-3)。

$$\text{某项费用} = \text{该项费用计费基数} \times \text{费率}$$
(8-3)

采用费率法计价的措施项目应依据招标人提供的工程量清单项目,按照国家或省级、行业建设主管部门的规定,充分考虑施工管理水平和拟建采用的施工方案,合理确定计费基数和费率。其中安全文明施工费应按国家或省级、行业建设主管部门的规定计价,不得作为竞争性费用。措施项目费用采用费率法计价时其计算公式见式(8-4)。

$$某措施项目清单费 = 措施项目计费基数 \times 费率 \qquad (8-4)$$

规费应按照国家或省级、行业建设主管部门的规定,结合工程所在地情况确定综合税率,不得作为竞争性费用。

税金应按照国家或省级、行业建设主管部门的规定,结合工程所在地情况确定综合税率并参照式(8-5)计算,不得作为竞争性费用。

$$税金 = (分部分项工程量清单费 + 措施项目清单费 + \\ 其他项目清单费 + 规费) \times 综合税率 \qquad (8-5)$$

3. 其他方法计价

(1) 暂列金额

为保证工程施工建设的顺利实施,在编制招标控制价时应对施工过程可能出现的各种不确定因素对工程造价的影响进行估算,列出一笔暂列金额。暂列金额可根据工程的复杂程度、设计深度、工程环境条件(包括地质、水文、气候条件等)进行估算。

(2) 暂估价

暂估价包括材料暂估价和专业工程暂估价。暂估价中的材料单价应按照工程造价管理机构发布的工程造价信息中的材料单价计算,工程造价信息未发布的材料单价,其单价参考市场价格估算;暂估价中的专业工程暂估价应分不同专业,按有关计价规定估算。

(3) 计日工

计日工包括计日人工、材料和施工机械。在编制招标控制价时,对计日工中的人工单价和施工机械台班单价应按地方行业建设主管部门或其授权的工程造价管理机构公布的单价计算;材料应按工程造价管理机构发布的工程造价信息计算,工程造价信息未发布材料单价的材料,其价格应按市场调查确定的单价计算。

(4) 总承包服务费

编制招标控制价时,总承包服务费应按照省级或行业建设主管部门的规定,并根据招标文件中列出的内容和向总承包人提出的要求计算总承包费。

七、招标控制价的审查

招标控制价的审查应根据招标控制价的编制依据,建设工程项目的规模、特征、性质及委托方的要求以及招标人发布的招标控制价进行审查。其审查方法包括重点审查法、全面审查法。重点审查法适用于投标人对个别项目进行投诉的情况,全面审查法适用于各类项目的审查。

招标控制价应重点审查的内容有:

(1) 招标控制价的项目编码、项目名称、工程数量、计量单位等是否与发布的招标工程量清单项目一致。

(2) 招标控制价的总价是否全面,汇总是否正确。

(3) 分部分项工程综合单价的组成是否符合现行国家标准如清单计价规范和其他工程造价计价依据的要求。

(4) 措施项目施工方案是否正确、可行,费用的计取是否符合现行清单计价规范和其他工程造价计价依据的要求。安全文明施工费是否执行了国家或省级、行业建设管理部门的规定。

(5) 管理费、利润、风险费以及主要材料设备的价格是否正确、得当。
(6) 规费、税费是否符合现行国家标准要求,是否执行了国家或省级、行业建设主管部门的规定。

第五节　报价的编制

一、报价编制的依据

(一)招标文件

公路工程招标文件包括:投标邀请书、投标须知、合同条款、技术规范、工程量清单投标书及投标担保格式、图纸、勘察资料等。另外,招标人在开标前规定日期内颁发的合同、规范图纸的修改书和变更通知(以书面为标准),与招标文件有同等的效力。

招标文件时编制投标报价的重要资料,应认真仔细地研究,以全面了解承包人在合同中的漏洞和疏忽,为定制投标策略寻找依据,创造条件。实践证明,掌握招标文件内容可为投标打下良好的基础,否则,易给自己带来投标失误甚至造成无法弥补的损失。

(二)现场考察收集的资料

考察现场是投标人投标时全面了解现场施工环境及施工风险的重要途径,是投标人做好投标报价工作的先决条件。在招标过程中,招标人通常会组织正式的现场考察。当考察时间不够时,投标人可再抽时间到现场收集编标用的资料,或进行重点补充考察。投标人提出的报价应当是在现场考察的基础上编制出来的,而且应包括施工中可能遇见的各种风险和费用。在投标有效期内及工程施工过程中,投标人无权以现场考察不周、情况不了解为由而提出修改标书或调整标价给予补偿的要求。因此,投标人在报价以前必须认真地进行现场考察,全面、细致地了解工地及其周围的政治、经济、地理、法律等情况,收集与报价有关的各种风险与数据资料。现场考察的主要内容如下:

1. 政治方面(指国外承包工程)
(1)项目所在国政局是否稳定,有无发生政变的可能。
(2)项目所在国与邻国的关系如何,有无发生边境冲突的可能。
(3)项目所在国与我国的双边关系如何。

2. 地理、地貌、气象方面
(1)项目所在地及附近地形地貌与设计图纸是否相符。
(2)项目所在地的河流水深、地下水情况、水质等。
(3)项目所在地近 20 年的气象食料,如最高及最低气温、雨量、雨季期、冰冻深度、降雪量、冬季时间、风向、风速、台风等情况。
(4)当地特大风、雨、雪、灾害情况。
(5)地震灾害情况。

(6)自然地理:修筑便道位置、高度、宽度标准、运输条件及水、陆运输情况。

3. 法律、法规方面

(1)与承包合同有关的经济合同法、外汇管理法、税收法、劳动法、环境保护法、建筑市场管理法、涉外经济合同法等法律及相应的法规。

(2)国外承包工程除上述有关法律法规外,还应了解项目所在地的民法,对本项目施工有关的具体规定,如劳动力的雇佣、设备材料的进出口及运输施工机械使用等规定。

4. 工程施工条件

(1)工程所需当地建筑材料的料源及分布地。

(2)场内外交通运输条件,现场周围道路桥梁通行能力,便道便桥修建位置、长度、数量。

(3)施工供电、供水条件,外电架设的可能性(包括数量、架支线长度、费用等)。

(4)新盖生产生活房屋的场地及可能租赁的民房情况、单价。

(5)当地劳动力来源、技术水平及工资标准情况。

(6)当地施工机械租赁、修理能力。

5. 经济方面

(1)工程所需各种材料,当地市场供应数量、质量、规格、性能能否满足工程要求及其价格情况。当地买土地点、数量、单价、运距。

(2)国外承包工程还要了解当地工人工作时间,年法定假日天数,工人假日,冬、雨、夜施工及病假的补贴,工人所交所得税及社会保险金。

(3)监理工程师工资标准。

(4)当地各种运输、装卸及汽柴油价格。

(5)当地主副食供应情况和近3~5年物价上涨率。

(6)保险费情况。

(7)当地工程机械出租的可能性、品种、数量、单价。

(8)当地近几年同类性质已完工程的造价分析资料。

6. 当地的建设市场情况

(1)该项目中标后,有没有后续工程的可能性。

(2)有哪些竞争对手参加本次投标,各有多大实力,竞争对手信誉如何。

7. 工程所在地有关健康、安全、环保和治安情况

如医疗设施、救护工作、环保要求、废料处理、保安措施等。

8. 其他方面

现场考察需带有招标人提供的以1/2000比例为宜的平面图,详细标绘施工便道、便桥的布置、数量和其他临时生产生活设施的布置。调查路基范围内拆迁情况,需填筑水塘面积大小、抽水数量、淤泥深度和数量,了解开山的岩石等级、打洞放炮设计施工方法、调查桥梁位置、水深、水位、便桥架设、钻孔(打桩)工作平台架设、深水基础、承台、下部构造如何施工、上部构造如何预制、预制场设在哪里及怎样布置、安装等有关具体问题,以便为施工组织设计做好准备。

投标人完成标前调查和现场考察工作后,可根据调查结果,确定材料和机械台班单价,同

时为施工组织设计提供大量的第一手资料,为制订出合理的报价打下基础。

（三）施工组织设计

施工组织设计的优劣不仅影响施工能否顺利进行,而且影响造价的高低。不同的施工方案、不同的施工顺序、不同的平面布置所需的工程费用是不一样的,有时会相差很大,因此,在进行投标时,应编制出技术上可行、经济上合理的施工组织设计,并以此作为编制投标报价的依据。

（四）本企业的资料

(1)本企业历年来(至少5年)已完工程的成本分析资料。
(2)本企业为本项目提供新添施工设备经费的可能性。
(3)本企业的施工定额。

（五）其他资料

招标文件所规定的各种国家标准、部颁标准、技术规范等。
《公路工程预算定额》(JTG/T 06-02—2007)和《公路工程基本建设项目概算预算编制办法》(JTG 06—2007)及地方政府颁发的有关收费标准和定额。

二、报价编制的步骤

报价编制的步骤如图8-8所示。

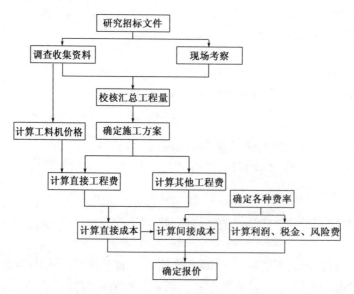

图8-8 报价编制的步骤

在完成以上工作时,应注意以下问题：

（一）应仔细核实工程量

工程量是整个算标工作的基础,人工、材料、机械消耗量及辅助设施等,都是根据工程量的多少来确定的。招标项目的工程量在招标文件的工程量清单中有详细说明,但由于种种原因,工程量清单中的工程数量有时会和图纸中的数量存在不一致的现象。因此,有必要进行复核,核实工程量的主要作用如下:

(1)全面掌握本项目需发生的各分项工程的数量,便于投标中进行准确的报价。

(2)及时发现工程量清单中关于工程量的错误和漏洞,为制订投标策略提供依据。

(3)有利于促使投标人对技术规范中的计量支付规定做进一步的研究,便于精确地编写各工程细目的单价。

核实工程量可从两方面入手:一是认真研究招标文件,掌握技术规范;二是通过切实的考察取得第一手资料。具体做好如下几项工作:

(1)全面核实设计图纸中各分项工程的工程量。

(2)计算受施工方案影响而需额外发生的工程量。

(3)根据技术规范中计量与支付的规定,对以上数量进行折算,在折算过程中有时需要对设计图纸中的工程量进行分解或合并。

(二)重视施工组织设计的编制

高效率和低消耗是编制施工组织设计的总原则,编制施工组织设计时应遵循连续性、均衡性、协调性和经济性原则,其中,经济性原则是施工组织设计的核心和落脚点,因此,在编制施工组织设计时,应注意以下事项:

(1)充分满足技术上的先进性和可靠性,最大限度地提高劳动生产率,降低施工成本。

(2)充分利用现有的施工机械设备,提高施工机械的使用率以降低机械施工成本。

(3)采用先进的管理手段,优化施工进度计划,选择最优施工排序,均衡安排施工,尽量避免施工高峰的赶工现象和施工低谷中的窝工现象,机动安排非关键线路上的剩余资源,从非关键线路上寻找效益。

(4)适当聘用当地员工或临时工,降低施工队伍调遣费,减少窝工现象。

投标竞争是比技术、比管理的竞争,技术和管理的先进性应充分体现在编制的施工组织设计中,以达到降低成本、缩短工期的目的。

(三)明确报价的组成部分及内容

一个项目的投标报价由以下三部分组成:

(1)施工成本。包括直接成本、间接成本。确定施工成本,应进行施工成本分析和成本预测。成本分析应建立在以往施工项目成本分析和成本核算工作的基础之上,所以施工企业加强成本核算和统计管理工作是做好投标报价工作的基础。成本预测应使用企业定额,因此,施工企业建立自己的企业定额也是编制施工预算进而做好投标报价工作的前提。

(2)利润和税金。税金是由国家统一征收的费用,利润是根据本项目的具体情况、公司的利润目标、市场行情等制定的。

(3)风险费用。即在各种风险发生后需由承包人承担的风险损失。风险是一种可能发生可能不发生的概率事件,但一旦发生会给承包人带来损失,甚至使承包人有倒闭破产的危险。因此对风险应有足够的认识,投标报价中要考虑风险种类和风险费用,应依据合同条款的规定和当时当地的情况来确定。例如,报价中是否要考虑物价上涨费的问题,如果合同条款中规定物价上涨后即调整价差和有关费用,则报价中无须考虑物价上涨费;如果合同条款中规定此项风险由承包人承担,则应在报价中考虑物价上涨费用,物价上涨费用应根据当时的物价上涨情况,在预测物价上涨率的基础上确定。这种预测结果与实际情况会有偏差,但这是难免的。又如报价中是否要考虑法律法规变更后增加的费用,是否应考虑不可抗力风险发生后给承包人带来的风险损失以及地质情况复杂而需增加的风险费用等,都要依据合同条款的规定来决定,如果合同条款规定由承包人承担,则应在报价中做出充分考虑,而这些费用的多少更无规律可循,主要依据投标人的经验及对风险的辨别能力和洞察能力来确定。

总之,在投标报价中,应科学地编制以上几项费用,使总报价既有竞争力,又有利可图。

(四)掌握市场情报和信息,确定投标策略

报价策略是投标人在激烈竞争的环境下为了企业的生存与发展而可能使用的对策,报价策略运用是否得当,对投标人能否中标并获得利润影响很大,常用的投标策略大致有如下几种:

1. 盈利较大的策略

即在报价中以较大的利润为投标目标的策略。这种投标策略通常在建筑市场任务多,投标人对该项目拥有技术上的垄断优势,竞争对手少或近期施工任务比较饱和时才予采用。

2. 微利保本策略

即在施工成本、利税及风险费几项费用中,降低利润目标,甚至不考虑利润。这种投标策略通常在企业工程任务不饱满、建筑市场供不应求、竞争对手强以及招标人按最低标定标时采用。

要确定一个低而适度的报价,首先要编制出先进合理的施工方案,在此基础上计算出能够确保合同工期要求和质量标准的最低预算成本。降低公路工程预算成本要从发挥企业优势、降低直接费和间接费等方面着手。

3. 低价亏损策略

即在报价中不仅不考虑企业利润,相反考虑一定的亏损后提出的报价策略。这种报价策略通常主要在以下几种情况采用:市场竞争激烈,竞争对手很强;投标人急于打入该建筑市场或保住施工地盘;施工企业面临生存危机,急于解决企业职工的窝工。使用该种投标策略时应注意:第一,招标人肯定是按最低价确定中标单位;第二,这种报价方法属于正当的商业竞争行为。

4. 冒险投标策略

即在报价中不考虑风险费用,这是一种冒险行为,如果风险不发生,即意味着投标人的报价成功;如果风险发生,则意味着投标人要承担极大的风险损失。这种报价策略同样只在市场竞争激烈,投标人急于寻找施工任务或着眼于打入该建筑市场甚至独占该建筑市场时才予采用。

5. 其他策略

以上是投标报价的四种常见策略,投标报价过程中,可以在以上四种策略的基础上采用优化设计、缩短工期、附带优惠、低价索赔等附带策略。

（五）报价决策

1. 报价决策方法

在报价分析工作的基础上，根据自己所确定的投标策略，即可进行投标决策，确定投标报价，在总报价确定后，可根据单价分析表中的数据综合考虑其他因素后确定工程量清单中各工程细目的单价。在确定工程细目的单价时，有平衡报价法和不平衡报价法两种方法：平衡报价法将间接费和利润等费用平均分摊到各工程细目的单价中，即按某固定的比例分摊；不平衡报价法与此相反。就时间而言，有早期摊入法、递减摊入法、递增摊入法和平均摊入法四种方法。

（1）早期摊入法。即将投标期间和开工初期需发生的费用全部摊入早期完工的分项工程中。这些费用包括投标期间的各种开支、投标保函手续费、工程保险费、部分临时设施费、由投标人承担的监理设施费、施工队伍调遣费、临时工程及其他开支费用。采用不平衡报价法时，可以将工程量清单中的这些费用支付项目适当提高报价，由于这些费用支付时间较早，通常在开工初期支付，这样报价便于承包人尽早收回成本或减少周转资金。

（2）递减摊入法。即将施工前期发生较多而后逐步减少的一些费用，按随时间发生逐步减少分摊比例的方法分摊到各分项工程中。这些费用包括履约保函手续费、贷款利息、部分临时设施费、业务费、管理费。

（3）递增摊入法。其方法与递减摊入法相反。这些费用包括物价上涨费等费用。当投标人预测物价上涨率在施工后期较高甚至超过银行利率时，可以采用递增摊入法来报价。

（4）平均摊入法。即将费用平均分摊到各分项工程的单价中。这些费用包括意外费用、利润、税金等费用。

2. 投标决策中的报价手法

投标决策中的报价手法通常有如下几种：

（1）不平衡报价法。具体表现形式如下：

①先期开工的项目（如开工费、土方、基础等）的单价报价高，后期开工的项目如高速公路的路面、交通设施、绿化等附属设施的单价报价低。

②估计以后可能增加工程量的项目的单价报价高，工程量可能减少的项目的单价报价低。对单价合同来说，在进行结算支付时，其结算价等于实际完成工程量乘以合同的单价，即合同单价不能变更，因此用这种技巧可使承包人获得更多的收益。

③图纸不明确或有错误的，估计今后会修改的项目的单价报价高，估计今后会取消的项目的单价报价低。

④没有工程量，只填单价的项目如土方超运其单价报价高，这样既不影响投标总价，又有利于多获利润。

⑤对暂列金额项目，分析让承包人做的可能性大时，其单价报价高，反之，报价低。

⑥对于允许价格调整的工程，当利率低于物价上涨时，则后期施工的工程细目的单价报价高，反之，报价低。

（2）扩大标价法。即除了按正常的已知条件编制价格外，对工程中变化较大或没有把握的工作，采用扩大单价、增加"不可预见费"的方法来减少风险。

（3）多方案报价法。这是利用工程说明书或合同条款不够明确之处，以争取达到修改工程说明书和合同为目的的一种报价方法。其方法是,按原工程说明书和合同条款报一个价格,并加以注释:"如工程说明书和合同条款可做某些改变时,可降低多少费用",使报价最低,以吸引招标人修改说明书和合同条款,但使用该方法时注意不要违反招标文件中规定的投标一致性,否则会作为废标处理。

(4)开口升级报价法。这种方法将报价看成是协商的开始,报价时利用招标文件中规定的不明确的有利条件,将造价很高的一些单项工程的报价抛开作为活口,将标价降低至无法与之竞争的数额。利用这种"最低标价"来吸引招标人,从而取得与招标人商谈的机会,利用活口进行升级加价,以达到最后赢利的目的。

(5)突然降价法。这是一种迷惑对手或保密的竞争手段。在整个报价过程中,仍按一般情况报价,甚至有意无意地将报价泄露,或者表示对工程兴趣不大,当临近投标截止期时突然降价,使竞争对手措手不及,从而解决标价保密问题,提高竞争能力和中标机会。

3. 报价决策中的注意事项

(1)施工企业在投标中应从自身条件、兴趣、能力和近远期经营战略目标出发来进行报价决策。一个企业,首先要具有战略眼光,投标时既要看到近期利益,更要看到长远目标,承揽当前工程要为今后的工程创造机会和条件。在投标中,企业要注意扬长避短,注重信誉,报价中要量力而行,对不顾实际情况、盲目压低标价的行为应予抵制。

(2)报价决策中应重视对招标人的条件和心理方面的分析。施工条件是否具备是投标中应予重视的问题,它与承包人的利益密切相关,条件不成熟的项目对招标人是一种风险,应在报价决策中做出相应的考虑。其次应对招标人的心理进行分析,若招标人资金短缺,则一般考虑最低标价中标;若招标人急需工程开工和完工则通常要求工期尽量提前,因此,加强对招标人的心理分析和情报收集对做好报价决策工作非常重要。

(3)做好报价的宏观审核。标价编好后,是否合理、有无可能中标,可以采用工程报价宏观审核指标法进行分析判断。例如,可采用单位工程造价、全员劳动生产率、个体分析整体综合控制、各分项工程价值比例、各类费用的正常比例、单位工程用工用料等正常指标进行审核。

习题

1. 简述公路工程招标的程序。
2. 简述公路工程投标的程序。
3. 简述投标决策的基本原则。
4. 简述选择投标项目的随机型决策树法的基本思想。
5. 简述投标决策的含义。

第九章
交通建设项目后评价

第一节 交通项目后评价概述

一、交通项目后评价的概念

广义的后评价是对过去的活动或现在进行的活动进行回顾、审查,是对某项具体决策的结果进行评价的活动。后评价包括宏观和微观两个层面,宏观层面的后评价是对整个国民经济、某一部门或经济活动中某一方面进行评价,微观层面的后评价是对某个项目或一组项目规划进行评价。

交通项目后评价是微观层面上的概念,它是指在交通项目建设投产并达到设计运输能力后,通过对项目前期工作、项目实施、项目运营情况等进行系统的客观的综合研究,衡量和分析项目的实际情况及其与预测情况的差距,确定有关项目预测和判断是否正确,并分析其成败的原因,总结经验教训,为今后项目准备、决策、管理、监督等工作积累经验,并为提高交通项目投资效益提出切实可行的对策措施的一种技术经济活动。

二、交通项目后评价的作用

交通项目后评价对提高建设项目决策科学化水平,改进项目管理和提高投资效益等方面发挥着极其重要的作用。具体地说，交通项目后评价的作用主要表现在以下几个方面：

(1) 总结项目管理的经验教训，提高项目管理的水平

通过交通项目后评价，对已经建成项目的实际情况进行分析研究，有利于知道未来项目的管理活动，从而提高项目管理的水平。

(2) 提高项目决策的科学化水平

交通项目前评价是项目投资决策的依据，但前评价中所做的预测是否准确，需要后评价来检验。通过建立完善的项目后评价制度和科学的方法体系，一方面可以增强前评价人员的责任感，提高项目预测的准确性；另一方面可以通过项目后评价的反馈信息，及时纠正项目决策中存在的问题，从而提高未来项目决策的科学化水平。

(3) 为国家投资计划、政策的制定提供依据

交通项目后评价能够发现宏观投资管理中的不足，从而国家可以及时地修正某些不适合经济发展的技术经济政策，修订某些已经过时的指标参数。同时还可以根据反馈信息，合理确定投资规模和投资流向。此外，国家还可以充分地运用法律、经济、行政手段，建立必要的法令、法规、各项制度和机构，促进投资管理的良性循环。

(4) 可以对企业运营管理进行"诊断"，促使项目运营状况的正常化

交通项目后评价是在项目运营阶段进行，因而可以分析和研究项目试运营和运营时期的实际情况，比较实际情况与预测情况的偏离程度，探索产生偏差的原因，提出切实可行的措施，从而促使项目运营状况正常化，提高项目的经济效益和社会效益。

三、交通项目后评价报告的编制依据

(1) 公路建设项目管理的相关法律、法规，行业标准、规范等。

(2) 国家及区域经济社会发展规划、综合运输发展规划和公路专项发展规划等。

(3) 项目各阶段有关委托、评审、批复等文件。主要包括：项目建议书、可行性研究报告、项目申请报告、初步设计、技术设计、施工图设计的审查意见，批复文件；资金申请报告，招投标文件，重大变更的请示及批复；经审计的决算报告和工程竣工验收鉴定书等。

(4) 项目建成通车后的运营数据及相关调查。主要调查包括：交通量调查、交通安全性调查、车辆运行特征调查、车辆运输费用调查、工程质量调查、经济社会调查、环境调查等。

四、交通项目后评价的一般原则

交通项目后评价的一般原则是独立性、科学性、反馈性、透明性和实用性，分述如下：

(1) 独立性

独立性是指交通项目评价不受项目决策者、管理者、执行者和前评估人员的干扰。它是评价的公正性和客观性的重要保障。为保证评价的独立性，必须从机构设置、人员组成、履行职责等方面综合考虑，使评价结构既保持相对的独立性又便于运作，独立性应自始至终贯穿于评价的全过程。只有这样，才能使评价的分析结论不带任何偏见，才能提高评价的可信度，才能发挥评价在项目管理工作中不可替代的作用。

(2) 科学性

交通项目后评价工作必须具有科学的评价方法、工作程序和组织管理以及科学的评价结论，要求评价所依据的资料数据必须真实可靠，针对存在的问题所提出的改进意见要切实可

行，评价的结论和总结的经验教训要经得起时间的检验和推敲，并有益于指导今后的项目决策和建设工作。这就要求评价者具有广泛的阅历和丰富的经验。

(3) 反馈性

交通项目后评价的最终目标是将评价结果反馈到决策部门，作为新项目理想和评价的基础，作为调整投资和政策的依据。因此，交通项目后评价的反馈机制、手段和方法便成了评价成败的关键内容。

(4) 透明性

要求交通项目后评价的透明度越大越好，因为透明度越大，了解和关注后评价的人就越多。从评价成果的扩散和反馈的效果来看，也是透明度越大越好，这样便于更多的单位和个人能在自身的工作中借鉴过去的经验教训。

(5) 实用性

要求交通项目后评价报告的文字具有可读性，报告所总结的经验教训有可借鉴性。为了使评价成果对决策能产生作用，让尽可能多的单位和个人从项目评价信息中受到启发，后评价报告必须具有可操作性和针对性，文字简练明确，突出重点，避免使用过多的专业术语。

第二节 交通项目后评价的内容和程序

一、交通项目后评价的内容

交通项目后评价的基本内容包括实施过程评价、投资与效益后评价、影响后评价、持续性评价和综合性评价。

1. 交通项目的实施过程评价

交通项目实施工程评价是根据项目的实际实施过程与项目立项评估或可行性研究报告所预计的情况进行比较分析，对项目的实施效率做出评价。其主要内容包括前期工作后评价、建设实施后评价、项目运营后评价和项目管理后评价等。

(1) 项目前期工作后评价

项目前期工作后评价是对项目立项决策、项目建设内容与规模、勘察设计等进行的后评价。立项决策评价主要是评价立项条件和决策依据是否正确，根据当前国内外社会经济环境，验证项目前评估时所做出的预测是否正确等；项目建设内容与规模评价是评价项目是否按照预定的建设内容和规模进行建设，分析与预定内容及规模发生偏差的原因以及当初预定的建设规模和能力的合理性；项目勘察设计后评价是评价勘测设计的工作程序、依据，包括标准、规范、定额、取费标准（费率）是否符合国家的有关规定，引进的工艺和设备是否采用了现行国家标准或发达国家的先进工业标准，是否满足建设单位和施工的实际需要，设计方案在技术上的可行性和经济上的合理性程度如何，可行性研究与设计工作的关系是否协调等。

(2) 项目建设实施后评价

项目实施阶段主要是指项目开工到竣工验收的一段时期。项目建设实施后评价是指设备采购、工程建设、竣工验收和运营准备等各个阶段，具体包括对施工准备、招标投标、工程进度、工程质量、工程造价、工程监理、合同执行情况及运营准备情况等的后评价。重点应放在对项目目标实现过程中发生的诸如超工期、超预算、工程质量差、效益低等原因的查找和说明上。

(3) 项目运营后评价

项目运营阶段是项目投资建设阶段的延续,是实现项目投资经济效益和项目投资回收的关键时期。项目运营后评价主要是对生产、销售、原材料和燃料供应及消耗情况、资源综合利用情况及运营能力的利用情况等的后评价,主要包括项目运营管理的后评价、项目运营条件后评价、项目运营能力利用后评价、项目资源投入和产出情况的后评价等,对于利用外资的项目,还应适当增加对引进技术、设备的使用、消化和吸收情况的后评价。

(4) 项目管理后评价

项目管理后评价是以项目竣工验收和项目效益后评价为基础,结合其他相关资料对项目整个生命周期中各个阶段的管理工作进行评价,主要分析和评价管理者是否能有效地管理项目的各项工作,是否与政策机构和其他组织建立了必要的联系;人才和资源使用是否得当;是否有较强的责任感等。其目的是从中总结出项目管理的经验教训,并对如何提高管理水平提出改进的措施和建议。

2. 交通项目效益后评价

交通项目效益后评价是项目后评价的主要组成部分,包括项目财产后评价和国民经济后评价。

交通项目财产后评价是从企业角度对项目投产后的实际财务效益进行再评价。它是根据现行财务制度规定及项目建成投产后投入物和产出物的实际价格水平,重点分析总投资、运营成本、企业收益率、贷款偿还期与当初预测值之间的差距,剖析原因,并做出新的预测。

交通项目国民经济后评价是从宏观国民经济角度对项目投产后的国民经济效益进行再评价,重点分析项目的实际费用效益与预测费用效益之间的差别,并对后评价时点以后的效益与费用进行重新预测,在此基础上,计算评价指标,对项目的实施效果加以评价,并从中找出项目存在的问题及产生问题的根源。

3. 交通项目影响后评价

交通项目影响后评价是评价项目的建设对于其周围地区在经济、环境和社会三个方面所产生的作用和影响。影响后评价站在宏观的立场,重点分析项目与整个社会发展的关系,包括经济影响评价、环境影响评价和社会影响评价。

(1) 经济影响评价

项目的经济影响评价主要用于分析和评价项目对所在地区(区域)及国家的经济发展的作用和影响,包括项目对分配效果、技术进步、产业结构的影响等。

(2) 环境影响评价

项目的环境影响评价是指对照项目前评价时批准的《环境影响报告书》,重新审查项目实施后对环境产生的实际影响,审查项目环境管理的举措、规定、规范、参数的可靠性和实际效果。环境影响评价主要包括项目的污染控制、对地区环境质量的影响、自然资源的保护和利用、对区域的生态平衡的影响和环境管理能力等。

(3) 社会影响评价

项目的社会影响评价主要是从社会发展的角度来分析项目对社会发展目标所做的贡献和产生的影响,包括有形的和无形的影响。评价的内容主要包括项目对当地就业的直接效果和间接效果;对居民生活质量的影响;受益者范围及对该项目的反映,当地参与态度,对社区发展、民族、宗教信仰的影响等。

4. 交通项目可持续性评价

项目的可持续性评价是在项目建成投入运营后,对项目的既定目标是否能按期实现,项目是否可以持续保持较好的运输效益,项目业主是否愿意并可以依靠自己的能力继续实现既定的目标,项目是否可以具有可重复性等方面做出评价。

5. 交通项目综合性评价

项目综合性评价包括项目的成败原因分析和项目管理的各个环节的责任分析。综合评价一般采用成功度评价方法,该评价方法是依靠评价专业或专家组的经验,综合后对各指标的评价结果,对项目的成功程度做出定性的结论,也就是通常所说的打分的方法。成功度评价是以逻辑框架法分析的项目目标实现程度和经济效益的评价结论为基础,以项目的目标和效益为核心所进行的全面系统的评价。

二、项目后评价的程序

规模、复杂程度不同的交通项目,其评价的内容和侧重点也有所不同,但从总的情况来看,项目后评价是一个客观的和循序渐进的过程。交通项目后评价的程序一般可以概括为以下几个步骤。

(1) 明确项目后评价的对象和任务

需要进行后评价的单位根据自身需要选择后评价的对象,明确后评价的范围和任务,在委托书中详细列出项目评价的目的、内容、深度、时间和费用等。提出需要进行项目后评价的单位可以是国家计划部门、投资中介机构、商业银行、行业主管部门和项目建设施工企业。后评价的对象可以是所有竣工运营的项目。

(2) 建立后评价小组,筹划准备

项目后评价工作可以委托设计与工程咨询等经过资格审查的单位承担,也可以由项目业主自己组织实施。承办单位接收任务后即可组织后评价小组进行筹备工作,制订出项目后评价的实施计划,包括项目后评价人员的配备、组织机构、时间进度、内容范围、预算安排和评价方法等内容。

(3) 收集资料和选取数据

根据项目后评价单位规定的评价内容和任务要求,深入实际,收集资料,项目后评价的资料包括项目立项、决策、施工建设等档案资料,国家经济政策资料,项目运营状况的有关资料,本行业有关资料,反映项目实施和运营实际影响的有关资料等。

(4) 整理分析资料数据,提出改进措施和建议

对所收集的数据和资料进行汇总、加工、分析和整理,采用定性分析和定量计算结合的方法进行分析和论证,编制各种评价报表及计算评价指标,并与前评价进行对比分析,合理评价项目建设所产生的实际效果。找出差异及其原因,总结经验,提出改进措施和建议。

(5) 编制项目后评价报告

将分析研究的结果进行汇总,编写出后评价报告,提交委托单位或上级有关部门。后评价报告是项目后评价工作的最后成果,后评价报告既要全面、系统,又要反映后评价目标。

第三节 交通项目后评价的方法

交通项目后评价的方法是进行后评价的手段和工具,没有切实可行的后评价方法,就无法开展后评价工作。后评价采用定量分析与定性分析相结合的方法。交通项目后评价最常用的方法包括有无对比法、层次分析法、因果分析法、逻辑框架法、综合评价法等,可根据项目特点选择一种或多种方法。本教材主要介绍对比分析法、逻辑框架法,其他方法详见《交通运输系统工程》等相关教材。

一、对比分析法

交通项目后评价采用的对比分析法有前后对比法和有无对比法。

1. 前后对比法

一般情况下,"前后对比"(Before and After Comparison)是将项目实施之前与完成之后的情况加以对比,以确定项目的作用与效益的一种对比方法。在项目后评价中,前后对比法是指将项目前期的可行性研究和评估的预测结论以及技术设计时技术经济指标,与项目的实际运行结果及在评价时所做的新的预测进行比较,用以发现变化和分析原因。这种对比用于揭示计划、决策和实施的质量,是项目评价应遵循的原则。

2. 有无对比法

"有无对比法"(With and Without Comparison)是指将项目实际发生的情况与无项目可能发生的情况进行对比,以度量项目的真实效益、影响和作用。对比的重点是要分清项目的作用和影响以及项目以外因素的作用和影响。这种对比用于项目的效益评价和影响评价,也是后评价方法的一个重要原则。这里说的"有"和"无"指的是评价的对象,即项目。评价是将项目的实施所付出的资源代价与项目实施后产生的效果进行对比,以得出项目业绩是好还是坏的结论。比较的关键是要求投入的代价与产出的效果口径一致。也就是说,所度量的效果要真正归因于所评价的项目。但是,很多项目,特别是大型社会经济项目,实施后的效果不仅是项目的效果和作用,而且有项目以外多种因素的影响,因此,简单的前后对比不能得出项目的真正效果。

采用有无对比法进行项目后评价,需要大量可靠的数据,最好有系统的项目监控资料,也可引用当地有效的统计资料。在进行对比分析时,先要确定评价内容和主要指标,选择可比的对象,通过建立对比法,用科学的方法收集资料。

二、逻辑框架法

逻辑框架法(Logical Framework Approach,简称LFA)是美国国际开发署(USAID)于1970年开发并使用的一种设计、计划和评价的工具。目前已有三分之二的国际组织把逻辑框架法作为援助项目计划管理和后评价的主要方法。

1. 逻辑框架法的含义

逻辑框架法是一种综合、系统地研究和分析问题的思维框架,即用一个简单的框架来清晰地分析一个复杂项目的内涵和关系,使之更易理解。逻辑框架法是将几个内容相关、必须同步考虑的状态因素组合起来,通过分析其相互之间的关系,从设计策划到目的、目标等方面来评价一项活动或工作。逻辑框架法为项目计划者和评价者提供一种分析框架,用以确定工作的范围和任务,并对项目目标和达到目标所需要的手段进行逻辑关系的分析。逻辑框架法的核心是分析项目运营、实施的因果关系,揭示结果与内外原因之间的关系。

逻辑框架法把目标及因果关系分为四个层次:

(1)目标。通常是指高层次的目标,即宏观计划、规划、政策和方针等,该目标可以由机构方面的因素来实现。目标一般超过项目的范畴,是指国家、地区、部门或多边金融机构的整体目标。

(2)目的。目的是指建设项目的直接效果和作用,一般应考虑项目为受益群体带来的效果。

(3)产出成果。产出物是指项目建成后提供的可直接计量的产品或服务。

(4)投入物和活动。是指项目实施过程中的资源投入量、项目建设的起止时间和工期。

2. 逻辑框架法的模式

逻辑框架法的模式一般由 4×4 的矩阵组成,在垂直方向各横行代表项目目标层次,它按照因果关系,自下而上地列出项目的投入、产出、目的和目标四个层次,包括达到这些目标所需要的检验方法和指标,说明目标层次之间的因果关系和重要的假设条件及前提(垂直逻辑);在水平方向各竖行代表如何验证这些不同层次的目标,自左到右列出各目标层次的预期指标和实际达到的考核验证指标、信息资料和验证方法以及相关的重要外部假设条件(水平逻辑),如表 9-1 所示。

逻辑框架法的模式 表 9-1

概述	客观验证指标	客观的验证方法	重要的假设条件
目标	目标验证指标	评价及监测手段和方法	实现目标的主要条件
目的	目的验证指标	评价及监测手段和方法	实现目的的主要条件
产出成果	产出成果衡量指标	评价及监测手段和方法	实现产出的主要条件
投入/活动	投入方式及定量指标	投入活动验证方法	实现投入的主要条件

3. 垂直逻辑

逻辑框架法把目标及因果关系划分为四个层次,四个层次自下而上由三个逻辑关系相连接。第一级如果保证一定的资源投入,并加以很好地管理,则预计有怎样的产出;第二级是如果项目的产出活动能够顺利进行,并确保外部条件能够落实,则预计能取得怎样的目的;第三级是项目的目的对整个地区和整个国家更高层次宏观目标的贡献关联性,这种逻辑关系在逻辑框法中称为"垂直逻辑(Vertical Logic)"。垂直逻辑可用来阐述各层次的目标内容及其上下间的关系,如图 9-1 所示。

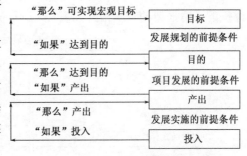

图 9-1　垂直逻辑中的因果关系

4. 平逻辑

逻辑框架的垂直逻辑分清了项目的层次关系,但这种分析不能满足对项目进行分析和评价的要求,还应对逻辑框架中的水平逻辑进行分析。水平逻辑分析的目标是通过主要验证指标和方法来衡量一个项目的资源和成果。对应于垂直每一个层次的目标,水平逻辑是对四个层次的结果加以具体说明。水平逻辑关系则由验证指标、验证方法和重要的假设条件构成,形成了逻辑框架法的4×4逻辑框架。水平逻辑验证指标和验证方法的内容和关系如表9-2所示。

水平逻辑　　　　　　　　　　　　　表9-2

目标层次	验证指标	验证方法
宏观目标/影响	对宏观目标影响程度的评价(包括预测值、实现值等)	资料来源:项目文件、统计资料、项目受益者提供的资料等; 采用方法:调查研究、统计分析等
项目目的/作用	验证项目目的实现程度	资料来源:项目受益者提供; 采用方法:调查研究等
产出成果	不同阶段项目定性和定量的产出指标	资料来源:项目记录、监测报告、受益者提供的资料等; 采用方法:资料分析、调查研究等
投入/活动	投入资源的性质、数量、成果、时间、区位等指标	资料来源:项目评估报告、项目计划文件、投资者协议文件等

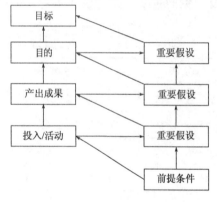

图9-2　水平逻辑中的因果关系

在项目的水平逻辑关系中,还有一个重要的逻辑关系就是重要假设条件与不同目标层次之间的关系,主要内容是:一旦前提条件得到满足,项目活动何时可以开始。一旦项目活动展开,所需的重要假设也得到了保证,便应取得相应的产出成果。一旦这些产出成果实现,同时水平假设得到保证,便可以实现项目的目的。一旦项目的目的得到实现,同时水平的重要假设得到保证,项目的目的便可以为项目的宏观目标做出应有的贡献,如图9-2所示。

5. 项目后评价的逻辑框架表

项目后评价通过应用逻辑框架法来分析项目原定的预期目标、各种目标的层次、目标实现的程度和原因,用以评价其效果、作用和影响。项目后评价的逻辑框架的基本格式如表9-3所示。

项目后评价的逻辑框架　　　　　　　　表9-3

目标层次	验证对比指标			原因分析		项目可持续能力
	项目原定目标	实际实现目标	差别或变化	主要内部原因	主要外部原因	
宏观目标(影响)						
项目目的(作用)						
项目产出(实施效果)						
项目投入(建设条件)						

三、项目成功度的评价

1. 基本概念

成功度评价方法是依靠评价专家或专家组的经验，综合各项指标的评价结果，对项目的成功程度做出定性的结论，也就是通常所说的打分的方法。成功度评价是以逻辑框架法分析的项目目标实施程度和经济效益的评价结论为基础，以项目的目标和效益为核心的全面系统的评价方法，得出项目成功程度的结论。

2. 项目成功度的标准

进行项目成功度分析首先必须明确成功的标准。一般来说，成功度可分为五个等级：

(1)成功的(A)。表明项目的各项目标已全面实现或超过，相对投入而言，项目取得巨大的效益和影响。

(2)基本成功的(B)。表明项目的大部分目标都已经实现，相对投入而言，项目达到了预期的效益和影响。

(3)部分成功的(C)。表明项目实现了原定的部分目标，相对投入而言，项目只取得了一定的效益和影响。

(4)不成功的(D)。表明项目实现的目标非常有限，相对投入而言，项目几乎没有产生正的效益和影响。

(5)失败的(E)。表明项目的目标无法实现，项目的效益为零或负值，项目产生的影响是消极的、有害的，项目不得不终止。

3. 项目成功度的测定步骤和方法

项目成功度的测定步骤是：首先确定评议专家，然后选定综合评估指标并确定其权重，专家个人打分，专家集体评议，进行数据处理，最后得出成功度评价的等级。表9-4 为项目成功度评价表。

在评价具体项目的成功度时，并不一定要测定表中所有指标，评价人员应首先根据具体项目的类型和特点，确定表中指标与项目的相关程度，把它们分为"重要""次重要"和"不重要"三类，在表中第二栏里(项目相关重要性)填注。对"不重要"的指标就不用测定，只需测定"重要"和"次重要"的项目内容，一般的项目实际需测定的指标在10项左右。

在测定各指标时，采用打分制，即按上述评定标准的五个等级分别用 A、B、C、D、E 表示。通过指标重要性分析和单项成功度结论综合，可得到整个项目成功度指标，也可以用 A、B、C、D、E 表示，填在表最下一行的项目总评栏内。

在具体操作时项目评级成员每人填好一张表格后，对各项指标的取舍和等级进行内部讨论，或经过必要的数据处理，形成评价组的成功度表，再把结论写入评价报告。

项目成功度评价表　　　　　　　　表9-4

评定项目指标	项目相关重要性	评定等级
宏观目标和产业政策		
决策及其程序		
布局与规模		

续上表

评定项目指标	项目相关重要性	评定等级
项目目标及市场		
设计与技术装备水平		
资源与建设条件		
资金来源与融资		
项目进度及其控制		
项目质量及其控制		
项目投资及其控制		
项目经营		
机构和管理		
项目财务收益		
项目经济效益和影响		
社会和环境影响		
项目可持续性		
项目总评		

第四节　交通项目后评价报告的编制

一、交通项目后评价报告的编写要求

交通项目后评价报告是评价的最终成果,应真实、全面地反映情况,客观分析问题,认真总结经验教训。另外,后评价报告是反馈经验教训的主要文件形式,因此必须满足信息反馈的需要。后评价报告根据不同需要分为项目业主编制的"自我评价报告"和后评价的综合报告两种形式。后评价报告编写有以下要求。

(1)报告文字准确、清晰。

(2)报告的发现和结论要与问题和分析相对应,经验教训和建议要把评价的结果与将来规划和政策的制定、修改联系起来。

二、交通项目后评价报告的主要内容

一般交通项目后评价报告的内容包括项目概况、实施评价、效果评价和揭露建议等几个部分,具体如下。

(1)摘要。简单介绍项目概况和项目将来的运行计划、项目实施经验及总结、汲取的经验教训等。这部分主要供决策者使用,应力求简练。

(2)目录。

(3)主题。项目后评价报告的主题包括以下内容。

①建设项目的过程评价:项目前期工作、建设实施、运营管理等重大变化及原因。

②建设项目的投资与效益评价:投资执行情况、资金筹措评价及经济评价。

③建设项目的影响评价:项目对区域的综合交通体系、经济社会、环境、能源等方面的影响。

④建设项目目标持续性评价:交通量、经济社会效益、财务效益、环境保护等目标的实现程度及持续能力。

⑤经验与教训,措施与建议。

⑥附件。主要包括专题报告、公路建设项目管理表和有关委托、招标、评审、批复等主要文件的复印件。

习题

1. 简述交通项目后评价的概念。
2. 简述交通项目后评价的基本方法。
3. 交通项目后评价报告编制的主要内容有哪些?
4. 项目成功度评价的主旨思想是什么?
5. 简述项目后评价的基本程序。

参 考 文 献

[1] 林晓言,陈娟.交通运输工程经济学[M].北京:社会科学文献出版社,2015.
[2] 谭大璐.土木工程经济[M].北京:中国建筑工业出版社,2010.
[3] 钱源.公路工程造价编制[M].重庆:重庆大学出版社,2014.
[4] 刘燕,涂忠仁.公路工程造价编制与管理[M].北京:人民交通出版社,2014.
[5] 张起森.公路施工组织及概预算[M].北京:人民交通出版社,2001.
[6] 中华人民共和国行业标准.JTG B06—2007 公路工程基本建设概预算编制办法[S].北京:人民交通出版社,2007.
[7] 中华人民共和国行业标准.JTG B06—2007 公路工程基本建设投资估算编制办法[S].北京:人民交通出版社,2007.
[8] 中华人民共和国行业推荐性标准.JTG/T B06-1—2007 公路工程概算定额[S].北京:人民交通出版社,2007.
[9] 中华人民共和国行业推荐性标准.JTG/T B06-2—2007 公路工程预算定额[S].北京:人民交通出版社,2007.
[10] 中华人民共和国行业推荐性标准.JTG/T B06-3—2007 公路工程机械台班费用[S].北京:人民交通出版社,2007.
[11] 中华人民共和国行业标准.JTG M21—2011 公路工程估算招标[S].北京:人民交通出版社,2011.

附　录

附录一　复利因素表

	$i=4\%$						
	一次支付		等额多次支付				
N	$(F/P,i,n)$	$(P/F,i,n)$	$(F/A,i,n)$	$(P/A,i,n)$	$(A/F,i,n)$	$(A/P,i,n)$	N
1	1.0400	0.9615	1.0000	0.9615	1.0000	1.0400	1
2	1.0816	0.9246	2.0400	1.8861	0.4902	0.5302	2
3	1.1249	0.8890	3.1216	2.7751	0.3203	0.3603	3
4	1.1699	0.8548	4.2465	3.6299	0.2355	0.2755	4
5	1.2167	0.8219	5.4163	4.4518	0.1846	0.2246	5
6	1.2653	0.7903	6.6330	5.2421	0.1508	0.1908	6
7	1.3159	0.7599	7.8983	6.0021	0.1266	0.1666	7
8	1.3686	0.7307	9.2142	6.7327	0.1085	0.1485	8
9	1.4233	0.7026	10.5828	7.4353	0.0945	0.1345	9
10	1.4802	0.6756	12.0061	8.1109	0.0833	0.1233	10
11	1.5395	0.6496	13.4864	8.7605	0.0741	0.1141	11
12	1.6010	0.6246	15.0258	9.3851	0.0666	0.1066	12
13	1.6651	0.6006	16.6268	9.9856	0.0601	0.1001	13
14	1.7317	0.5775	18.2919	10.5631	0.0547	0.0947	14
15	1.8009	0.5553	20.0236	11.1184	0.0499	0.0899	15
16	1.8730	0.5339	21.8245	11.6523	0.0458	0.0858	16
17	1.9479	0.5134	23.6975	12.1657	0.0422	0.0822	17
18	2.0258	0.4936	25.6454	12.6593	0.0390	0.0790	18
19	2.1068	0.4746	27.6712	13.1339	0.0361	0.0761	19
20	2.1911	0.4564	29.7781	13.5903	0.0336	0.0736	20
21	2.2788	0.4388	31.9692	14.0292	0.0313	0.0713	21
22	2.3699	0.4220	34.2480	14.4511	0.0292	0.0692	22
23	2.4647	0.4057	36.6179	14.8568	0.0273	0.0673	23
24	2.5633	0.3901	39.0826	15.2470	0.0256	0.0656	24
25	2.6658	0.3751	41.6459	15.6221	0.0240	0.0640	25
26	2.7725	0.3607	44.3117	15.9828	0.0226	0.0626	26
27	2.8834	0.3468	47.0842	16.3296	0.0212	0.0612	27
28	2.9987	0.3335	49.9676	16.6631	0.0200	0.0600	28
29	3.1187	0.3207	52.9663	16.9837	0.0189	0.0589	29
30	3.2434	0.3083	56.0849	17.2920	0.0178	0.0578	30
31	3.3731	0.2965	59.3283	17.5885	0.0169	0.0569	31
32	3.5081	0.2851	62.7015	17.8736	0.0159	0.0559	32
33	3.6484	0.2741	66.2095	18.1476	0.0151	0.0551	33
34	3.7943	0.2636	69.8579	18.4112	0.0143	0.0543	34
35	3.9461	0.2534	73.6522	18.6646	0.0136	0.0536	35

续上表

			$i=5\%$				
	一次支付			等额多次支付			
N	(F/P,i,n)	(P/F,i,n)	(F/A,i,n)	(P/A,i,n)	(A/F,i,n)	(A/P,i,n)	N
1	1.0500	0.9524	1.0000	0.9524	1.0000	1.0500	1
2	1.1025	0.9070	2.0500	1.8594	0.4878	0.5378	2
3	1.1576	0.8636	3.1525	2.7232	0.3172	0.3672	3
4	1.2155	0.8227	4.3101	3.5460	0.2320	0.2820	4
5	1.2763	0.7835	5.5256	4.3295	0.1810	0.2310	5
6	1.3401	0.7462	6.8019	5.0757	0.1470	0.1970	6
7	1.4071	0.7107	8.1420	5.7864	0.1228	0.1728	7
8	1.4775	0.6768	9.5491	6.4632	0.1047	0.1547	8
9	1.5513	0.6446	11.0266	7.1078	0.0907	0.1407	9
10	1.6289	0.6139	12.5779	7.7217	0.0795	0.1295	10
11	1.7103	0.5847	14.2068	8.3064	0.0704	0.1204	11
12	1.7959	0.5568	15.9171	8.8633	0.0628	0.1128	12
13	1.8856	0.5303	17.7130	9.3936	0.0565	0.1065	13
14	1.9799	0.5051	19.5986	9.8986	0.0510	0.1010	14
15	2.0789	0.4810	21.5786	10.3979	0.0463	0.0963	15
16	2.1829	0.4581	23.6575	10.8378	0.0423	0.0923	16
17	2.2920	0.4363	25.8404	11.2741	0.0387	0.0887	17
18	2.4066	0.4155	28.1324	11.6896	0.0355	0.0855	18
19	2.5270	0.3957	30.5390	12.0853	0.0327	0.0827	19
20	2.6533	0.3769	33.0660	12.4622	0.0302	0.0802	20
21	2.7860	0.3589	35.7192	12.8212	0.0280	0.0780	21
22	2.9253	0.3418	38.5052	13.1630	0.0260	0.0760	22
23	3.0715	0.3256	41.4305	13.4886	0.0241	0.0741	23
24	3.2251	0.3101	44.5020	13.7986	0.0225	0.0725	24
25	3.3864	0.2953	47.7271	14.0939	0.0210	0.0710	25
26	3.5557	0.2812	51.1135	14.3752	0.0196	0.0696	26
27	3.7335	0.2678	54.6691	14.6430	0.0183	0.0683	27
28	3.9201	0.2551	58.4026	14.8981	0.0171	0.0671	28
29	4.1161	0.2429	62.3227	15.1411	0.0160	0.0660	29
30	4.3219	0.2314	66.4388	15.3725	0.0151	0.0651	30
31	4.5380	0.2204	70.7608	15.5928	0.0141	0.0641	31
32	4.7649	0.2099	75.2988	15.8027	0.0133	0.0633	32
33	5.0032	0.1999	80.0638	16.0025	0.0125	0.0625	33
34	5.2533	0.1904	85.0670	16.1929	0.0118	0.0618	34
35	5.5160	0.1813	90.3203	16.3742	0.0111	0.0611	35

续上表

			$i=6\%$				
	一次支付		等额多次支付				
N	$(F/P,i,n)$	$(P/F,i,n)$	$(F/A,i,n)$	$(P/A,i,n)$	$(A/F,i,n)$	$(A/P,i,n)$	N
1	1.0600	0.9434	1.0000	0.9434	1.0000	1.0600	1
2	1.1236	0.8900	2.0600	1.8334	0.4854	0.5454	2
3	1.1910	0.8396	3.1836	2.6730	0.3141	0.3741	3
4	1.2625	0.7921	4.3746	3.4651	0.2286	0.2886	4
5	1.3382	0.7473	5.6371	4.2124	0.1774	0.2374	5
6	1.4185	0.7050	6.9753	4.9173	0.4134	0.2034	6
7	1.5036	0.6651	8.3938	5.5824	0.1191	0.1791	7
8	1.5938	0.6274	9.8975	6.2098	0.1010	0.1610	8
9	1.6895	0.5919	11.4913	6.8017	0.0870	0.1470	9
10	1.7908	0.5584	13.1808	7.3601	0.0759	0.1359	10
11	1.8983	0.5268	14.9716	7.8869	0.0668	0.1268	11
12	2.0122	0.4970	16.8699	8.3838	0.0593	0.1193	12
13	2.1329	0.4688	18.8821	8.8527	0.0530	0.1130	13
14	2.2609	0.4423	21.0151	9.2950	0.0476	0.1076	14
15	2.3966	0.4173	23.2760	9.7122	0.0430	0.1030	15
16	2.5404	0.3936	25.6725	10.1059	0.0390	0.0990	16
17	2.6928	0.3714	28.2129	10.4773	0.0354	0.0954	17
18	2.8543	0.3503	30.9057	10.8276	0.0324	0.0924	18
19	3.0256	0.3305	33.7600	11.1581	0.0296	0.0896	19
20	3.2071	0.3118	36.7856	11.4699	0.0272	0.0872	20
21	3.3996	0.2942	39.9927	11.7641	0.0250	0.0850	21
22	3.6035	0.2775	43.3923	12.0416	0.0230	0.0830	22
23	3.8197	0.2618	46.9958	12.3034	0.0213	0.0813	23
24	4.0489	0.2470	50.8156	12.5504	0.0197	0.0797	24
25	4.2919	0.2330	54.8645	12.7834	0.0182	0.0782	25
26	4.5494	0.2198	59.1564	13.0032	0.0169	0.0769	26
27	4.8223	0.2074	63.7058	13.2105	0.0157	0.0757	27
28	5.1117	0.1956	68.5281	13.4062	0.0146	0.0746	28
29	5.4184	0.1846	73.6398	13.5907	0.0136	0.0736	29
30	5.7435	0.1741	79.0582	13.7648	0.0126	0.0726	30
31	6.0881	0.1643	84.8017	13.9291	0.0118	0.0718	31
32	6.4534	0.1550	90.8898	14.0840	0.0110	0.0710	32
33	6.8406	0.1462	97.3432	14.2302	0.0103	0.0703	33
34	7.2510	0.1379	104.1838	14.3681	0.0096	0.0696	34
35	7.6861	0.1301	111.4348	14.4982	0.0090	0.0690	35

续上表

			$i=8\%$				
	一次支付			等额多次支付			
N	(F/P,i,n)	(P/F,i,n)	(F/A,i,n)	(P/A,i,n)	(A/F,i,n)	(A/P,i,n)	N
1	1.0800	0.9259	1.0000	0.9259	1.0000	1.0800	1
2	1.1664	0.8573	2.0800	1.7833	0.4808	0.5608	2
3	1.2597	0.7938	3.2464	2.5771	0.3080	0.3880	3
4	1.3605	0.7350	4.5061	3.3121	0.2219	0.3019	4
5	1.4693	0.6806	5.8666	3.9927	0.1705	0.2505	5
6	1.5869	0.6302	7.3359	4.6229	0.1363	0.2163	6
7	1.7138	0.5835	8.9228	5.2064	0.1121	0.1921	7
8	1.8509	0.5403	10.6366	5.7466	0.0940	0.1740	8
9	1.9990	0.5002	12.4876	6.2469	0.0801	0.1601	9
10	2.1589	0.4632	14.4866	6.7101	0.0690	0.1490	10
11	2.3316	0.4289	16.6455	7.1390	0.0601	0.1401	11
12	2.5182	0.3971	18.9771	7.5361	0.0527	0.1327	12
13	2.7196	0.3677	21.4953	7.9038	0.0465	0.1265	13
14	2.9372	0.3405	24.2149	8.2442	0.0413	0.1213	14
15	3.1722	0.3152	27.1521	8.5595	0.0368	0.1168	15
16	3.4259	0.2919	30.3243	8.8514	0.0330	0.1130	16
17	3.7000	0.2703	33.7502	9.1216	0.0296	0.1096	17
18	3.9960	0.2502	37.4502	9.3719	0.0267	0.1067	18
19	4.3157	0.2317	41.4463	9.6036	0.0241	0.1041	19
20	4.6610	0.2145	45.7620	9.8181	0.0219	0.1019	20
21	5.0338	0.1987	50.4229	10.0168	0.0198	0.0998	21
22	5.4365	0.1839	55.4568	10.2007	0.0180	0.0980	22
23	5.8715	0.1703	60.8933	10.3711	0.0164	0.0964	23
24	6.3412	0.1577	66.7647	10.5288	0.0150	0.0950	24
25	6.8485	0.1460	73.1059	10.6748	0.0137	0.0937	25
26	7.3964	0.1352	79.9544	10.8100	0.0125	0.0925	26
27	7.9881	0.1252	87.3507	10.9352	0.0114	0.0914	27
28	8.6271	0.1159	95.3388	11.0511	0.0105	0.0905	28
29	9.3173	0.1073	103.9659	11.1584	0.0096	0.0896	29
30	10.0627	0.0994	113.2832	11.2578	0.0088	0.0888	30
31	10.8677	0.0920	123.3459	11.3498	0.0081	0.0881	31
32	11.7371	0.0852	134.2135	11.4350	0.0075	0.0875	32
33	12.6760	0.0789	145.9506	11.5139	0.0069	0.0869	33
34	13.6901	0.0730	158.6267	11.5869	0.0063	0.0863	34
35	14.7853	0.0676	172.3168	11.6546	0.0058	0.0858	35

续上表

			$i=10$				
	一次支付		等额多次支付				
N	(F/P,i,n)	(P/F,i,n)	(F/A,i,n)	(P/A,i,n)	(A/F,i,n)	(A/P,i,n)	N
1	1.1000	0.9091	1.0000	0.9091	1.0000	1.1000	1
2	1.2100	0.8264	2.1000	1.7355	0.4762	0.5762	2
3	1.3310	0.7513	3.3100	2.4869	0.3021	0.4021	3
4	1.4641	0.6830	4.6410	3.1699	0.2155	0.3155	4
5	1.6105	0.6209	6.1051	3.7908	0.1638	0.2638	5
6	1.7716	0.5645	7.7156	4.3553	0.1296	0.2296	6
7	1.9487	0.5132	9.4872	4.8684	0.1054	0.2054	7
8	2.1436	0.4665	11.4359	5.3349	0.0874	0.1874	8
9	2.3579	0.4241	13.5795	5.7590	0.0736	0.1736	9
10	2.5937	0.3855	15.9374	6.1446	0.0627	0.1627	10
11	2.8531	0.3505	18.5312	6.4951	0.0540	0.1540	11
12	3.1384	0.3186	21.3843	6.8137	0.0468	0.1468	12
13	3.4523	0.2897	24.5227	7.1034	0.0480	0.1408	13
14	3.7975	0.2633	27.9750	7.3667	0.0357	0.1357	14
15	4.1772	0.2394	31.7725	7.6061	0.0315	0.1315	15
16	4.5950	0.2176	35.9497	7.8237	0.0278	0.1278	16
17	5.0545	0.1978	40.5447	8.0216	0.0247	0.1247	17
18	5.5599	0.1799	45.5992	8.2014	0.0219	0.1219	18
19	6.1159	0.1635	51.1591	8.3649	0.0195	0.1195	19
20	6.7275	0.1486	57.2750	8.5136	0.0175	0.1175	20
21	7.4002	0.1351	64.0025	8.6487	0.0156	0.1156	21
22	8.1403	0.1228	71.4027	8.7715	0.0140	0.1140	22
23	8.5943	0.1117	79.5430	8.8832	0.0126	0.1126	23
24	9.8497	0.1015	88.4973	8.9847	0.0113	0.1113	24
25	10.8347	0.0923	98.3471	9.0770	0.0102	0.1102	25
26	11.9182	0.0839	109.1818	9.1609	0.0092	0.1092	26
27	13.1100	0.0736	121.0999	9.2372	0.0083	0.1083	27
28	14.4210	0.0693	134.2099	9.3066	0.0075	0.1075	28
29	15.8631	0.0630	148.6309	9.3696	0.0067	0.1067	29
30	17.4494	0.0573	164.4940	9.4269	0.0061	0.1061	30
31	19.1943	0.0521	181.9434	9.4790	0.0055	0.1055	31
32	21.1138	0.0474	201.1378	9.5264	0.0050	0.1050	32
33	23.2252	0.0431	222.2515	9.5694	0.0045	0.1045	33
34	25.5477	0.0391	245.4767	9.6086	0.0041	0.1041	34
35	28.1024	0.0356	271.0244	9.6442	0.0037	0.1037	35

续上表

			$i=12\%$				
	一次支付		等额多次支付				
N	$(F/P,i,n)$	$(P/F,i,n)$	$(F/A,i,n)$	$(P/A,i,n)$	$(A/F,i,n)$	$(A/P,i,n)$	N
1	1.1200	0.8929	1.0000	0.8929	1.0000	1.1200	1
2	1.2544	0.7972	2.1200	1.6901	0.4717	0.5917	2
3	1.4049	0.7118	3.3744	2.4018	0.2963	0.4163	3
4	1.5735	0.6355	4.7793	3.0373	0.2092	0.3292	4
5	1.7623	0.5674	6.3528	3.6048	0.1574	0.2774	5
6	1.9738	0.5066	8.1152	4.1114	0.1232	0.2432	6
7	2.2107	0.4523	10.0890	4.5638	0.0991	0.2191	7
8	2.4760	0.4039	12.2997	4.9676	0.0813	0.2013	8
9	2.7731	0.3606	14.7757	5.3282	0.0677	0.1877	9
10	3.1058	0.3220	17.5487	5.6502	0.0570	0.1770	10
11	3.4785	0.2875	20.6546	5.9377	0.0484	0.1684	11
12	3.8960	0.2567	24.1331	6.1944	0.0414	0.1614	12
13	4.3635	0.2292	28.0291	6.4235	0.0357	0.1557	13
14	4.8871	0.2046	32.3926	6.6282	0.0309	0.1509	14
15	5.4736	0.1827	37.2797	6.8109	0.0268	0.1468	15
16	6.1304	0.1631	42.7533	6.9740	0.0234	0.1434	16
17	6.8660	0.1456	48.8837	7.1196	0.0205	0.1405	17
18	7.6900	0.1300	55.7497	7.2497	0.0179	0.1379	18
19	8.6128	0.1161	63.4397	7.3658	0.0158	0.1358	19
20	9.6463	0.1037	72.0524	7.4694	0.0139	0.1339	20
21	10.8038	0.0926	81.4987	7.5620	0.0122	0.1322	21
22	12.1003	0.0826	92.5026	7.6446	0.0108	0.1308	22
23	13.5523	0.0738	104.6029	7.7184	0.0096	0.1296	23
24	15.1789	0.0659	118.1552	7.7843	0.0085	0.1285	24
25	17.0001	0.0588	133.3339	7.8431	0.0075	0.1275	25
26	19.0401	0.0525	150.3339	7.8957	0.0067	0.1267	26
27	21.3249	0.0469	169.3740	7.9426	0.0059	0.1259	27
28	23.8839	0.0419	190.6989	7.9844	0.0052	0.1252	28
29	26.7499	0.0374	214.5828	8.0218	0.0047	0.1247	29
30	29.9599	0.0334	241.3327	8.0552	0.0041	0.1241	30
31	33.5551	0.0298	271.2926	8.0850	0.0037	0.1237	31
32	37.5817	0.0266	304.8477	8.1116	0.0033	0.1233	32
33	42.0915	0.0238	342.4294	8.1354	0.0029	0.1229	33
34	47.1425	0.0212	384.5210	8.1666	0.0026	0.1226	34
35	52.7996	0.0189	431.6635	8.1755	0.0023	0.1223	35

续上表

			$i=15\%$				
	一次支付		等额多次支付				
N	(F/P,i,n)	(P/F,i,n)	(F/A,i,n)	(P/A,i,n)	(A/F,i,n)	(A/P,i,n)	N
1	1.1500	0.8696	1.0000	0.8696	1.0000	1.1500	1
2	1.3225	0.7561	2.1500	1.6257	0.4651	0.6151	2
3	1.5209	0.6575	3.4725	2.2832	0.2880	0.4380	3
4	1.7490	0.5718	4.9934	2.8550	0.2003	0.3503	4
5	2.0114	0.4972	6.7424	3.3522	0.1483	0.2983	5
6	2.3131	0.4323	8.7537	3.7845	0.1142	0.2642	6
7	2.6600	0.3759	11.0668	4.1604	0.0904	0.2404	7
8	3.0579	0.3269	13.7268	4.4873	0.0729	0.2229	8
9	3.5179	0.2843	16.7858	4.7716	0.0596	0.2096	9
10	4.0456	0.2472	20.3037	5.0188	0.0493	0.1993	10
11	4.6524	0.2149	24.3493	5.2337	0.0411	0.1911	11
12	5.3502	0.1869	29.0017	5.4206	0.0345	0.1845	12
13	6.1528	0.1625	34.3519	5.5831	0.0291	0.1791	13
14	7.0757	0.1413	40.5047	5.7245	0.0247	0.1747	14
15	8.1371	0.1229	47.5804	5.8474	0.0210	0.1710	15
16	9.3576	0.1069	55.7175	5.9542	0.0179	0.1679	16
17	10.7613	0.0929	65.0751	6.0072	0.0154	0.1654	17
18	12.3755	0.0808	75.8364	6.1280	0.0132	0.1632	18
19	14.2318	0.0703	88.2118	6.1982	0.0113	0.1613	19
20	16.3665	0.0611	102.4436	6.2593	0.0098	0.1598	20
21	18.8215	0.0531	118.8101	6.3125	0.0084	0.1584	21
22	21.6447	0.0462	137.6316	6.3587	0.0073	0.1573	22
23	24.8915	0.0402	159.2764	6.3988	0.0063	0.1563	23
24	28.6252	0.0349	184.1678	6.4338	0.0054	0.1554	24
25	32.9190	0.0304	212.7930	6.4641	0.0047	0.1547	25
26	37.8568	0.0264	245.7120	6.4906	0.0041	0.1541	26
27	43.5353	0.0230	283.5688	6.5135	0.0035	0.1535	27
28	50.0656	0.0200	327.1041	6.5335	0.0031	0.1531	28
29	57.5755	0.0174	377.1697	6.5509	0.0027	0.1527	29
30	66.2118	0.0151	434.7451	6.5660	0.0023	0.1523	30
31	76.1435	0.0131	500.9569	6.5791	0.0020	0.1520	31
32	87.5651	0.0114	577.1055	6.5905	0.0017	0.1517	32
33	100.6998	0.0099	664.6655	6.6005	0.0015	0.1515	33
34	115.8048	0.0086	765.3654	6.6091	0.0013	0.1513	34
35	133.1755	0.0075	881.1702	6.6166	0.0011	0.1511	35

续上表

			$i=20\%$				
	一次支付		等额多次支付				
N	$(F/P,i,n)$	$(P/F,i,n)$	$(F/A,i,n)$	$(P/A,i,n)$	$(A/F,i,n)$	$(A/P,i,n)$	N
1	1.2000	0.8333	1.0000	0.8333	1.0000	1.2000	1
2	1.4400	0.6944	2.2000	1.5278	0.4545	0.6545	2
3	1.7280	0.5787	3.6400	2.1065	0.2747	0.4747	3
4	2.0736	0.4823	5.3680	2.5887	0.1863	0.3863	4
5	2.4883	0.4019	7.4416	2.9906	0.1344	0.3344	5
6	2.9860	0.3349	9.9299	3.3255	0.1007	0.3007	6
7	3.5832	0.2791	12.9159	3.6046	0.0774	0.2774	7
8	4.2998	0.2326	16.4991	3.8372	0.0606	0.2606	8
9	5.1598	0.1938	20.7989	4.0310	0.0481	0.2481	9
10	6.1917	0.1615	25.9587	4.1925	0.0385	0.2385	10
11	7.4301	0.1346	32.1504	4.3271	0.0311	0.2311	11
12	8.9161	0.1122	39.5805	4.4392	0.0253	0.2253	12
13	10.6993	0.0935	48.4966	4.5327	0.0206	0.2206	13
14	12.8392	0.0779	59.1959	4.6106	0.0169	0.2169	14
15	15.4070	0.0649	72.0351	4.6755	0.0139	0.2139	15
16	18.4884	0.0541	87.4421	4.7296	0.0114	0.2114	16
17	22.1861	0.0451	105.9306	4.7746	0.0094	0.2094	17
18	26.6233	0.0376	128.1167	4.8122	0.0078	0.2078	18
19	31.9480	0.0313	154.7400	4.8435	0.0065	0.2065	19
20	38.3376	0.0261	186.6380	4.8696	0.0054	0.2054	20
21	46.0051	0.0217	225.0256	4.8913	0.0044	0.2044	21
22	55.2061	0.0181	271.0307	4.9094	0.0037	0.2037	22
23	66.2474	0.0151	326.2369	4.9245	0.0031	0.2031	23
24	79.4968	0.0126	392.4842	4.9371	0.0025	0.2025	24
25	95.3962	0.0105	471.9811	4.9476	0.0021	0.2021	25
26	114.4755	0.0087	567.3773	4.9563	0.0018	0.2018	26
27	137.3706	0.0073	681.8528	4.9636	0.0015	0.2015	27
28	164.8447	0.0061	819.2233	4.9697	0.0012	0.2012	28

续上表

				$i=25\%$				
	一次支付			等额多次支付				
N	(F/P,i,n)	(P/F,i,n)	(F/A,i,n)	(P/A,i,n)	(A/F,i,n)	(A/P,i,n)	N
---	---	---	---	---	---	---	---
1	1.2500	0.8000	1.0000	0.8000	1.0000	1.2500	1
2	1.5625	0.6400	2.2500	1.4400	0.4444	0.6944	2
3	1.9531	0.5120	3.8125	1.9520	0.2623	0.5123	3
4	2.4414	0.4096	5.7656	2.3616	0.1734	0.4234	4
5	3.0518	0.3277	8.2070	2.6893	0.1218	0.3718	5
6	3.8147	0.2621	11.2588	2.9514	0.0888	0.2388	6
7	4.7684	0.2097	15.0735	3.1611	0.0663	0.3163	7
8	5.9605	0.1678	19.8419	3.3289	0.0504	0.3004	8
9	7.4506	0.1342	25.8023	3.4631	0.0388	0.2888	9
10	9.3132	0.1074	33.2529	3.5705	0.0301	0.2801	10
11	11.6415	0.0859	42.5661	3.6564	0.0235	0.2735	11
12	14.5519	0.0687	54.2077	3.7251	0.0184	0.2684	12
13	18.1899	0.0550	68.7596	3.7801	0.0145	0.2645	13
14	22.7374	0.0440	86.9495	3.8241	0.0115	0.2615	14
15	28.4217	0.0352	109.6868	3.8593	0.0091	0.2591	15
16	35.5271	0.0281	138.1085	3.8874	0.0072	0.2572	16
17	44.4089	0.0225	173.6357	3.9099	0.0058	0.2558	17
18	55.5112	0.0180	218.0446	3.9279	0.0046	0.2546	18
19	69.3889	0.0144	273.5558	3.9424	0.0037	0.2537	19
20	86.7362	0.0115	342.9447	3.9539	0.0029	0.2529	20
21	108.4202	0.0092	429.6809	3.9631	0.0023	0.3523	21
22	135.5253	0.0074	538.1011	3.9705	0.0019	0.2519	22
23	169.4066	0.0059	673.6264	3.9764	0.0015	0.2515	23
24	211.7582	0.0047	843.0329	3.9811	0.0012	0.2512	24
25	264.6978	0.0038	1054.7912	3.9849	0.0009	0.2509	25
26	330.8722	0.0030	1319.4890	3.9879	0.0008	0.2508	26
27	413.5903	0.0024	1650.3612	3.9903	0.0006	0.2506	27
28	516.9879	0.0019	2063.9515	3.9923	0.0005	0.2505	28
29	646.2349	0.0015	2580.9394	3.9938	0.0004	0.2504	29
30	807.7936	0.0012	3227.1743	3.9950	0.0003	0.2503	30
31	1009.7420	0.0010	4034.9678	3.9960	0.0002	0.2502	31
32	1262.1770	0.0008	5044.7098	3.9968	0.0002	0.2502	32
33	1577.7210	0.0006	6306.8872	3.9975	0.0002	0.2502	33
34	1972.1520	0.0005	7884.6091	3.9980	0.0001	0.2501	34
35	2465.1900	0.0004	9856.7613	3.9984	0.0001	0.2501	35

续上表

			$i=30\%$				
	一次支付		等额多次支付				
N	(F/P,i,n)	(P/F,i,n)	(F/A,i,n)	(P/A,i,n)	(A/F,i,n)	(A/P,i,n)	N
1	1.3000	0.7692	1.0000	0.7692	1.0000	1.3000	1
2	1.6900	0.5917	2.3000	1.3609	0.4348	0.7348	2
3	2.1970	0.4552	3.9900	1.8161	0.2506	0.5506	3
4	2.8561	0.3501	6.1870	2.1662	0.1616	0.4616	4
5	3.7129	0.2693	9.0431	2.4356	0.1106	0.4106	5
6	4.8268	0.2072	12.7560	2.6427	0.0784	0.3784	6
7	6.2749	0.1594	17.5828	2.8021	0.0569	0.3569	7
8	8.1573	0.1226	23.8577	2.9247	0.0419	0.3419	8
9	10.6045	0.0943	32.0150	3.0190	0.0312	0.3312	9
10	13.7858	0.0725	42.6195	3.0915	0.0235	0.3235	10
11	17.9216	0.0558	56.4053	3.1473	0.0177	0.3177	11
12	23.2981	0.0429	74.3270	3.1903	0.0135	0.3135	12
13	30.2875	0.0330	97.6250	3.2233	0.0102	0.3102	13
14	39.3738	0.0254	127.9125	3.2487	0.0078	0.3078	14
15	51.1859	0.0195	167.2863	3.2682	0.0060	0.3060	15
16	66.5417	0.0150	218.4722	3.2832	0.0046	0.3046	16
17	86.5042	0.0116	285.0139	3.2948	0.0035	0.3035	17
18	112.4554	0.0089	371.5180	3.3037	0.0027	0.3027	18
19	146.1920	0.0068	483.9734	3.3105	0.0021	0.3021	19
20	190.0496	0.0053	630.1655	3.3158	0.0016	0.3016	20
21	247.0645	0.0040	820.2151	3.3198	0.0012	0.3012	21
22	321.1839	0.0031	1067.2796	3.3230	0.0009	0.3009	22
23	417.5391	0.0024	1388.4635	3.3254	0.0007	0.3007	23
24	542.8008	0.0018	1806.0026	3.3272	0.0006	0.3006	24
25	705.6410	0.0014	2348.8033	3.3286	0.0004	0.3004	25
26	917.3333	0.0011	3054.4443	3.3297	0.0003	0.3003	26
27	1192.5330	0.0008	3971.7776	3.3305	0.0000	0.3003	27
28	1550.2930	0.0006	5164.3109	3.3312	0.0002	0.3002	28
29	2015.3810	0.0005	6714.6042	3.3317	0.0001	0.3001	29
30	2619.9950	0.0004	8729.9855	3.3321	0.0001	0.3001	30
31	3405.9940	0.0003	11349.9811	3.3324	0.0001	0.3001	31
32	4427.7920	0.0002	14755.9755	3.3326	0.0001	0.3001	32
33	5756.1300	0.0002	19183.7681	3.3328	0.0001	0.3001	33
34	7482.9690	0.0001	24939.8985	3.3329	0.0000	0.3000	34
35	9727.8600	0.0001	3242.8681	3.3330	0.0000	0.3000	35

附录二　全国冬季施工气温区划分表

省、自治区、直辖市	地区、市、自治州、盟(县)	气温区	
北京	全境	冬二	Ⅰ
天津	全境	冬二	Ⅰ
河北	石家庄、邢台、邯郸、衡水市(冀州市、枣强县、故城县)	冬一	Ⅱ
	廊房、保定(涞源县及以北除外)、衡水(冀州市、枣强县、故城县除外)、沧州市	冬二	Ⅰ
	唐山、秦皇岛市		Ⅱ
	承德(围场县除外)、张家口(沽源县、张北县、尚义县、康保县除外)、保定市(涞源县及以北)	冬三	
	承德(围场县)、张家口市(沽源县、张北县、尚义县、康保县)	冬四	
山西	运城市(万荣县、夏县、绛县、新绛县、稷山县、闻喜县除外)	冬一	Ⅱ
	运城(万荣县、夏县、绛县、新绛县、稷山县、闻喜县)、临汾(尧都区、侯马市、曲沃县、翼城县、襄汾县、洪洞县)、阳泉(孟州市除外)、长治(黎城县)、晋城市(城区、泽州县、沁水县、阳城县)	冬二	Ⅰ
	太原(娄烦县除外)、阳泉(孟县)、长治(黎城县除外)、晋城(城区、泽州县、沁水县、阳城县除外)、晋中(寿阳县、和顺县、左权县除外)、临汾(尧都区、侯马市、曲沃县、翼城县、襄汾县、洪洞县除外)、吕梁市(孝义市、汾阳市、文水县、交城县、柳林县、石楼县、交口县、中阳县)		Ⅱ
	太原(娄烦县)、大同(左云县除外)、朔州(右玉县除外)、晋中(寿阳县、和顺县、左权县)、忻州、吕梁市(离石区、临县、岚县、方山县、兴县)	冬三	
	大同(左云县)、朔州市(右玉县)	冬四	
内蒙古	乌海市、阿拉善盟(阿拉善左旗、阿拉善右旗)	冬二	Ⅰ
	呼和浩特(武川县除外)、包头(固阳县除外)、赤峰、鄂尔多斯、巴彦淖尔、乌兰察布市(察哈尔右翼中旗除外)、阿拉善盟(额济纳旗)	冬三	
	呼和浩特(武川县)、包头(固阳县)、通辽、乌兰察布市(察哈尔右翼中旗)、锡林郭勒(苏尼特右旗、多伦县)、兴安盟(阿尔山市除外)	冬四	
	呼伦贝尔市(海拉尔区、新巴尔虎右旗、阿荣旗)、兴安(阿尔山市)、锡林郭勒盟(冬四区以外各地)	冬五	
	呼伦贝尔市(冬五区以外各地)	冬六	
辽宁	大连市(瓦房店市、普兰店市、庄河市除外)、葫芦岛市(绥中县)	冬二	Ⅰ
	沈阳(康平县、法库县除外)、大连(瓦房店市、普兰店市、庄河市)、鞍山、本溪(桓仁县除外)、丹东、锦州、阜新、营口、辽阳、朝阳(建平县除外)、葫芦岛(绥中县除外)、盘锦市	冬三	
	沈阳(康平县、法库县)、抚顺、本溪(桓仁县)、朝阳(建平县)、铁岭市	冬四	

续上表

省、自治区、直辖市	地区、市、自治州、盟(县)	气温区	
吉林	长春(榆树市除外)、四平、通化(辉南县除外)、辽源、白山(靖宇县、抚松县、长白县除外)、松原(长岭县)、白城市(通榆县)、延边自治州(敦化市、汪清县、安图县除外)	冬四	
	长春(榆树市)、吉林、通化(辉南县)、白山(靖宇县、抚松县、长白县)、白城(通榆县除外)、松原市(长岭县除外)、延边自治州(敦化市、汪清县、安图县)	冬五	
黑龙江	牡丹江市(绥芬河市、东宁县)	冬四	
	哈尔滨(依兰县除外)、齐齐哈尔(讷河市、依安县、富裕县、克山县、克东县、拜泉县除外)、绥化(安达市、肇东市、兰西县)、牡丹江(绥芬河市、东宁县除外)、双鸭山(宝清县)、佳木斯(桦南县)、鸡西、七台河、大庆市	冬五	
	哈尔滨(依兰县)、佳木斯(桦南县除外)、双鸭山(宝清县除外)、绥化(安达市、肇东市、兰西县除外)、齐齐哈尔(讷河市、依安县、富裕县、克山县、克东县、拜泉县)、黑河、鹤岗、伊春市、大兴安岭地区	冬六	
上海	全境	准二	
江苏	徐州、连云港市	冬一	Ⅰ
	南京、无锡、常州、淮安、盐城、宿迁、扬州、泰州、南通、镇江、苏州市	准二	
浙江	杭州、嘉兴、绍兴、宁波、湖州、衢州、舟山、金华、温州、台州、丽水市	准二	
安徽	亳州市	冬一	Ⅰ
	阜阳、蚌埠、淮南、滁州、合肥、六安、马鞍山、巢湖、芜湖、铜陵、池州、宣城、黄山市	准一	
	淮北、宿州市	准二	
福建	宁德(寿宁县、周宁县、屏南县)、三明市	准一	
江西	南昌、萍乡、景德镇、九江、新余、上饶、抚州、宜春市	准一	
山东	全境	冬一	Ⅰ
河南	安阳、商丘、周口(西华县、淮阳县、鹿邑县、扶沟县、太康县)、新乡、三门峡、洛阳、郑州、开封、鹤壁、焦作、济源、濮阳、许昌市	冬一	Ⅰ
	驻马店、信阳、南阳、周口(西华县、淮阳县、鹿邑县、扶沟县、太康县除外)、平顶山、漯河市	准二	
湖北	武汉、黄石、荆州、荆门、鄂州、宜昌、咸宁、黄冈、天门、潜江、仙桃市、恩施自治州	准一	
	孝感、十堰、襄樊、随州市、神农架林区	准二	
湖南	全境	准一	
四川	阿坝(黑水县)、甘孜自治州(新龙县、道浮县、泸定县)	冬一	Ⅱ
	甘孜自治州(甘孜县、康定县、白玉县、炉霍县)	冬二	Ⅰ
	阿坝(壤塘县、红原县、松潘县)、甘孜自治州(德格县)		Ⅱ
	阿坝(阿坝县、若尔盖县、九寨沟县)、甘孜自治州(石渠县、色达县)	冬三	
	广元市(青川县)、阿坝(汶川县、小金县、茂县、理县)、甘孜(巴塘县、雅江县、得荣县、九龙县、理塘县、乡城县、稻城县)、凉山自治州(盐源县、木里县)	准一	
	阿坝(马尔康县、金川县)、甘孜自治州(丹巴县)	准二	

续上表

省、自治区、直辖市	地区、市、自治州、盟(县)	气温区	
贵州	贵阳、遵义(赤水市除外)、安顺市、黔东南、黔南、黔西南自治州	准一	
	六盘水市、毕节地区	准二	
云南	迪庆自治州(德钦县、香格里拉县)	冬一	Ⅱ
	曲靖(宣威市、会泽县)、丽江(玉龙县、宁蒗县)、昭通市(昭阳区、大关县、威信县、彝良县、镇雄县、鲁甸县)、迪庆(维西县)、怒江(兰坪县)、大理自治州(剑川县)	准一	
西藏	拉萨市(当雄县除外)、日喀则(拉孜县)、山南(浪卡子县、错那县、隆子县除外)、昌都(芒康县、左贡县、类乌齐县、丁青县、洛隆县除外)、林芝地区	冬一	Ⅰ
	山南(隆子县)、日喀则地区(定日县、聂拉木县、亚东县、拉孜县除外)		Ⅱ
	昌都地区(洛隆县)	冬二	Ⅰ
	昌都(芒康县、左贡县、类乌齐县、丁青县)、山南(浪卡子县)、日喀则(定日县、聂拉木县)、阿里地区(普兰县)		Ⅱ
	拉萨市(当雄县)、那曲(安多县除外)、山南(错那县)、日喀则(亚东县)、阿里地区(普兰县除外)	冬三	
	那曲地区(安多县)	冬四	
陕西	西安、宝鸡、渭南、咸阳(彬县、旬邑县、长武县除外)、汉中(留坝县、佛坪县)、铜川市(耀州区)	冬一	Ⅰ
	铜川(印台区、王益区)、咸阳市(彬县、旬邑县、长武县)		Ⅱ
	延安(吴起县除外)、榆林(清涧县)、铜川市(宜君县)	冬二	Ⅱ
	延安(吴起县)、榆林市(清涧县除外)	冬三	
	商洛、安康、汉中市(留坝县、佛坪县除外)	准二	
甘肃	陇南市(两当县、徽县)	冬一	Ⅱ
	兰州、天水、白银(会宁县、靖远县)、定西、平凉、庆阳、陇南市(西和县、礼县、宕昌县)、临夏、甘南自治州(舟曲县)	冬二	Ⅱ
	嘉峪关、金昌、白银(白银区、平川区、景泰县)、酒泉、张掖、武威市、甘南自治州(舟曲县除外)	冬三	
	陇南市(武都区、文县)	准一	
	陇南市(成县、康县)	准二	
青海	海东地区(民和县)	冬二	Ⅱ
	西宁市、海东地区(民和县除外)、黄南(泽库县除外)、海南、果洛(班玛县、达日县、久治县)、玉树(囊谦县、杂多县、称多县、玉树县)、海西自治州(德令哈市、格尔木市、都兰县、乌兰县)	冬三	
	海北(野牛沟、托勒除外)、黄南(泽库县)、果洛(玛沁县、甘德县、玛多县)、玉树(曲麻莱县、治多县)、海西自治州(冷湖、茫崖、大柴旦、天峻县)	冬四	
	海北(野牛沟、托勒)、玉树(清水河)、海西自治州(唐古拉山区)	冬五	

续上表

省、自治区、直辖市	地区、市、自治州、盟(县)	气温区	
宁夏	全境	冬二	Ⅱ
新疆	阿拉尔市、喀什(喀什市、伽师县、巴楚县、英吉沙县、麦盖提县、莎车县、叶城县、泽普县)、哈密(哈密市泌城镇)、阿克苏(沙雅县、阿瓦提县)、和田地区、伊犁(伊宁市、新源县、霍城县霍尔果斯镇)、巴音郭楞(库尔勒市、若羌县、且末县、尉犁县铁干里可)、克孜勒苏自治州(阿图什市、阿克陶县)	冬二	Ⅰ
	喀什地区(岳普湖县)		Ⅱ
	乌鲁木齐市(牧业气象试验站、达坂城区、乌鲁木齐县小渠子乡)、塔城(乌苏市、沙湾县、额敏县除外)、阿克苏(沙雅县、阿瓦提县除外)、哈密(哈密布十三间房、哈密市红柳河、伊吾县淖毛湖)、喀什(塔什库尔干县)、吐鲁番地区、克孜勒苏(乌恰县、阿合奇县)、巴音郭楞(和静县、焉耆县、和硕县、轮台县、尉犁县、且末县搭中)、伊犁自治州(伊宁市、霍城县、察布查尔县、尼勒克县、巩留县、昭苏县、特克斯县)	冬三	
	乌鲁木齐市(冬三区以外各地区)、塔城(额敏县、乌苏市)、阿勒泰(阿勒泰市、哈巴河县、吉木乃县)、哈密地区(巴里坤县)、昌吉(昌吉市、米泉区、木垒县、奇台县北塔山镇、阜康市天池)、博尔塔拉(温泉县、精河县、阿拉山口口岸)、克孜勒苏自治州(乌恰县吐尔尕特口岸)	冬四	
	克拉玛依、石河子市、塔城(沙湾县)、阿勒泰地区(布尔津县、福海县、富蕴县、青河县)、博尔塔拉(博乐市)、昌吉(阜康市、玛纳斯县、呼图壁县、吉木萨尔县、奇台区、米泉市蔡家湖)、巴音郭楞自治州(和静县巴音布鲁克乡)	冬五	

注:表中行政区划以2006年地图出版社出版的《中华人民共和国行政区划简册》为准。为避免烦冗,各民族自治州名称予以简化,如青海省的"海西蒙古族藏族自治州"简化为"海西自治州"。

附录三 全国雨季施工雨量区雨季期划分表

省、自治区、直辖市	地区、市、自治州、盟(县)	雨量区	雨季期(月数)
北京	全境	Ⅱ	2
天津	全境	Ⅰ	2
河北	张家口、承德地区(围场县)	Ⅰ	1.5
河北	承德(围场县除外)、保定、沧州、石家庄、廊坊、邢台、衡水、邯郸、唐山、秦皇岛市	Ⅱ	2
山西	全境	Ⅰ	1.5
内蒙古	呼和浩特、通辽、呼伦贝尔(海拉尔区、满洲里市、陈巴尔虎旗、鄂温克旗)、鄂尔多斯(东胜区、准格尔旗、伊金霍洛旗、达拉特旗、乌审旗)、赤峰、包头、乌兰察布市(集宁区、化德县、商都县、兴和县、四子王旗、察哈尔右翼中旗、察哈尔右翼后旗、卓资县及以南)、锡林郭勒盟(锡林浩特市、多伦县、太仆寺旗、西乌珠穆沁旗、正蓝旗、正镶白旗)	Ⅰ	1
内蒙古	呼伦贝尔市(牙克石市、额尔古纳市、鄂伦春旗、扎兰屯市及以东)、兴安盟		2
辽宁	大连(长海县、瓦房店市、普兰店市、庄河市除外)、朝阳市(建平县)	Ⅰ	2
辽宁	沈阳(康平县)、大连(长海县)、锦州(北镇市除外)、营口(盖州市)、朝阳市(凌源市、建平县除外)	Ⅰ	2.5
辽宁	沈阳(康平县、辽中县除外)、大连(瓦房店市)、鞍山(海城市、台安县、岫岩县除外)、锦州(北镇市)、阜新、朝阳(凌源市)、盘锦、葫芦岛(建昌县)、铁岭市	Ⅰ	3
辽宁	抚顺(新宾县)、辽阳市	Ⅰ	3.5
辽宁	沈阳(辽中县)、鞍山(海城市、台安县)、营口(盖州市除外)、葫芦岛市(兴城市)	Ⅱ	2.5
辽宁	大连(普兰店市)、葫芦岛市(兴城市、建昌县除外)	Ⅱ	3
辽宁	大连(庄河市)、鞍山(岫岩县)、抚顺(新宾县除外)、丹东(凤城市、宽甸县除外)、本溪市	Ⅱ	3.5
辽宁	丹东市(凤城市、宽甸县)	Ⅱ	4
吉林	辽源、四平(双辽市)、白城、松原市	Ⅰ	2
吉林	吉林、长春、四平(双辽除外)、白山市、延边自治州	Ⅱ	2
吉林	通化市	Ⅱ	3
黑龙江	哈尔滨(市区、呼兰区、五常市、阿城市、双城区)、佳木斯(抚远县)、双鸭山(市区、集贤县除外)、齐齐哈尔(拜泉县、克东县除外)、黑河(五大连池市、嫩江县)、绥化(北林区、海伦市、望奎县、绥棱县、庆安县除外)、牡丹江、大庆、鸡西、七台河市,大兴安岭地区(呼玛县除外)	Ⅰ	2
黑龙江	哈尔滨(市区、呼兰区、五常市、阿城区、双城市除外)、佳木斯(抚远县除外)、双鸭山(市区、集贤县)、齐齐哈尔(拜泉县、克东县除外)、黑河(五大连池市、嫩江县除外)、绥化(北林区、海伦市、望奎县、绥棱县、庆安县)、鹤岗、伊春市、大兴安岭地区(呼玛县)	Ⅱ	2

续上表

省、自治区、直辖市	地区、市、自治州、盟(县)	雨量区	雨季期(月数)
上海	全境	Ⅱ	4
江苏	徐州、连云港市	Ⅱ	2
	盐城市		3
	南京、镇江、淮安、南通、宿迁、扬州、常州、泰州市		4
	无锡、苏州市		4.5
浙江	舟山市	Ⅱ	4
	嘉兴、湖州市		4.5
	宁波、绍兴市		6
	杭州、金华、温州、衢州、台州、丽水市		7
安徽	亳州、淮北、宿州、蚌埠、淮南、六安、合肥市	Ⅱ	1
	阜阳市		2
	滁州、巢湖、马鞍山、芜湖、铜陵、宣城市		3
	池州市		4
	安庆、黄山市		5
福建	泉州市(惠安县崇武)	Ⅰ	4
	福州(平潭县)、泉州(晋江市)、厦门(同安区除外)、漳州市(东山县)	Ⅱ	5
	三明(永安市)、福州(市区、长乐市)、莆田市(仙游县除外)		6
	南平(顺昌县除外)、宁德(福鼎市、霞浦县)、三明(永安市、龙溪县、大田县除外)、福州(市区、长乐市、平潭县除外)、龙岩(长汀县、连城县)、泉州(晋江市、惠安县崇武、德化县除外)、莆田(仙游县)、厦门(同安区)、漳州市(东山县除外)		7
	南平(顺昌县)、宁德(福鼎市、霞浦县除外)、三明(龙溪县、大田县)、龙岩(长汀县、连城县除外)、泉州市(德化县)		8
江西	南昌、九江、吉安市	Ⅱ	6
	萍乡、景德镇、新余、鹰潭、上饶、抚州、宜春、赣州市		7
山东	济南、潍坊、聊城市	Ⅰ	3
	淄博、东营、烟台、济宁、威海、德州、滨州市		4
	枣庄、泰安、莱芜、临沂、菏泽市		5
	青岛市	Ⅱ	3
	日照市		4
河南	郑州、许昌、洛阳、济源、新乡、焦作、三门峡、开封、濮阳、鹤壁市	Ⅰ	2
	周口、驻马店、漯河、平顶山、安阳、商丘市		3
	南阳市		4
	信阳市	Ⅱ	2

续上表

省、自治区、直辖市	地区、市、自治州、盟(县)	雨量区	雨季期(月数)
湖北	十堰、襄樊、随州市、神农架林区	I	3
	宜昌(秭归县、远安县、兴山县)、荆门市(钟祥市、京山县)		2
	武汉、黄石、荆州、孝感、黄冈、咸宁、荆门(钟祥市、京山县除外)、天门、潜江、仙桃、鄂州、宜昌市(秭归县、远安县、兴山县除外)、恩施自治州	II	6
湖南	全境	II	6
广东	茂名、中山、汕头、潮州市	I	5
	广州、江门、肇庆、顺德、湛江、东莞市		6
	珠海市		5
	深圳、阳江、汕尾、佛山、河源、梅州、揭阳、惠州、云浮、韶关市	II	6
	清远市		7
广西	百色、河池、南宁、崇左市	II	5
	桂林、玉林、梧州、北海、贵港、钦州、防城港、贺州、柳州、来宾市		6
海南	全境	II	6
重庆	全境	II	4
四川	甘孜自治州(巴塘县)		1
	阿坝(若尔盖县)、甘孜自治州(石渠县)		2
	乐山(峨边县)、雅安市(汉源县)、甘孜自治州(甘孜县、色达县)	I	3
	雅安(石棉县)、绵阳(平武县)、泸州(古蔺县)、遂宁市、阿坝(若尔盖县、汶川县除外)、甘孜自治州(巴塘县、石渠县、甘孜县、色达县、九龙县、得荣县除外)		4
	南充(高坪区)、资阳市(安岳县)		5
	宜宾市(高县)、凉山自治州(雷波县)		3
	成都、乐山(峨边县、马边县除外)、德阳、南充(南部县)、绵阳(平武县除外)、资阳(安岳县除外)、广元、自贡、攀枝花、眉山市、凉山(雷波县除外)、甘孜自治州(九龙县)	II	4
	乐山(马边县)、南充(高坪区、南部县除外)、雅安(汉源县、石棉县除外)、广安(邻水县除外)、巴中、宜宾(高县除外)、泸州(古蔺县除外)、内江市		5
	广安(邻水县)、达州市		6
贵州	贵阳、遵义市、毕节地区	II	4
	安顺市、铜仁地区、黔东南自治州		5
	黔西南自治州		6
	黔南自治州		7

续上表

省、自治区、直辖市	地区、市、自治州、盟(县)	雨量区	雨季期(月数)
云南	昆明(市区、嵩明县除外)、玉溪、曲靖(富源县、师宗县、罗平县除外)、丽江(宁蒗县、永胜县)、思茅(墨江县)、昭通市、怒江(兰坪县、泸水县六库镇)、大理(大理市、漾濞县除外)、红河(个旧市、开远市、蒙自县、红河县、石屏县、建水县、弥勒县、泸西县)、迪庆、楚雄自治州	Ⅰ	5
	保山(腾冲县、龙陵县除外)、临沧市(凤庆县、云县、永德县、镇康县)、怒江(福贡县、泸水县)、红河自治州(元阳县)		6
	昆明(市区、嵩明县)、曲靖(富源县、师宗县、罗平县)、丽江(古城区、华坪县)、普洱市(翠云区、景东县、镇沅县、普洱县、景谷县)、大理(大理市、漾濞县)、文山自治州	Ⅱ	5
	保山(腾冲县、龙陵县)、临沧(临祥区、双江县、耿马县、沧源县)、普洱市(西盟县、澜沧县、孟连县、江城县)怒江(贡山县)、德宏、红河(绿春县、金平县、屏边县、河口县)、西双版纳自治州		6
西藏	那曲(索县除外)、山南(加查县除外)、日喀则(定日县)、阿里地区	Ⅰ	1
	拉萨市、那曲(索县)、昌都(类乌齐县、丁青县、芒康县除外)日喀则(拉孜县)、林芝地区(察隅县)		2
	昌都(类乌齐县)、林芝地区(米林县)		3
	昌都(丁青县)、林芝地区(米林县、波密县、察隅县除外)		4
	林芝地区(波密县)	Ⅱ	5
	山南(加查县)、日喀则地区(定日县、拉孜县除外)		1
	昌都地区(芒康县)		2
陕西	榆林、延安市	Ⅰ	1.5
	铜川、西安、宝鸡、咸阳、渭南市、杨凌区		2
	商洛、安康、汉中市		3
甘肃	天水(甘谷县、武山县)、陇南县(武都区、文县、礼县)、临夏(康乐县、广河县、永靖县)、甘南自治州(夏河县)	Ⅰ	1
	天水(麦积区、秦州区)、定西(渭源县)、庆阳(西峰区)、陇南市(西和县)、临夏(临夏市)、甘南自治州(临潭县、卓尼县)		1.5
	天水(秦安县)、定西(临洮县、岷县)、平凉(崆峒区)、庆阳(华池县、宁县、环县)、陇南市(宕昌县)、临夏(临夏县、东乡县、积石山县)、甘南自治州(合作市)		2
	天水(张家川县)、平凉(静宁县、庄浪县)、庆阳(镇原县)、陇南市(两当县)、临夏(和政县)、甘南自治州(玛曲县)		2.5
	天水(清水县)、平凉(泾川县、灵台县、华亭县、崇信县)、庆阳(西峰区、合水县、正宁县)、陇南市(徽县、成县、康县)、甘南自治州(碌曲县、迭部县)		3

续上表

省、自治区、直辖市	地区、市、自治州、盟(县)	雨量区	雨季期(月数)
青海	西宁市(湟源县)、海东地区(平安县、乐都县、民和县、化隆县)、海北(海晏县、祁东县、刚察县、拖勒)、海南(同德县、贵南县)、黄南(泽库县、同仁县)、海西自治州(天峻县)	Ⅰ	1
	西宁市(湟源县除外)、海东地区(互助县)、海北(门源县)、果洛(达日县、久治县、班玛县)、玉树自治州(称多县、杂多县、囊谦县、玉树县)、河南自治县		1.5
宁夏	固原地区(隆德县、泾源县)	Ⅰ	2
新疆	乌鲁木齐市(小渠子乡、牧业气象试验站、大西沟乡)、昌吉地区(阜康市天池)、克孜勒苏(吐尔尕特、托云、巴音库鲁提)、伊犁自治州(昭苏县、霍城县二台、松树头)	Ⅰ	1
台湾	(资料暂缺)		

注:1. 表中未列的地区除西藏林芝地区墨脱县因无资料未划分外,其余地区均因降雨天数或平均日降雨量未达到计算雨季施工增加费的标准,故未划分雨量区及雨季期。
2. 行政区划依据资料及自治州、市的名称列法同冬季施工气温区划分说明。

附录四　全国风沙地区公路施工区划分表

区划	沙漠(地)名称	地理位置	自然特征
风沙一区	呼伦贝尔沙地、嫩江沙地	呼伦贝尔沙地位于内蒙古呼伦贝尔平原,嫩江沙地位于东北平原西北部嫩江下游	属半干旱、半湿润严寒区,年降水量280～400mm,年蒸发量1400～1900mm,干燥度1.2～1.5
	科尔沁沙地	散布于东北平原西辽河中,下游主干及支流沿岸的冲积平原上	属半湿润温冷区,年降水量300～450mm,年蒸发量1700～2400mm,干燥度1.2～2.0
	浑善达克沙地	位于内蒙古锡林郭勒盟南部和昭乌达盟西北部	属半湿润温冷区,年降水量100～400mm,年蒸发量2200～2700mm,干燥度1.2～2.0,年平均风速3.5～5m/s,年大风天数50～80天
	毛乌素沙地	位于内蒙古鄂尔多斯中南部和陕西北部	属半干旱温热区,年降水量东部400～440mm,西部仅250～320mm,年蒸发量2100～2600mm,干燥度1.6～2.0
	库布齐沙漠	位于内蒙古鄂尔多斯北部、黄河河套平原以南	属半干旱温热区,年降水量150～400mm,年蒸发量2100～2700mm,干燥度2.0～4.0,平均风速3～4m/s
风沙二区	乌兰布和沙漠	位于内蒙古阿拉善东北部、黄河河套平原西南部	属干旱温热区,年降水量100～145mm,年蒸发量2400～2900mm,干燥度8.0～16.0,地下水相当丰富,埋深一般为1.5～3m
	腾格里沙漠	位于内蒙古阿拉善东南部及甘肃武威部分地区	属干旱温热区,沙丘、湖盆、山地、残丘及平原交错分布,年降水量116～148mm,年蒸发量3000～3600mm,干燥度4.0～12.0
	巴丹吉林沙漠	位于内蒙古阿拉善西南边缘及甘肃酒泉部分地区	属干旱温热区,沙山高大密集,形态复杂,起伏悬殊,一般高为200～300m,最高可达420m,年降水量40～80mm,年蒸发量1720～3320mm,干燥度7.0～16.0
	柴达木沙漠	位于青海柴达木盆地	属极干旱寒冷区,风蚀地、沙丘、戈壁、盐湖和盐土平原相互交错分布,盆地东部年均气温2～4℃,西部为1.5～2.5℃,年降水量东部为50～170mm,西部为10～25mm,年蒸发量2500～3000mm,干燥度16.0～32.0
	古尔班通古特沙漠	位于新疆北部准噶尔盆地	属干旱温冷区,其中固定、半固定沙丘面积占沙漠面积的97%,年降水量70～150mm,年蒸发量1700～2200mm,干燥度2.0～10.0
风沙三区	塔克拉玛干沙漠	位于新疆南部塔里木盆地	属极干旱炎热区,年降水量东部为20mm左右,南部为30mm左右,西部40mm左右,北部50mm以上,年蒸发量1500～3700mm,中部达高限,干燥度>32.0
	库姆达格沙漠	位于新疆东部、甘肃西部、罗布泊低地南部和阿而金山北部	属极干旱炎热区,全部为流动沙丘,风蚀严重,年降水量10～20mm,年蒸发量2800～3000mm,干燥度>32.0,8级以上大风天数在100天以上

附录五 项目建议书投资估算各项费用取定表

Ⅰ.路线工程　　　　　　　　　公路等级:高速公路　　　　　　　　地形:平原微丘区

	工程项目	单位	北京	天津	内蒙古	山西	河北	辽宁	吉林	黑龙江
			1	2	3	4	5	6	7	8
1	设备购置费	%	1.726	1.726	1.726	1.726	1.726	1.726	1.726	1.726
2	拆迁补偿费	%	5.843	5.702	5.422	5.469	5.469	5.515	5.562	5.565
3	研究试验费	%	0.328	0.328	0.328	0.328	0.328	0.328	0.328	0.328
4	建设项目前期工作费	%	2.979	2.979	2.979	2.979	2.979	2.979	2.979	2.979
5	专项评价(估)费	%	0.197	0.197	0.197	0.197	0.197	0.197	0.197	0.197

	工程项目	单位	上海	江苏	安徽	山东	浙江	江西	福建	湖南
			9	10	11	12	13	14	15	16
1	设备购置费	%	1.726	1.726	1.726	1.726	1.726	1.726	1.726	1.726
2	拆迁补偿费	%	6.364	6.021	5.776	5.776	6.021	5.776	5.752	5.752
3	研究试验费	%	0.328	0.328	0.328	0.328	0.328	0.328	0.328	0.328
4	建设项目前期工作费	%	2.979	2.979	2.979	2.979	2.979	2.979	2.979	2.979
5	专项评价(估)费	%	0.197	0.197	0.197	0.197	0.197	0.197	0.197	0.197

	工程项目	单位	湖北	河南	广东	广西	海南	重庆	四川	云南
			17	18	19	20	21	22	23	24
1	设备购置费	%	1.726	1.726	1.726	1.726	1.726	1.726	1.726	1.726
2	拆迁补偿费	%	5.752	5.375	5.801	5.776	5.786	5.587	5.587	5.597
3	研究试验费	%	0.328	0.328	0.328	0.328	0.328	0.328	0.328	0.328
4	建设项目前期工作费	%	2.979	2.979	2.979	2.979	2.979	2.979	2.979	2.979
5	专项评价(估)费	%	0.197	0.197	0.197	0.197	0.197	0.197	0.197	0.197

	工程项目	单位	贵州	西藏	陕西	甘肃	宁夏	青海	新疆
			25	26	27	28	29	30	31
1	设备购置费	%	1.726	—	1.726	1.726	1.726	1.726	1.726
2	拆迁补偿费	%	5.587	—	5.669	5.419	5.487	5.374	5.374
3	研究试验费	%	0.328	—	0.328	0.328	0.328	0.328	0.328
4	建设项目前期工作费	%	2.979	—	2.979	2.979	2.979	2.979	2.979
5	专项评价(估)费	%	0.197	—	0.197	0.197	0.197	0.197	0.197

Ⅰ.路线工程　　　　　　　　公路等级:高速公路　　　　　　　　地形:山岭重丘区

工程项目		单位	北京	天津	内蒙古	山西	河北	辽宁	吉林	黑龙江
			1	2	3	4	5	6	7	8
1	设备购置费	%	1.651	1.651	1.651	1.651	1.651	1.651	1.651	1.651
2	拆迁补偿费	%	4.557	4.448	4.229	4.265	4.265	4.302	4.338	4.411
3	研究试验费	%	0.265	0.265	0.265	0.265	0.265	0.265	0.265	0.265
4	建设项目前期工作费	%	3.128	3.128	3.128	3.128	3.128	3.128	3.128	3.128
5	专项评价(估)费	%	0.206	0.206	0.206	0.206	0.206	0.206	0.206	0.206

工程项目		单位	上海	江苏	安徽	山东	浙江	江西	福建	湖南
			9	10	11	12	13	14	15	16
1	设备购置费	%	—	1.651	1.651	1.651	1.651	1.651	1.651	1.651
2	拆迁补偿费	%	—	4.658	4.428	4.467	4.467	4.505	4.544	4.620
3	研究试验费	%	—	0.265	0.265	0.265	0.265	0.265	0.265	0.265
4	建设项目前期工作费	%	—	3.128	3.128	3.128	3.128	3.128	3.128	3.128
5	专项评价(估)费	%	—	0.206	0.206	0.206	0.206	0.206	0.206	0.206

工程项目		单位	湖北	河南	广东	广西	海南	重庆	四川	云南
			17	18	19	20	21	22	23	24
1	设备购置费	%	1.651	1.651	1.651	1.651	1.651	1.651	1.651	1.651
2	拆迁补偿费	%	4.773	4.448	4.429	4.467	4.467	4.358	4.395	4.469
3	研究试验费	%	0.265	0.265	0.265	0.265	0.265	0.265	0.265	0.265
4	建设项目前期工作费	%	3.128	3.128	3.128	3.128	3.128	3.128	3.128	3.128
5	专项评价(估)费	%	0.206	0.206	0.206	0.206	0.206	0.206	0.206	0.206

工程项目		单位	贵州	西藏	陕西	甘肃	宁夏	青海	新疆	
			25	26	27	28	29	30	31	
1	设备购置费	%	1.651	—	1.651	1.651	1.651	1.651	1.651	
2	拆迁补偿费	%	4.617	—	4.103	4.139	4.139	4.174	4.209	
3	研究试验费	%	0.265	—	0.265	0.265	0.265	0.265	0.265	
4	建设项目前期工作费	%	3.128	—	3.128	3.128	3.128	3.128	3.128	
5	专项评价(估)费	%	0.206	—	0.206	0.206	0.206	0.206	0.206	

Ⅰ.路线工程　　　　　　　　　公路等级:一级公路　　　　　　　　地形:平原微丘区

	工程项目	单位	北京	天津	内蒙古	山西	河北	辽宁	吉林	黑龙江
			1	2	3	4	5	6	7	8
1	设备购置费	%	1.675	1.675	1.675	1.675	1.675	1.675	1.675	1.675
2	拆迁补偿费	%	5.946	5.804	5.518	5.566	5.566	5.613	5.661	5.756
3	研究试验费	%	0.318	0.318	0.318	0.318	0.318	0.318	0.318	0.318
4	建设项目前期工作费	%	3.158	3.158	3.158	3.158	3.158	3.158	3.158	3.158
5	专项评价(估)费	%	0.208	0.208	0.208	0.208	0.208	0.208	0.208	0.208

	工程项目	单位	上海	江苏	安徽	山东	浙江	江西	福建	湖南
			9	10	11	12	13	14	15	16
1	设备购置费	%	1.675	1.675	1.675	1.675	1.675	1.675	1.675	1.675
2	拆迁补偿费	%	6.464	6.116	5.867	5.867	6.116	5.867	5.842	5.842
3	研究试验费	%	0.318	0.318	0.318	0.318	0.318	0.318	0.318	0.318
4	建设项目前期工作费	%	3.158	3.158	3.158	3.158	3.158	3.158	3.158	3.158
5	专项评价(估)费	%	0.208	0.208	0.208	0.208	0.208	0.208	0.208	0.208

	工程项目	单位	湖北	河南	广东	广西	海南	重庆	四川	云南
			17	18	19	20	21	22	23	24
1	设备购置费	%	1.675	1.675	1.675	1.675	1.675	1.675	1.675	1.675
2	拆迁补偿费	%	5.842	5.471	5.892	5.867	5.877	5.683	5.683	5.693
3	研究试验费	%	0.318	0.318	0.318	0.318	0.318	0.318	0.318	0.318
4	建设项目前期工作费	%	3.158	3.158	3.158	3.158	3.158	3.158	3.158	3.158
5	专项评价(估)费	%	0.208	0.208	0.208	0.208	0.208	0.208	0.208	0.208

	工程项目	单位	贵州	西藏	陕西	甘肃	宁夏	青海	新疆	
			25	26	27	28	29	30	31	
1	设备购置费	%	1.675	—	1.675	1.675	1.675	1.675	1.675	
2	拆迁补偿费	%	5.683	—	5.881	5.622	5.693	5.575	5.575	
3	研究试验费	%	0.318	—	0.318	0.318	0.318	0.318	0.318	
4	建设项目前期工作费	%	3.158	—	3.158	3.158	3.158	3.158	3.158	
5	专项评价(估)费	%	0.208	—	0.208	0.208	0.208	0.208	0.208	

I. 路线工程　　　　　　　公路等级：一级公路　　　　　　　地形：山岭重丘区

	工程项目	单位	北京	天津	内蒙古	山西	河北	辽宁	吉林	黑龙江
			1	2	3	4	5	6	7	8
1	设备购置费	%	1.602	1.602	1.602	1.602	1.602	1.602	1.602	1.602
2	拆迁补偿费	%	4.638	4.527	4.304	4.341	4.314	4.378	4.415	4.490
3	研究试验费	%	0.257	0.257	0.257	0.257	0.257	0.257	0.257	0.257
4	建设项目前期工作费	%	3.316	3.316	3.316	3.316	3.316	3.316	3.316	3.316
5	专项评价(估)费	%	0.219	0.219	0.219	0.219	0.219	0.219	0.219	

	工程项目	单位	上海	江苏	安徽	山东	浙江	江西	福建	湖南
			9	10	11	12	13	14	15	16
1	设备购置费	%	—	1.602	1.602	1.602	1.602	1.602	1.602	1.602
2	拆迁补偿费	%	—	4.731	4.499	4.537	4.537	4.576	4.615	4.693
3	研究试验费	%	—	0.257	0.257	0.257	0.257	0.257	0.257	0.257
4	建设项目前期工作费	%	—	3.316	3.316	3.316	3.316	3.316	3.316	3.316
5	专项评价(估)费	%	—	0.218	0.218	0.218	0.218	0.218	0.218	0.218

	工程项目	单位	湖北	河南	广东	广西	海南	重庆	四川	云南
			17	18	19	20	21	22	23	24
1	设备购置费	%	1.602	1.602	1.602	1.602	1.602	1.602	1.602	1.602
2	拆迁补偿费	%	4.848	4.527	4.499	4.537	4.537	4.433	4.470	4.545
3	研究试验费	%	0.257	0.257	0.257	0.257	0.257	0.257	0.257	0.257
4	建设项目前期工作费	%	3.316	3.316	3.316	3.316	3.316	3.316	3.316	3.316
5	专项评价(估)费	%	0.219	0.219	0.219	0.219	0.219	0.219	0.219	0.219

	工程项目	单位	贵州	西藏	陕西	甘肃	宁夏	青海	新疆	
			25	26	27	28	29	30	31	
1	设备购置费	%	1.602	—	1.602	1.602	1.602	1.602	1.602	
2	拆迁补偿费	%	4.696	—	4.257	4.294	4.294	4.330	4.367	
3	研究试验费	%	0.257	—	0.257	0.257	0.257	0.257	0.257	
4	建设项目前期工作费	%	3.316	—	3.316	3.316	3.316	3.316	3.316	
5	专项评价(估)费	%	0.219	—	0.219	0.219	0.219	0.219	0.219	

Ⅰ．路线工程　　　　　　　　　公路等级：二级公路　　　　　　　　地形：平原微丘区

	工程项目	单位	北京	天津	内蒙古	山西	河北	辽宁	吉林	黑龙江
			1	2	3	4	5	6	7	8
1	设备购置费	%	1.389	1.389	1.389	1.389	1.389	1.389	1.389	1.389
2	拆迁补偿费	%	6.658	6.498	6.178	6.231	6.231	6.258	6.338	6.444
3	研究试验费	%	0.275	0.275	0.275	0.275	0.275	0.275	0.275	0.275
4	建设项目前期工作费	%	3.892	3.892	3.892	3.892	3.892	3.892	3.892	3.892
5	专项评价(估)费	%	0.234	0.234	0.234	0.234	0.234	0.234	0.234	0.234

	工程项目	单位	上海	江苏	安徽	山东	浙江	江西	福建	湖南
			9	10	11	12	13	14	15	16
1	设备购置费	%	1.389	1.389	1.389	1.389	1.389	1.389	1.389	1.389
2	拆迁补偿费	%	6.796	6.430	6.169	6.169	6.430	6.169	6.143	6.143
3	研究试验费	%	0.275	0.275	0.275	0.275	0.275	0.275	0.275	0.275
4	建设项目前期工作费	%	3.892	3.892	3.892	3.892	3.892	3.892	3.892	3.892
5	专项评价(估)费	%	—	0.234	0.234	0.234	0.234	0.234	0.234	0.234

	工程项目	单位	湖北	河南	广东	广西	海南	重庆	四川	云南
			17	18	19	20	21	22	23	24
1	设备购置费	%	1.389	1.389	1.389	1.389	1.389	1.389	1.389	1.389
2	拆迁补偿费	%	6.143	6.125	6.195	6.169	6.179	6.194	6.194	6.204
3	研究试验费	%	0.275	0.275	0.275	0.275	0.275	0.275	0.275	0.275
4	建设项目前期工作费	%	3.892	3.892	3.892	3.892	3.892	3.892	3.892	3.892
5	专项评价(估)费	%	0.234	0.234	0.234	0.234	0.234	0.234	0.234	0.234

	工程项目	单位	贵州	西藏	陕西	甘肃	宁夏	青海	新疆	
			25	26	27	28	29	30	31	
1	设备购置费	%	1.389	1.389	1.389	1.389	1.389	1.389	1.389	
2	拆迁补偿费	%	6.194	5.957	6.419	6.136	6.213	6.085	6.085	
3	研究试验费	%	0.275	0.275	0.275	0.275	0.275	0.275	0.275	
4	建设项目前期工作费	%	3.892	3.892	3.892	3.892	3.892	3.892	3.892	
5	专项评价(估)费	%	0.234	0.234	0.234	0.234	0.234	0.234	0.234	

Ⅰ. 路线工程　　　　　　　　　　公路等级：二级公路　　　　　　　　地形：平原微丘区

工程项目	单位	北京	天津	内蒙古	山西	河北	辽宁	吉林	黑龙江
		1	2	3	4	5	6	7	8
1　设备购置费	%	1.159	1.159	1.159	1.159	1.159	1.159	1.159	1.159
2　拆迁补偿费	%	4.107	4.008	3.811	3.844	3.844	3.877	3.910	3.975
3　研究试验费	%	0.191	0.191	0.191	0.191	0.191	0.191	0.191	0.191
4　建设项目前期工作费	%	4.119	4.119	4.119	4.119	4.119	4.119	4.119	4.119
5　专项评价(估)费	%	0.247	0.247	0.247	0.247	0.247	0.247	0.247	0.247

工程项目	单位	上海	江苏	安徽	山东	浙江	江西	福建	湖南
		9	10	11	12	13	14	15	16
1　设备购置费	%	—	1.159	1.159	1.159	1.159	1.159	1.159	1.159
2　拆迁补偿费	%	—	4.099	3.898	3.931	3.931	3.965	3.999	4.066
3　研究试验费	%	—	0.191	0.191	0.191	0.191	0.191	0.191	0.191
4　建设项目前期工作费	%	—	4.119	4.119	4.119	4.119	4.119	4.119	4.119
5　专项评价(估)费	%	—	0.247	0.247	0.247	0.247	0.247	0.247	0.247

工程项目	单位	湖北	河南	广东	广西	海南	重庆	四川	云南
		17	18	19	20	21	22	23	24
1　设备购置费	%	1.159	1.159	1.159	1.159	1.159	1.159	1.159	1.159
2　拆迁补偿费	%	4.200	4.008	3.898	3.931	3.931	4.094	4.129	4.198
3　研究试验费	%	0.191	0.191	0.191	0.191	0.191	0.191	0.191	0.191
4　建设项目前期工作费	%	4.119	4.119	4.119	4.119	4.119	4.119	4.119	4.119
5　专项评价(估)费	%	0.247	0.247	0.247	0.247	0.247	0.247	0.247	0.247

工程项目	单位	贵州	西藏	陕西	甘肃	宁夏	青海	新疆	
		25	26	27	28	29	30	31	
1　设备购置费	%	1.159	1.159	1.159	1.159	1.159	1.159	1.159	
2　拆迁补偿费	%	4.337	4.215	4.007	4.042	4.042	4.076	4.111	
3　研究试验费	%	0.191	0.191	0.191	0.191	0.191	0.191	0.191	
4　建设项目前期工作费	%	4.119	4.119	4.119	4.119	4.119	4.119	4.119	
5　专项评价(估)费	%	0.247	0.247	0.247	0.247	0.247	0.247	0.247	

Ⅰ.路线工程　　　　　　　　　　公路等级：三级公路　　　　　　　　地形：平原微丘区

	工程项目	单位	北京	天津	内蒙古	山西	河北	辽宁	吉林	黑龙江
			1	2	3	4	5	6	7	8
1	设备购置费	%	1.174	1.174	1.174	1.174	1.174	1.174	1.174	1.174
2	拆迁补偿费	%	9.246	9.024	8.581	8.654	8.654	8.728	8.802	8.950
3	研究试验费	%	0.216	0.216	0.216	0.216	0.216	0.216	0.216	0.216
4	建设项目前期工作费	%	4.209	4.209	4.209	4.209	4.209	4.209	4.209	4.209
5	专项评价(估)费	%	0.189	0.189	0.189	0.189	0.189	0.189	0.189	0.189

	工程项目	单位	上海	江苏	安徽	山东	浙江	江西	福建	湖南
			9	10	11	12	13	14	15	16
1	设备购置费	%	1.174	1.174	1.174	1.174	1.174	1.174	1.174	1.174
2	拆迁补偿费	%	10.344	9.787	9.389	9.389	9.787	9.389	9.349	9.349
3	研究试验费	%	0.216	0.216	0.216	0.216	0.216	0.216	0.216	0.216
4	建设项目前期工作费	%	4.209	4.209	4.209	4.209	4.209	4.209	4.209	4.209
5	专项评价(估)费	%	0.189	0.189	0.189	0.189	0.189	0.189	0.189	0.189

	工程项目	单位	湖北	河南	广东	广西	海南	重庆	四川	云南
			17	18	19	20	21	22	23	24
1	设备购置费	%	1.174	1.174	1.174	1.174	1.174	1.174	1.174	1.174
2	拆迁补偿费	%	9.349	8.507	9.429	9.389	9.405	8.609	8.609	8.624
3	研究试验费	%	0.216	0.216	0.216	0.216	0.216	0.216	0.216	0.216
4	建设项目前期工作费	%	4.209	4.209	4.209	4.209	4.209	4.209	4.209	4.209
5	专项评价(估)费	%	0.189	0.189	0.189	0.189	0.189	0.189	0.189	0.189

	工程项目	单位	贵州	西藏	陕西	甘肃	宁夏	青海	新疆	
			25	26	27	28	29	30	31	
1	设备购置费	%	1.174	1.174	1.174	1.174	1.174	1.174	1.174	
2	拆迁补偿费	%	8.609	7.922	8.536	8.161	8.263	8.092	8.092	
3	研究试验费	%	0.216	0.216	0.216	0.216	0.216	0.216	0.216	
4	建设项目前期工作费	%	4.209	4.209	4.209	4.209	4.209	4.209	4.209	
5	专项评价(估)费	%	0.189	0.189	0.189	0.189	0.189	0.189	0.189	

Ⅰ. 路线工程　　　　　　　　　公路等级：三级公路　　　　　　　　　地形：平原微丘区

工程项目		单位	北京	天津	内蒙古	山西	河北	辽宁	吉林	黑龙江
			1	2	3	4	5	6	7	8
1	设备购置费	%	0.891	0.891	0.891	0.891	0.891	0.891	0.891	0.891
2	拆迁补偿费	%	5.792	5.653	5.375	5.422	5.422	5.468	5.514	5.607
3	研究试验费	%	0.120	0.120	0.120	0.120	0.120	0.120	0.120	0.120
4	建设项目前期工作费	%	4.563	4.563	4.563	4.563	4.563	4.563	4.563	4.563
5	专项评价(估)费	%	0.205	0.205	0.205	0.205	0.205	0.205	0.205	0.205

工程项目		单位	上海	江苏	安徽	山东	浙江	江西	福建	湖南
			9	10	11	12	13	14	15	16
1	设备购置费	%	—	0.891	0.891	0.891	0.891	0.891	0.891	0.891
2	拆迁补偿费	%	—	5.988	5.694	5.743	5.743	5.792	5.841	5.939
3	研究试验费	%	—	0.120	0.120	0.120	0.120	0.120	0.120	0.120
4	建设项目前期工作费	%	—	4.563	4.563	4.563	4.563	4.563	4.563	4.563
5	专项评价(估)费	%	—	0.205	0.205	0.205	0.205	0.205	0.205	0.205

工程项目		单位	湖北	河南	广东	广西	海南	重庆	四川	云南
			17	18	19	20	21	22	23	24
1	设备购置费	%	0.089	0.089	0.089	0.089	0.089	0.089	0.089	0.089
2	拆迁补偿费	%	6.136	5.653	5.694	5.743	5.743	5.376	5.422	5.513
3	研究试验费	%	0.120	0.120	0.120	0.120	0.120	0.120	0.120	0.120
4	建设项目前期工作费	%	4.563	4.563	4.563	4.563	4.563	4.563	4.563	4.563
5	专项评价(估)费	%	0.205	0.205	0.205	0.205	0.205	0.205	0.205	0.205

工程项目		单位	贵州	西藏	陕西	甘肃	宁夏	青海	新疆	
			25	26	27	28	29	30	31	
1	设备购置费	%	0.891	0.891	0.891	0.891	0.891	0.891	0.891	
2	拆迁补偿费	%	5.695	5.175	4.920	4.963	4.963	5.005	5.048	
3	研究试验费	%	0.120	0.120	0.120	0.120	0.120	0.120	0.120	
4	建设项目前期工作费	%	4.563	4.563	4.563	4.563	4.563	4.563	4.563	
5	专项评价(估)费	%	0.205	0.205	0.205	0.205	0.205	0.205	0.205	

Ⅰ.路线工程　　　　　　　　公路等级:四级公路　　　　　　　　地形:平原微丘区

	工程项目	单位	北京	天津	内蒙古	山西	河北	辽宁	吉林	黑龙江
			1	2	3	4	5	6	7	8
1	设备购置费	%	1.174	1.174	1.174	1.174	1.174	1.174	1.174	1.174
2	拆迁补偿费	%	9.246	9.024	8.581	8.654	8.654	8.728	8.802	8.950
3	研究试验费	%	0.216	0.216	0.216	0.216	0.216	0.216	0.216	0.216
4	建设项目前期工作费	%	4.500	4.500	4.503	4.500	4.503	4.500	4.503	4.500
5	专项评价(估)费	%	0.203	0.203	0.203	0.203	0.203	0.203	0.203	0.203
	工程项目	单位	上海	江苏	安徽	山东	浙江	江西	福建	湖南
			9	10	11	12	13	14	15	16
1	设备购置费	%	1.174	1.174	1.174	1.174	1.174	1.174	1.174	1.174
2	拆迁补偿费	%	10.344	9.788	9.389	9.389	9.389	9.389	9.389	9.389
3	研究试验费	%	0.216	0.216	0.216	0.216	0.216	0.216	0.216	0.216
4	建设项目前期工作费	%	4.500	4.500	4.500	4.500	4.500	4.500	4.500	4.500
5	专项评价(估)费	%	0.203	0.203	0.203	0.203	0.203	0.203	0.203	0.203
	工程项目	单位	湖北	河南	广东	广西	海南	重庆	四川	云南
			17	18	19	20	21	22	23	24
1	设备购置费	%	1.174	1.174	1.174	1.174	1.174	1.174	1.174	1.174
2	拆迁补偿费	%	9.349	8.507	9.429	9.389	9.405	8.609	8.609	8.624
3	研究试验费	%	0.216	0.216	0.216	0.216	0.216	0.216	0.216	0.216
4	建设项目前期工作费	%	4.500	4.500	4.500	4.500	4.500	4.500	4.500	4.500
5	专项评价(估)费	%	0.203	0.203	0.203	0.203	0.203	0.203	0.203	0.203
	工程项目	单位	贵州	西藏	陕西	甘肃	宁夏	青海	新疆	
			25	26	27	28	29	30	31	
1	设备购置费	%	1.174	1.174	1.174	1.174	1.174	1.174	1.174	
2	拆迁补偿费	%	8.609	7.922	8.536	8.161	8.263	8.092	8.092	
3	研究试验费	%	0.216	0.216	0.216	0.216	0.216	0.216	0.216	
4	建设项目前期工作费	%	4.500	4.500	4.500	4.500	4.500	4.500	4.500	
5	专项评价(估)费	%	0.203	0.203	0.203	0.203	0.203	0.203	0.203	

Ⅰ. 路线工程　　　　　　　　　　公路等级：四级公路　　　　　　　　　地形：平原微丘区

	工程项目	单位	北京	天津	内蒙古	山西	河北	辽宁	吉林	黑龙江
			1	2	3	4	5	6	7	8
1	设备购置费	%	0.891	0.891	0.891	0.891	0.891	0.891	0.891	0.891
2	拆迁补偿费	%	5.792	5.653	5.375	5.422	5.422	5.468	5.514	5.607
3	研究试验费	%	0.120	0.120	0.120	0.120	0.120	0.120	0.120	0.120
4	建设项目前期工作费	%	4.93	4.93	4.935	4.93	4.93	4.93	4.93	4.935
5	专项评价(估)费	%	0.222	0.222	0.222	0.222	0.222	0.222	0.222	0.222

	工程项目	单位	上海	江苏	安徽	山东	浙江	江西	福建	湖南
			9	10	11	12	13	14	15	16
1	设备购置费	%	—	0.891	0.891	0.891	0.891	0.891	0.891	0.891
2	拆迁补偿费	%	—	5.988	5.694	5.743	5.792	5.841	5.939	5.939
3	研究试验费	%	—	0.120	0.120	0.120	0.120	0.120	0.120	0.120
4	建设项目前期工作费	%	—	4.935	4.935	4.935	4.935	4.935	4.935	4.935
5	专项评价(估)费	%	0.222	0.222	0.222	0.222	0.222	0.222	0.222	0.222

	工程项目	单位	湖北	河南	广东	广西	海南	重庆	四川	云南
			17	18	19	20	21	22	23	24
1	设备购置费	%	0.891	0.891	0.891	0.891	0.891	0.891	0.891	0.891
2	拆迁补偿费	%	6.136	5.653	5.694	5.743	5.743	5.376	5.422	5.513
3	研究试验费	%	0.120	0.120	0.120	0.120	0.120	0.120	0.120	0.120
4	建设项目前期工作费	%	4.935	4.935	4.935	4.935	4.935	4.935	4.935	4.935
5	专项评价(估)费	%	0.222	0.222	0.222	0.222	0.222	0.222	0.222	0.222

	工程项目	单位	贵州	西藏	陕西	甘肃	宁夏	青海	新疆
			25	26	27	28	29	30	31
1	设备购置费	%	0.891	0.891	0.891	0.891	0.891	0.891	0.891
2	拆迁补偿费	%	5.695	5.175	4.920	4.963	4.963	5.005	5.048
3	研究试验费	%	0.120	0.120	0.120	0.120	0.120	0.120	0.120
4	建设项目前期工作费	%	4.935	4.935	4.935	4.935	4.935	4.935	4.935
5	专项评价(估)费	%	0.222	0.222	0.222	0.222	0.222	0.222	0.222

Ⅱ. 独立隧道工程

工程项目	单位	北京	天津	内蒙古	山西	河北	辽宁	吉林	黑龙江
		1	2	3	4	5	6	7	8
1 设备购置费	%	1.109	1.109	1.109	1.109	1.109	1.109	1.109	1.109
2 拆迁补偿费	%	0.299	0.299	0.278	0.280	0.280	0.283	0.285	0.290
3 研究试验费	%	0.284	0.284	0.284	0.284	0.284	0.284	0.284	0.284
4 建设项目前期工作费	%	2.347	2.347	2.347	2.347	2.347	2.347	2.347	2.347
5 专项评价(估)费	%	0.155	0.155	0.155	0.155	0.155	0.155	0.155	0.155

工程项目	单位	上海	江苏	安徽	山东	浙江	江西	福建	湖南
		9	10	11	12	13	14	15	16
1 设备购置费	%	—	1.109	1.109	1.109	1.109	1.109	1.109	1.109
2 拆迁补偿费	%	—	0.292	0.278	0.280	0.280	0.283	0.285	0.290
3 研究试验费	%	—	0.284	0.284	0.284	0.284	0.284	0.284	0.284
4 建设项目前期工作费	%		2.347	2.347	2.347	2.347	2.347	2.347	2.347
5 专项评价(估)费	%		0.155	0.155	0.155	0.155	0.155	0.155	0.155

工程项目	单位	湖北	河南	广东	广西	海南	重庆	四川	云南
		17	18	19	20	21	22	23	24
1 设备购置费	%	1.109	1.109	1.109	1.109	1.109	1.109	1.109	1.109
2 拆迁补偿费	%	0.299	0.292	0.278	0.280	0.280	0.283	0.285	0.290
3 研究试验费	%	0.284	0.284	0.284	0.284	0.284	0.284	0.284	0.284
4 建设项目前期工作费	%	2.347	2.347	2.347	2.347	2.347	2.347	2.347	2.347
5 专项评价(估)费	%	0.155	0.155	0.155	0.155	0.155	0.155	0.155	0.155

工程项目	单位	贵州	西藏	陕西	甘肃	宁夏	青海	新疆
		25	26	27	28	29	30	31
1 设备购置费	%	1.109	1.109	1.109	1.109	1.109	1.109	1.109
2 拆迁补偿费	%	0.292	0.292	0.278	0.280	0.280	0.283	0.285
3 研究试验费	%	0.284	0.284	0.284	0.284	0.284	0.284	0.284
4 建设项目前期工作费	%	2.347	2.347	2.347	2.347	2.347	2.347	2.347
5 专项评价(估)费	%	0.155	0.155	0.155	0.155	0.155	0.155	0.155

Ⅲ. 独立桥梁工程

工程项目		单位	北京	天津	内蒙古	山西	河北	辽宁	吉林	黑龙江
			1	2	3	4	5	6	7	8
1	设备购置费	%	1.564	1.458	1.224	1.221	1.225	1.218	1.218	1.218
2	拆迁补偿费	%	2.346	2.290	2.177	2.135	2.135	1.652	1.665	2.317
3	研究试验费	%	0.898	0.898	0.838	0.896	0.898	0.906	0.906	0.906
4	建设项目前期工作费	%	5.588	5.588	5.588	5.588	5.588	5.588	5.588	5.588
5	专项评价(估)费	%	0.369	0.369	0.369	0.369	0.369	0.369	0.369	0.369

工程项目		单位	上海	江苏	安徽	山东	浙江	江西	福建	湖南
			9	10	11	12	13	14	15	16
1	设备购置费	%	1.818	1.928	1.389	1.210	1.728	1.324	1.352	1.337
2	拆迁补偿费	%	2.161	2.044	1.961	1.961	2.066	2.156	2.211	2.438
3	研究试验费	%	1.201	1.228	1.036	1.012	1.012	1.013	1.033	1.033
4	建设项目前期工作费	%	5.588	5.588	5.588	5.588	5.588	5.588	5.588	5.588
5	专项评价(估)费	%	0.369	0.369	0.369	0.369	0.369	0.369	0.369	0.369

工程项目		单位	湖北	河南	广东	广西	海南	重庆	四川	云南
			17	18	19	20	21	22	23	24
1	设备购置费	%	1.332	1.279	1.816	1.318	1.318	1.328	1.331	1.325
2	拆迁补偿费	%	2.220	1.812	2.471	1.876	2.173	1.939	1.939	1.475
3	研究试验费	%	1.033	1.017	1.119	1.023	1.023	1.040	1.045	4.036
4	建设项目前期工作费	%	5.588	5.588	5.588	5.588	5.588	5.588	5.588	5.588
5	专项评价(估)费	%	0.369	0.369	0.369	0.369	0.369	0.369	0.369	0.369

工程项目		单位	贵州	西藏	陕西	甘肃	宁夏	青海	新疆
			25	26	27	28	29	30	31
1	设备购置费	%	1.324	1.037	1.129	1.022	1.021	1.021	1.020
2	拆迁补偿费	%	1.008	1.188	1.838	1.757	1.779	1.742	1.213
3	研究试验费	%	1.029	1.092	0.882	0.832	0.832	0.831	0.829
4	建设项目前期工作费	%	5.588	5.588	5.588	5.588	5.588	5.588	5.588
5	专项评价(估)费	%	0.369	0.369	0.369	0.369	0.369	0.369	0.369

人民交通出版社股份有限公司　公路教育出版中心
交通工程/交通运输类教材

一、专业核心课

1. ◆▲交通规划(第二版)(王　炜)……40元
2. ◆▲交通设计(杨晓光)……35元
3. ◆▲道路交通安全(裴玉龙)……36元
4. ▲交通系统分析(王殿海)……31元
5. ◆交通管理与控制(徐建闽)……26元
6. ◆交通经济学(邵春福)……25元
7. ◆交通工程总论(第四版)(徐吉谦)……42元
8. ◆▲交通工程学(第三版)(任福田)……40元
9. 交通工程学(第三版)(李作敏)……48元
10. ◆交通运输工程导论(第三版)(顾保南)……25元
11. 交通运输导论(黄晓明)……43元
12. 交通运输工程学(过秀成)……45元
13. Traffic Enginering 交通工程学(王武宏)……38元
14. Introduction to Traffic Engineering 交通工程总论(杨孝宽)……59元
15. ◆交通管理与控制(第五版)(吴　兵)……40元
16. 交通管理与控制(第二版)(罗　霞)……38元
17. Traffic Management and Control(杨　飞)……24元
18. 交通管理与控制案例集(罗　霞)……25元
19. 交通管理与控制实验(罗　霞)……22元
20. ◆道路交通管理与控制(袁振洲)……40元
21. ▲道路交通设计(项乔君)……38元
22. 交通调查与分析(第二版)(王建军)……38元
23. ◆交通工程设计理论与方法(第二版)(梁国华)……36元
24. 交通工程设施设计(李峻利)……35元
25. 交通工程设施设计(丁柏群)……45元
26. ◆道路交通工程系统分析方法(第二版)(王　炜)……33元
27. 交通工程专业英语(裴玉龙)……29元
28. ◆智能运输系统概论(第三版)(杨兆升)……49元
29. 智能运输系统(ITS)概论(第二版)(黄　卫)……24元
30. 运输工程(第二版)(陈大伟)……39元
31. ◆运输经济学(第二版)(严作人)……44元
32. 运输组织(彭　勇)……40元

二、专业选修课

33. 微观交通仿真基础(张国强)……35元
34. ◆道路通行能力分析(第二版)(陈宽民)……28元
35. 道路运输统计(张志俊)……28元
36. ◆公路网规划(第二版)(裴玉龙)……30元
37. ◆城市客运交通系统(李旭宏)……32元
38. 城市客运枢纽规划与设计(过秀成)……35元
39. 综合交通枢纽规划理论与方法(何世伟)……46元
40. 交通项目评估与管理(第二版)(谢海红)……45元
41. 公路建设项目可行性研究(过秀成)……27元
42. 交通组织设计(张水潮)……30元
43. ◆交通运输设施与管理(第二版)(郭忠印)……38元
44. 交通预测与评估(王花兰)……45元
45. 交通工程项目经济与造价管理(臧晓冬)……40元
46. 交通工程基础方法论(臧晓冬)……38元
47. ◆交通与环境(陈　红)……30元
48. 道路交通环境影响评价(王晓宁)……25元
49. 交通信息工程概论(崔建明)……40元
50. 交通地理信息系统(符锌砂)……31元
51. 高速公路通信技术(关　可)……36元
52. 交通供配电与照明技术(第二版)(杨　林)……36元
53. 信息技术在道路运输中的应用(王　炼)……42元
54. 运输市场管理(郭洪太)……38元
55. 交通类专业大学生职业发展与就业指导(白　华)……30元

了解教材信息及订购教材,可查询:"中国交通书城"(www.jtbook.com.cn)
天猫"人民交通出版社旗舰店"

公路教育出版中心咨询及投稿电话:(010)85285984,85285865
欢迎读者对我中心教材提出宝贵意见

注:◆教育部普通高等教育"十一五""十二五"国家级规划教材
　▲交通工程教学指导分委员会推荐教材、"十三五"规划教材